CD2枚付

「聞こえる耳」をつくる
リスニング解説が充実！

2021-2022 年度用

世界一わかりやすい
英検®準2級に合格する過去問題集

スタディサプリ講師
関 正生
竹内 健

KADOKAWA

この本は以下の人に特に向いています。

1

英検を機に
「英語力そのもの」を上げたい人

2

「量」より「質」の対策をしたい人

3

「単語は丸暗記」
「リスニングは慣れ」
という対策に
嫌気がさしている人

はじめに

「過去問」を使った対策というと、漫然と、ただひたすら問題を解き、答え合わせをしながら「できた」「できない」と一喜一憂し、その後にどんな対策をすればいいかわからないまま、場合によっては用意したすべての過去問を解ききることなく試験日を迎える……これが多くの人の現状のようです。

これまでの過去問集というと、実際に何が出たかという資料的な価値は高いものの、解説は軽視され、最後の実力チェックとしての役割ばかりを担ってきたような印象を受けます。

そこで本書では、「実力をつけるための過去問集」というコンセプトのもと、単に答え合わせをして終わりにするのではなく、「どこに目をつけて解けばよいのか」「わからない単語がある場合はどう対処すればよいのか」「合格するためには何を覚えておかなければならないのか」など、受験者目線で解説を書き、紙面の許す限り、合格に必要な実力をつけてもらうための工夫を随所に施しました。

① これまでにない詳しい解説！

単なる「答えの根拠はここ」という解説ではなく、「なぜそこが根拠なのか」という視点で解説を書き、単語問題にもきちんと解説をつけました。

② 音声に関する充実した解説！

従来は答えの根拠を示すだけでしたが、本書には「音声」に関する解説をつけました。合格のためにはリスニングも軽視できません。「正しく勉強すればリスニング力も劇的に上がる」という、我々の気持ちを解説に込めました。

③ ３回分なので最後までやりきれる！

「せっかくたくさん過去問があるのに全部やりきれなかった」ということがないように３回分に絞り、そのぶん、解説と重要表現の紹介に紙面を割きました。「充実した納得感のある解説」で実力を上げ、「やりきったという達成感」によって、過去問を通して自信をつけることを可能にしました。

我々著者が理想とする、過去問を使った授業を余すことなくこの本に込めました。

それでは始めましょう。

関 正生・竹内 健

本書の特長

●「準備編」で、解く前にポイントを知る！

いきなり時間を測って「よーいドン」で解き始めることが一般的には多いと思いますが、「その前にやるべきこと」を、本書では「準備編」にまとめました。

① まずは相手（試験問題）を知る

問題形式も知らずに解き始めてしまっては、攻略法がわからない相手に戦いを挑んでいるようなものです。まずは、試験の全体像（大問の数・形式）をつかんでください。

② ポイントを確認！

大問ごとに、学習や解法のポイントを確認してください。「接続表現」「因果表現」のような問題を解くために必要な知識、「リスニングでは選択肢を先読みしてから解く」といった効率の良い解法の手順などを示しています。

●「詳しい解説」を読み込んで復習は徹底的に！

本書の解説は、単なる答えの根拠の指摘ではなく、受験者目線でどのように考えればいいのかを示しています。また、本書を通して実力と英検合格のためのテクニックを身につけてもらうための工夫をこらしました。

① では英単語や熟語といった、英語そのものの解説をしました。覚えるために役立つ情報なので、ぜひ活用してください。

② では英検でのテクニックについて紹介しています。「英検ではこう考える」といった、得点につながる情報が満載です。

③ CHECK! では、「今後狙われる可能性が高い」、または「解法のポイントになる知識」をまとめました。試験本番ではこのリストから出題されると思って覚えてください。

④語句の注釈の中でも「特に英検で重要な語句」には☆をつけて、学習がしやすいものにしました。

●リスニングは「音」の解説も！

従来の過去問集にはなかった「音」の解説もつけました。よく「速くて聞き取れない」という悩みを相談されますが、実は「速くて聞き取れない」のではなく、「期待している音声と異なるから聞き取れない」のです。「実際の音声ではこのように聞こえるよ」というのをキッチリ示したことで、「速くて聞き取れない」という悩みを解決します。

●面接も万全の対策を！

従来の過去問集では模範解答が示されるだけのものが多い中、本書では、模範解答を豊富に示し、どんなところがポイントなのか、どのような表現が面接で役立つのかという解説をつけました。二次試験に向けても十分な対策が可能です。

本書の取り組み方

「準備編」
➡ ポイントを確認！

実際の過去問に取り組む前に、「どんな問題か」「時間配分」「解くためのポイントは何か」を確認してください。前提となる知識を大問ごとにチェックしておきます。

⬇

1つ目の過去問
(2020年度第3回)
➡ 大問別に解く！

大問ごとに準備編の内容を踏まえて過去問に取り組みます。1問当たりの時間配分も短時間で高い集中力をもって意識するからこそ、身につけることができるわけです。もちろん、解き終わったら、答え合わせ、解説を読み込んで復習するのを徹底してください。
たとえばリスニング以外は次のような時間配分となります。この時間内に解ききることができれば、実際の本番では見直しの時間などが十分にとれる計算です。

大問1：10分（1問30秒で解きます）
大問2：5分（1問1分で解きます）
大問3：10分（1問2分で解きます）
大問4：30分かけたいところです（全7問）
大問5：10分

⬇

2つ目の過去問
(2020年度第2回)
➡ 予行練習！

試験本番の「予行練習」のつもりで、時間を計りながら全体を通して解きます。解き終わったら、1つ目（第3回）と同様にしっかりと解説を読み込んで復習してください。回を重ねるごとに成長している自分を感じながら進めていけるはずです。もちろん、「準備編」に戻ってポイントを確認するのも◎です。

⬇

3つ目の過去問
(2020年度第1回)
➡ 本番のつもりで！

最後はこの試験を本当に会場で受けているつもりでチャレンジしてみましょう。図書館やカフェなど、場所を変えて取り組んでみてもいいかもしれません。

目次
CONTENTS

本文デザイン／浦郷和美

英検準２級について

●試験日程

試験は年に３回行われます。下記は大まかな実施時期です。

	一次試験（筆記）	二次試験（面接）
第１回	５～６月	６～７月
第２回	10月	11月
第３回	１～２月	２～３月

●一次試験（筆記）の内容

準２級の試験は大きく以下の大問別に構成されています。

リーディング			
大問１	空所補充問題	短文の空所に、適切な語を補う。	20問
大問２	会話問題	会話文の空所に、適切な文や語句を補う。	５問
大問３	長文問題（空所補充）	長文中の空所に入るのに最も適切な語句を選ぶ。	５問
大問４	長文問題（内容一致）	長文の内容についての質問に対する答えを選ぶ。	７問
ライティング			
大問５	英作文問題	質問に対する回答を英文で書く。	１問
リスニング			
第１部	会話の応答選択	会話を聞き、最後の発話に対する応答を選ぶ。	10問
第２部	会話に関する質問	会話の内容に関する質問の答えを選ぶ。	10問
第３部	英文に関する質問	英文の内容に関する質問の答えを選ぶ。	10問

●二次試験（面接）の内容

二次試験では、以下の流れで面接形式のスピーキングテストが行われます。

音読	問題カードの音読	50語前後の英文を音読する。
No.1	英文に関する質問	音読した英文の内容についての質問に答える。
No.2 No.3	イラストＡに関する質問 イラストＢに関する質問	問題カードにあるイラスト中の人物や物の状況を描写する。
No.4	受験者の意見を問う質問	問題カードに関連した内容についての質問に答える。
No.5	受験者の意見を問う質問	問題カードに関連しない、日常生活の身近な事項についての質問に答える。

※上記は2021年９月現在の情報です。最新情報は、日本英語検定協会のウェブサイト（https://www.eiken.or.jp/）でご確認ください。

付属CDについて

●リスニング問題演習＆耳慣らしにも！

付属CDには、リスニングテスト用の音声と、面接の質問文・解答例の音声を収録しています。演習が終わった後も、直前まで耳慣らしとして活用してください。

CDに収録している箇所は CD1 マークで示しています。

＜収録内容＞

リスニング

2020年度　第3回　⇒　CD1 1 ～ CD1 33
2020年度　第2回　⇒　CD1 56 ～ CD1 88
2020年度　第1回　⇒　CD2 23 ～ CD2 55

面接

2020年度　第3回　⇒　CD1 34 ～ CD1 55
2020年度　第2回　⇒　CD2 1 ～ CD2 22
2020年度　第1回　⇒　CD2 56 ～ CD2 77

＜収録時間＞　CD 1＝約53分、CD 2＝約37分

※日本語によるリスニングテストの説明音声は、一部割愛しています。

※ CDは、CDプレーヤーでのご使用を推奨します。パソコンで使用すると、不具合が生じる可能性がございます。

解説ページにある問題のレベル（難易度）は、以下の基準で示しています。

レベル ★★★ ･･･ 合格するために確実に取りたい問題
レベル ★★★ ･･･ このレベルの問題を取れるかどうかが合否を分ける問題
レベル ★★★ ･･･ 落としても仕方ない少し難しめ、もしくは難問、1つ上の級を目指す人は取りたい問題

レベル ★★★ レベルの問題が取れる実力を目指してください。
解説中の記号：S＝主語、V＝述語（動詞）、O＝目的語、C＝補語

一次試験＞筆記

1 単語・熟語・文法問題

どんな問題?

●問題数：20 問　1 問 30 秒が目安です。
●形式：短文または 1 往復の対話形式で英文中の空所を埋める問題です。
●出題内容

単語問題 （1）～（10）	主に動詞・名詞・形容詞・副詞が狙われます。特に動詞や名詞の問題が多いのが特徴です。

＋

熟語問題 （11）～（17）	2 語の熟語のカタマリが選択肢に並ぶ場合のほか、前置詞の使い分けなど熟語の一部が空所で狙われるパターンがあります。

＋

文法問題 （18）～（20）	「不定詞」「動名詞」「関係詞」「時制問題」「比較」「分詞構文」などがよく狙われます。

対策

●単語・熟語
英検では、過去に問われた単語や熟語が、再び選択肢に並んだり、答えになったりすることがよくあります。まずは、本書で扱っている選択肢の単語や熟語などを繰り返し確認してください。単語や熟語の解説を読み込み、CHECK! にまとめられた単語などをマスターしておきましょう。

●頻出文法
関係詞（関係代名詞・関係副詞・複合関係詞の使い分けの問題）、不定詞・動名詞（不定詞をとるか動名詞をとるか、一般動詞の後ろの形が問われます）、また不定詞を使った表現も頻出です。「動名詞をとる動詞」や「不定詞の重要構文」などは解説で詳しく紹介しているので、ここでは解説で扱われていない内容をチェックしていきます。

POINT ▸ 後ろに不定詞をとる動詞
不定詞（to+原形）は「未来志向」のイメージがある動詞と結びつくので、このイメージをもって次の動詞をチェックしてください。

① 希望・同意

- □want to ～「～したい」
- □hope to ～「～したい」
- □would like to ～「～したい」
- □wish to ～「～したい」
- □agree to ～「～に同意する」
- □offer to ～「～しようと申し出る」

② 計画・決心

- □plan to ～「～する計画だ」
- □promise to ～「～する約束をする」
- □intend to ～「するつもりだ」
- □decide to ～「～すると決心する」

③ チャレンジ

- □try to ～「～しようとする」
- □mean to ～「～しようとする」

④ 積極的イメージ

- □learn to ～「～できるようになる」
- □come to ～「～するようになる」
- □get to ～「～するようになる」
- □manage to ～「何とか～する」

⑤ 単発的イメージ

- □happen to ～「たまたま～する」
- □seem to ～「～のようだ」

⑥ 否定的イメージ

- □hesitate to ～「～をためらう」
- □refuse to ～「～を拒む」

2 会話問題

どんな問題?

- **問題数**：全部で５問(対話文が４つ)　１問１分で解きます。
- **形式**：２往復の対話文が３つ、４往復の対話文が１つで、空所に入れるものを選ぶ問題です。選択肢には、２語以上の語句、英文などが並びます。
- **出題内容**

(21)～(23)	２往復の対話文が３題続きます。「友人」「店員と客」「親子」「夫婦」の会話が出てきます。

＋

(24)～(25)	４往復の対話文の中に空所が２つあります。２往復の対話文に比べて長く感じますが、問題自体は **(24)** **(25)** の方が易しめです。

対策

どんな場面での会話かを把握することが重要です。場面ごとに特有の会話表現を覚えておくことで、正確かつスムーズに問題を解くことができます。たとえばMay I help you?「いらっしゃいませ」とあれば、「店員と客」の会話だとわかりますね。こういった表現はリスニング問題でも役立ちます。

POINT ▸ 場面別重要会話表現

(1) お店

- ☐ May[Can] I help you?「いらっしゃいませ」
- ☐ I'm looking for ～.「私は～を探しています」
- ☐ I'm just looking.「見ているだけです」
- ☐ May I try ～ on?「～を試着してもいいですか？」

(2) レストラン

- ☐ Welcome to ～.「～へようこそ」
- ☐ What do you recommend?「おすすめは何ですか？」
- ☐ Are you ready to order?「ご注文はお決まりですか？」

(3) 電話

- ☐ May I speak to ～, please.「～をお願いしたいのですが」
- ☐ I'll call back later.「後でかけなおします」
- ☐ Can I take a message?「伝言を承りましょうか？」
  ※ take a message は「伝言を取る」→「伝言をあずかる(受ける)」となりました。
- ☐ Can I leave a message?「伝言をお願いしてもいいですか？」
  ※ leave は「残す」という意味なので「伝言を残す」→「伝言をお願いする」となりました。

(4) 交通関係

- ☐ Could you tell me the way to ～?「～への道を教えていただけますか？」
- ☐ How long does it take?「(時間が)どれくらいかかりますか？」
- ☐ get on ～「～に乗る」※ on は「接触」を表します。
- ☐ get off ～「～を降りる」※ off は「分離」を表します。

3 長文問題（空所補充）

どんな問題？

- ●**問題数**：全部で5問(長文は2つ)　1問2分で解きます(合計10分)。
- ●**形式**：長文中の空所に入れるのに適切な語句を選ぶ問題。選択肢には、2語以上の語句、接続表現が並びます。
- ●**出題内容**

(26)～(27)	2段落構成の長文で、各段落に1つずつ空所があります。長文自体は学校に関するものなど、日常的な話題が多いです。

＋

(28)～(30)	3段落構成の長文で、各段落に1つずつ空所があります。長文の内容は人物の他、文化や歴史などのテーマが多いのが特徴です。

最近は、接続表現(for example など)を問う問題よりも圧倒的に内容そのものを問う問題が多い傾向にあります。

対策

単純な文脈問題もありますが、多くは接続表現に着目すると効率的に、しかも正確に解くことができます。その他、代名詞などの指示語が大きなヒントになることも多いです。

POINT ▸ ヒントになる「接続表現」(抜粋)

(1) イコール系　A = B

☐ in other words「言い換えると」
☐ in short「要するに」　☐ that is to say「つまり」

前後でイコール関係を表す動詞もあります。

☐ be 動詞「〜だ」　☐ mean「意味する」　☐ represent「表す」
☐ show「示す」　☐ include「含む」　☐ refer to 〜「〜を表す」

※ include は「含む」という訳ですが、「イコール関係をつくる動詞」と覚えておくと、読解でかなり役立ちます。

(2) つけたし系　A + B

☐ in addition「その上」　☐ what is more「その上」
☐ moreover「その上」　☐ also「〜も」
☐ furthermore「その上」　☐ besides「その上」

(3) 具体例関係　A →〔詳しく〕B

☐ for example「たとえば」　☐ for instance「たとえば」
☐ 名詞 such as 〜「たとえば〜のような 名詞」
☐ like 〜「〜のような [に]」　☐ particularly「特に」

(4) 順接系　A →〔だから〕B

☐ so「だから」　☐ after all「結局」
☐ therefore「したがって」　☐ as a result「結果として」

(5) その他「解答のカギ」になる副詞

☐ in fact「実際に」　☐ actually「実際に」
☐ at first「はじめは」　☐ next「次に」
☐ finally「最終的に」　☐ lastly「最後に」
☐ luckily「幸いにも」　☐ unfortunately「不運にも」

※ 上記以外にも「因果表現」(14 ページ)、「逆接表現」(111 ページ) もあわせて確認しておきましょう。

4　長文問題（内容一致）

どんな問題?

● **問題数**：全部で７問（長文は２つ）／内容一致問題／ 30 分かけたいところです。

● **形式・出題内容**

A…E メール　設問数：3

友人へのお願いや、お誘い、親戚や家族間での励ましのメールなどが出ます。

B…説明文　　設問数：4
歴史などの文化的内容から環境に関するテーマなど幅広く設定されています。

対策

POINT 1 ▶ 内容一致問題のポイント

(1) 設問先読み
本文を読む前に設問文をチェックして、どんな情報を読み取ればいいのか見当をつけます。
設問文のキーワード「『時』を表す副詞句などの数字が入った表現」や「固有名詞」は本文の該当箇所を絞り込むときの重要な手がかりになります。

(2)「設問の順番」と「本文の順番」は一致！
原則、設問の順番は、本文に出てくる内容の順番と同じです。特に4Bでは設問が4問ありますが、本文も4段落構成のことが多く、ほとんどの場合、段落ごとに1問の設問が対応しています。つまり、最初の設問は第1段落に、2つ目の設問は第2段落にということです。

(3) 選択肢は「本文の言い換え」が狙われる
正解の選択肢は本文の表現が「別の表現に言い換えられる」ことが多いです。逆に不正解の選択肢には、本文で使われている単語や語句がふんだんに使われます。同じ単語を使うことで、「本文にこの語句があったから正解かも」とひっかけようとするんです。

POINT 2 ▶ 頻出の設問パターンを整理

事前に把握しておくことでスムーズに問題に取り組めるパターンがあります。
・What is true about ～?「～について当てはまるものはどれですか？」
・What is one thing ～?「～の1つのことは何ですか？」
これらの質問はパターンとして「本文の内容に合うものはどれか？」と理解しておくといいでしょう。

POINT 3 ▶ メール文の読解ポイント

(1) Eメールの目的を読みとって1問ゲット！
必ずEメールを送る目的があるわけで、そこが設問で狙われます。英検準2級のメール問題では、近況などを伝える内容があり、その後本題に入ります。本題が始まるときの「合図の表現」に反応できると、その「Eメールの目的」を読み取りやすくなります。

《本題に入るときの合図になる表現》

□ by the way「ところで」　□ in fact「実は・実際」
□ actually「実は」　□ anyway「いずれにせよ」

(2)「誰→誰」のメールかを整理！

本文中の I など 1 人称は「送り手(書き手)」、you など 2 人称は「受け手」です。

※ よく「タイトル(subject)から内容を推測しよう」と言われることもありますが、特にこだわらなくて OK です。あくまでも本文をしっかり読んで解くことの方が大事です。

POINT 4 ▸ 説明文では「因果表現」がポイントになる！

Why? と聞かれる設問がよく出ます。「因果表現」は高い確率で解答の根拠になるので、しっかりチェックしておきましょう。

(1) 前置詞で因果を表すもの

その 1「～が原因で」

□ because of 原因　□ due to 原因　□ owing to 原因

その 2「～のおかげで」

□ thanks to 原因

(2) 接続詞で因果を表すもの「sv なので」

□ because sv　□ since sv　□ as sv

(3) 文単位で因果を表すもの

□ 原因 , so 結果「原因、だから結果だ」
□ 原因 . This is why 結果 .「原因だ。こういうわけで結果だ」
□ 結果 . This is because 原因 .「結果だ。これは原因だからだ」

(4) 動詞で因果を表すもの

その 1「原因のせいで結果になる」

□ 原因 cause 結果　□ 原因 lead to 結果　□ 原因 result in 結果

その 2「結果は原因のせいだ」

□ 結果 come from 原因　□ 結果 result from 原因

(5) 副詞的用法の不定詞

「～するために」という「目的」を表す不定詞も解答の根拠になります。

5 ライティング問題

どんな問題？

● 問題数：1 問　10 分で解答を作成します。

● 出題内容

QUESTION に対して、自分の「意見」と「その理由」などを条件にしたがって英語で書く問題です。語数の目安は50語～60語です。

対策

POINT 1 ▸ 解答の構成を決めておく！

準2級のライティング問題では、次のような構成を考えておくとスムーズです。条件によっては必ずしも6文構成でなくてもOKです。

第1文…QUESTIONに対する「考え（意見）」

※ たとえば質問文がDo you think ～？なら肯定文に直してI think {that} ～. のように書くとラクです。

第2文・第3文…理由①＋理由①をサポートする文

第4文・第5文…理由②＋理由②をサポートする文

※ 理由のあとに「具体例」を書くことで説得力が増します。また、具体例は「自分の体験」を書いてもOKです。

第6文…まとめ　※ 最後にまとめの文を入れると伝わりやすい文章になります。

POINT 2 ▸ ライティング問題で役立つ表現

(1) 「意見」を述べる文で便利な表現

- □ I think {that} sv.「私はsvだと思います」
- □ I don't think {that} sv.「私はsvだと思いません」　※ 接続詞thatは省略できます。
- □ in my opinion「私の意見としては」
- □ A is better than B「AはBよりよい」
- □ It is better to ～ than to ...「～することは…することよりよい」

(2) 「理由」を列挙するときに便利な表現

- □ First, ～「最初に～」／Second, ～「第2に～」　※ FirstlyやSecondlyもOK
- □ To begin[start] with「まずはじめに」
- □ first of all「第一に」
- □ next「次に」
- □ in addition「さらに」
- □ furthermore「さらに」
- □ also「また」
- □ moreover「その上」
- □ That is because sv.「それはsvだからである」

(3) 「具体例」を述べるときに便利な表現

- □ for example「たとえば」
- □ for instance「たとえば」
- □ 名詞 such as ～「たとえば～のような名詞」
- □ like ～「～のような[に]」
- □ particularly「特に」
- □ in particular「特に」

(4) 「まとめの文」を作るときに便利な表現

- □ for these reasons「この理由によって」
- □ therefore「したがって」
- □ This is why sv「こういうわけでsvする」

一次試験 > リスニング

●弱形をマスターする

弱形とは「普段の発音」と考えてください。たとえばatは「アット」という発音で覚えている人が多いと思いますが（強調するときなどに使う発音で「強形」と言われます）、実際の会話（普段の発音）では「ァト」や「アッ」のように発音されるんです。難しく思えるかもしれませんが、すべて中学レベルの単語であり、この発音を知っていることでリスニングの力が劇的に向上しますよ。

POINT ▸ 弱形一覧（強形→弱形の順で記載しています）

(1) 前置詞

- ☐ of 「オヴ」→「ァヴ」「ァ」「ヴ」
- ☐ to 「トゥー」→「タ」
- ☐ for 「フォー」→「ファ」「フ」
- ☐ from 「フロム」→「フム」
- ☐ at 「アット」→「ァト」
- ☐ as 「アズ」→「ァズ」
- ☐ with 「ウイズ」→「ウィズ」「ワズ」
- ☐ in 「イン」→「ァン」
- ☐ on 「オン」→「ァン」

(2) 代名詞

- ☐ you 「ユー」→「ユ」「ヤ」
- ☐ your 「ユア」→「ヤー」
- ☐ he 「ヒー」→「ヒ」「イー」
- ☐ his 「ヒズ」→「イズ」
- ☐ him 「ヒム」→「イム」
- ☐ she 「シー」→「シ」
- ☐ her 「ハー」→「ァー」
- ☐ they 「ゼイ」→「ゼ」
- ☐ their 「ゼア」→「ザ」
- ☐ them 「ゼム」→「ァム」
- ☐ me 「ミー」→「ミ」
- ☐ our 「アウア」→「ァー」
- ☐ us 「アス」→「ァス」
- ☐ who（関係代名詞）「フー」→「フ」

※疑問詞のwhoはハッキリ発音されます。

(3) 助動詞

- ☐ can 「キャン」→「クン」
- ☐ could 「クッド」→「クド」
- ☐ should 「シュッド」→「シュド」
- ☐ will 「ウイル」→「ゥル」
- ☐ would 「ウッド」→「ァド」
- ☐ have 「ハヴ」→「ァヴ」「ヴ」
- ☐ has 「ハズ」→「ァズ」「ズ」
- ☐ had 「ハッド」→「ァド」「ド」
- ☐ do 「ドゥー」→「ドゥ」「ダ」

(4) be動詞

- ☐ be 「ビー」→「ビ」
- ☐ been 「ビーン」→「ビン」「ベン」
- ☐ is 「イズ」→「ズ」
- ☐ am 「アム」→「ム」
- ☐ are 「アー」→「ァ」

(5) その他

- ☐ some 「サム」→「スム」
- ☐ any 「エニィ」→「ァニ」

第1部

どんな問題?

●**問題数**：10 問（放送回数は 1 回）

●**出題内容**

対話を聞いて、その最後の文に対する応答として適切なものを選ぶ問題です。
選択肢を含めて英文はすべて放送されます。「知り合い」との会話のほか、「店員」との会話など「知らない人同士」の会話もあります。

対策

POINT ▸ リスニング第 1 部で狙われるポイント

(1)「疑問詞」→「疑問文に対する答え」の基本パターン
たとえば How ～? で聞かれて、By ～. で答えるといった感じの問題です。あまりに基本パターン過ぎて拍子抜けするかもしれませんが、これらの問題は取りこぼしがないようにしたいところです。

(2)「ズラし」パターン
「疑問詞に対する答えを直接的に答えない」パターンです。たとえば How much ～?「いくら？」に対して Twenty dollars. のように「金額」を答えるのではなく、Let me check.「お調べいたします」のように少しズラした答え方をするパターンです。

(3) 文脈問題
(1) や **(2)** のパターンの他に文脈で応答を選ぶ問題もあります。

第2部

どんな問題?

●**問題数**：10 問（放送回数は 1 回）

●**出題内容**

会話と質問が英語で読まれ、問題冊子に印刷されている選択肢から、対話に合うものを選びます。第 1 部と同様「知り合い」との会話の他、「店員」との会話がよく出ます。英検では「携帯電話」だけでなく「固定電話」を使った設定が出ることもあります（電話での会話の場合、冒頭で電話の呼び出し音が鳴ることが多いです）。

対策

問題冊子には選択肢が印刷されているので、まずは「選択肢の先読み」をします。「先読み」とは問題冊子に書かれている選択肢を、音声を聞く前に読んで、「何に注意して聞けばいいのか」「どんな Question なのか」を予想しておくことです。英検準 2 級のリスニングでは音声が 1 度しか流れないので、この「先読み」が大活躍するんです。この「先読み」

は第２部だけでなく第３部でも同様に有効です。
また、典型的な Question を知っていれば、初めて聞いたら難しく感じるものも、余裕をもって対応することができます。

POINT 1 ▶ 選択肢先読みパターン

(1) すべて「動詞の原形」で始まっている ➡「未来の予定・行動」を聞き取る！
(2) すべて“to+ 動詞の原形” ➡「目的」or「これからのこと」が問われる！
(3) 主語がすべて He ➡「男性の行動」がポイント！
(4) 主語がすべて She ➡「女性の行動」がポイント！
(5) whether や how long など ➡「疑問文」がきたら反応する！
(6) 否定的な内容が多い ➡ 何か「トラブル」を予想！
(7) By+ 乗り物 ➡「交通手段」　※ 最終的な交通手段が問われることが多いです。

POINT 2 ▶ これからのことが問われるときに注意すべき表現

選択肢がすべて「動詞の原形」で始まっているときは「未来の予定・行動」がポイントになります。次のような表現が出てきたら該当箇所になることが多いのでチェックしておきましょう。

(1) will や be going to を使った表現　(2) decide to 原形「～すると決める」
(3) plan to 原形「～する計画だ」　(4) offer to 原形「～しようと申し出る」

POINT 3 ▶ 典型的な Question

(1) What do we learn[know] about ～?「～について私たちは何がわかるか？」
➡ 内容に合うものはどれか？
(2) What is one thing ～?「～なことの一つは何か？」
➡ 内容に合うものはどれか？
(3) What's the S's problem? ／ What problem does S have?「S の問題は何か？」
➡「困ったこと」「想定外のできごと」が正解になる！
「時間に間に合わない」「忘れ物をした」「注文したものが届かない」など。

第３部

どんな問題?

● **問題数**：10 問（放送回数は１回）
● **出題内容**
英文（ナレーション）を聞き、問題冊子に印刷されている選択肢から、内容に合うものを選ぶ問題です。
「ある人物についての説明」、「動物や町など人以外についての説明」がよく出ます。「アナウンス問題」は第３部で特徴的な問題です。

対策

選択肢の先読みは第３部でも同様に取り組んでください。さらに、どんなナレーションのパターンがあるのか、そしてそれらの特徴を押さえておくことが重要です。

POINT ▸ 頻出パターン

(1)「人」についてのナレーション

「人物の行動」が問われることが多いです（What did S do last ～？「この前の～にSは何をしましたか？」など）。選択肢先読みで「時制」をチェックしておきましょう。
また、「感情表現」はよく狙われるので、happy、disappointedなど感情表現が出てきたらその理由に反応できるようにしておきましょう。

(2)「人以外」についてのナレーション

第３部では「動物」や「植物」、「文化的な習慣」、「祭り」などについて説明されることがあります。特に冒頭で、これまで聞いたことがない単語が流れることがよくありますが、その後で必ず説明されるので、そこをしっかり聞き取るつもりで臨んでください。また、「内容に合うものはどれか？」パターンのQuestionが多いので、情報をしっかり整理しておくことが重要です。「動物」であれば外見の説明に使われる、largeやsmallといった形容詞がポイントになることが多いです。

(3) アナウンス問題

次のような表現で始まったらアナウンス問題だと思ってください。また、ナレーターのテンションが少し高めで、スピードも速くなることがあります。
《アナウンスの冒頭でよく使われる表現》

- □ Welcome to ～「～へようこそ」
- □ Attention, shoppers「ご来店の皆様にお知らせです」
- □ Thank you for ～.「～していただいてありがとうございます」
- □ 呼びかけ Ladies and gentlemen ／ Class ／ Students など
- □ あいさつ Good morning. ／ Good afternoon. など

また、「お店のアナウンス」や「何かの手順を説明しているアナウンス」などでは「命令文」がポイントになるので、出てきたら要チェックです。さらにお店のアナウンスでは割引を受けられる条件などが問われることが多いので、「〇ドル以上お買い上げの方」、「△△をご購入いただいた方は」などの内容に反応してください。

二次試験 > 面接

どんな問題?

次のような流れを把握しておきましょう。

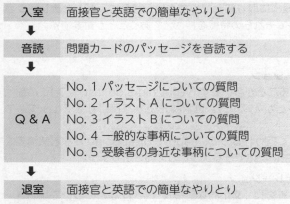

入室	面接官と英語での簡単なやりとり
⬇	
音読	問題カードのパッセージを音読する
⬇	
Q & A	No. 1 パッセージについての質問 No. 2 イラスト A についての質問 No. 3 イラスト B についての質問 No. 4 一般的な事柄についての質問 No. 5 受験者の身近な事柄についての質問
⬇	
退室	面接官と英語での簡単なやりとり

試験時間は約 6 分です。

対策

● 面接官とのやりとり

入室時・退室時のやりとりは決まり事として覚えておきましょう。また、相手の顔を見て会話をすることを意識してください。アティチュード (積極的にコミュニケーションをとろうとする態度) も評価のポイントです。

【入室時】

受験者	面接官
May I come in?「入ってもいいですか？」	
	Please come in. Hello. 「どうぞ入ってください。こんにちは」
Hello.「こんにちは」	
	Can I have your card, please? 「あなたの受験票をいただけますか？」
Yes. Here you are.「はい。どうぞ」	
	Thank you. Please sit down. 「ありがとうございます。どうぞおかけください」

受験者 / 面接官

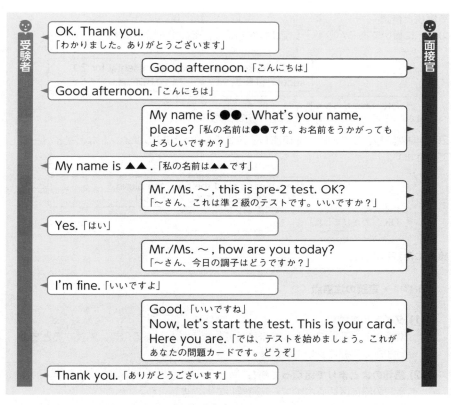

受験者：OK. Thank you.
「わかりました。ありがとうございます」

面接官：Good afternoon.「こんにちは」

受験者：Good afternoon.「こんにちは」

面接官：My name is ●●. What's your name, please?「私の名前は●●です。お名前をうかがってもよろしいですか？」

受験者：My name is ▲▲.「私の名前は▲▲です」

面接官：Mr./Ms. ～, this is pre-2 test. OK?
「～さん、これは準２級のテストです。いいですか？」

受験者：Yes.「はい」

面接官：Mr./Ms. ～, how are you today?
「～さん、今日の調子はどうですか？」

受験者：I'm fine.「いいですよ」

面接官：Good.「いいですね」
Now, let's start the test. This is your card.
Here you are.「では、テストを始めましょう。これがあなたの問題カードです。どうぞ」

受験者：Thank you.「ありがとうございます」

この後、「音読」と「Q & A」に移ります。

【退室時】

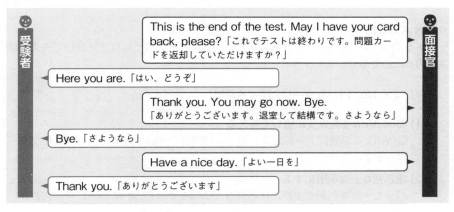

面接官：This is the end of the test. May I have your card back, please?「これでテストは終わりです。問題カードを返却していただけますか？」

受験者：Here you are.「はい、どうぞ」

面接官：Thank you. You may go now. Bye.
「ありがとうございます。退室して結構です。さようなら」

受験者：Bye.「さようなら」

面接官：Have a nice day.「よい一日を」

受験者：Thank you.「ありがとうございます」

●黙読と音読

カードに書いてあるパッセージ 20 秒間黙読し、その後音読します。

面接官：First, please read the passage silently for 20 seconds.「最初にパッセージを 20 秒間黙読してください」

受験者：OK.「わかりました」

20 秒間黙読し、ここで内容を確認し、音読の際の区切りのポイントなどをイメージしておきます。

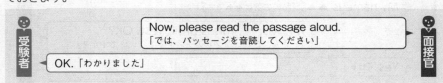

面接官：Now, please read the passage aloud.「では、パッセージを音読してください」

受験者：OK.「わかりました」

実際に音読します。

POINT 1 ▸ 音読の注意点

(1) タイトルを読む

緊張しているとタイトルを飛ばしてしまうことがあるので、黙読するときから注意しておきましょう。

(2) 語句のまとまりで区切って読む

音読の際に区切るポイントを確認しておきましょう。

- ☐ 接続詞（and や when, because など）の前で区切る
- ☐ 前置詞（at, on, for など）の前で区切る
- ☐ 長い主語の後ろで区切る

●Q & A の攻略

5 題ある Q & A にもパターンがあります。それぞれどのような点に注意して答えればよいのかここで確認しましょう。

POINT 2 ▸ No. 1「パッセージに関する質問」

(1) Question を肯定文に直して答える

Question の疑問文を肯定文に直し、疑問詞の内容を組み込んで答えの文を作ります。

(2) 指示語などは明確にする

パッセージを引用する際、代名詞などは何を受けるのかを明確にする必要が

あります。

(3) Why? に対しては Because ～．／ To ～．の形で答える
Why? という Question に対して、「原因・理由」を答えるときは Because ～. の形で答えます。「目的」が問われている場合は、To ～．の形で OK です。

POINT 3 ▸ No. 2「イラスト A に関する質問」

what they are doing「何をしているか？」と、イラストにある人物を順に説明していく問題です。

(1) 現在進行形を使って答える
現在進行形は "be+-ing" の形です。be 動詞を忘れがちなので注意してください。

(2) 難しいときは簡単な表現に置き換える
英語で説明しようと思っても難しい場合は、簡単な表現に置き換えてみてください。たとえば、「女性が地面をホウキではいている」というイラストがあった場合、sweep「(ほうきで) はく」がわからなくても、「そうじをしている」という状況がわかれば、A woman is cleaning the floor. と答えることができます。

(3) どんな順番で説明するか決めておく
人物が複数出てくるので、「時計まわりに説明する」などあらかじめ順番を決めておくと良いでしょう。自分で決め事を作っておくと、本番で慌てることなく対応できますよ。

POINT 4 ▸ No. 3「イラスト B に関する質問」

イラスト B を説明する問題です。

(1) 過去形で「状況」を説明
どんな場面か「状況」を説明するときは「過去形」を使います。

(2) 吹き出しの中の説明
「これからどうしようか考えていること」ならば、現在進行形を使い、たとえば He is thinking {that} ～. のように答えると良いでしょう。

POINT 5 ▸ No. 4・No. 5「一般的な事柄・身近な事柄についての質問」

"Do you think ～?"「あなたは～だと思いますか？」のように質問され、まず、Yes. か No. で答えます。その後、Why? や Why not? と理由を聞かれるので、それぞれ理由を英語で答えます。

(1) 英語で答えやすい立場をとる

テーマについて Yes. か No. でそれぞれ理由を考え、英語で答えやすい立場をとってください。あくまでも英語の試験ですから、どちらの立場をとっても採点に影響はありません。

(2)「理由」には「体験」を入れても OK

理由には「自分の体験」や「具体例」を入れて構いません。具体的な話にすることで説得力が増すのはライティング問題と同様です。

2020-3
Grade Pre-2
準2級
解答・解説編

一次試験

2020年度　第3回検定（2021年1月24日実施）

解答一覧

筆記

1	(1) 2	(2) 2	(3) 4	(4) 4	(5) 3	(6) 2	(7) 1	(8) 1	(9) 4	(10) 1
	(11) 4	(12) 4	(13) 1	(14) 3	(15) 3	(16) 4	(17) 2	(18) 4	(19) 3	(20) 2
2	(21) 3	(22) 1	(23) 4	(24) 2	(25) 2					
3 A	(26) 3	(27) 1			3 B	(28) 4	(29) 4	(30) 2		
4 A	(31) 1	(32) 3	(33) 2		4 B	(34) 2	(35) 1	(36) 4	(37) 3	
5	解答例は p.64 参照									

リスニング

第1部	No. 1 2	No. 2 1	No. 3 2	No. 4 1	No. 5 3	No. 6 3	No. 7 2	No. 8 3	No. 9 2	No. 10 2
第2部	No. 11 3	No. 12 4	No. 13 2	No. 14 3	No. 15 1	No. 16 1	No. 17 1	No. 18 2	No. 19 3	No. 20 1
第3部	No. 21 2	No. 22 3	No. 23 4	No. 24 1	No. 25 2	No. 26 1	No. 27 4	No. 28 3	No. 29 2	No. 30 1

1 問題編 p.4 - p.6

(1) ‣ exactlyは狂いなく「ピッタリ」のイメージ！ レベル★★★

解答 2

ask 人 to 原形「人 に～するように頼む」　20 ドル渡した

Sabrina's father asked her to buy some things at the supermarket, and he gave her $20. The food cost (　　) $15, so Sabrina gave her father a $5 bill as change.

"原因・理由, so 結果"　おつりとして 5 ドル渡した

解説 空所に入れて意味が通るのは**2**のexactlyのみで、「食品はちょうど15ドルかかった」となります。接続詞so「だから」に注目すると、「父は20ドル渡した」→「食品は15ドル」→「だから(so)おつりは5ドル」という流れもOKですね。ちなみに空所直前のcostは動詞「費用がかかる」の意味で、今回は過去形で使われています(活用：cost-cost-cost)。

changeは「おつり」
「変化」の意味は有名ですが、「お札を出して小銭に変化させる」→「小銭・おつり」と考えてください。タクシーの支払いでKeep the change.「おつりを取っておいて」のように使うこともあります。

和訳 サブリナのお父さんは彼女にスーパーマーケットでおつかいを頼み、彼女に20ドル渡した。食品はちょうど15ドルだったので、サブリナはお父さんにおつりとして5ドル紙幣を渡した。

選択肢の和訳

1 元気な・生き生きとした　**2** 正確に・ちょうど
3 礼儀正しく　**4** 心配して

語句 ☆ask 人 to 原形　人 に～するように頼む　□thing　もの　☆cost　費用がかかる
□bill　紙幣・請求書　□as ～　～として　☆change　おつり

単語解説

□ **lively「元気な・生き生きとした」**…lyで終わりますが主に「形容詞」として使われます。
□ **exactly「正確に・ちょうど」**…狂いなく「ピッタリ」というイメージの単語です。
□ **politely「礼儀正しく」**…polish「磨く」と同じ語源で、本来「磨かれて」という意味です。「態度・気遣いが磨かれている」→「礼儀正しく」となりました。
□ **anxiously「心配して」**…心配で「ドキドキしている」イメージの単語です。

CHECK! 形容詞 +ly →副詞

「形容詞」に ly がつくと「副詞」になります。準2級の単語問題で狙われる形容詞と副詞をセットで覚えてしまいましょう。

形容詞	副詞
□ exact「正確な」	□ exactly「正確に」
□ polite「礼儀正しい」	□ politely「礼儀正しく」
□ comfortable「心地よい」	□ comfortably「心地よく」
□ normal「ふつうの・標準の」	□ normally「ふつうは」
□ total「全部の・完全な」	□ totally「完全に・とても」
□ fortunate「幸運な」	□ fortunately「幸運にも」
□ unfortunate「不幸な・残念な」	□ unfortunately「不運にも・残念ながら」
□ honest「正直な」	□ honestly「正直に」
□ rough「粗い・大まかな」	□ roughly「乱暴に・手荒に」
□ general「一般の・全体の」	□ generally「たいてい」
□ rapid「急速な・速い」	□ rapidly「急速に・速く」
□ annual「年に一度の」	□ annually「毎年」
□ individual「個人の」	□ individually「個々に・それぞれ」
□ current「今の・最新の」	□ currently「現在（のところ）」
□ simple「単純な」	□ simply「ただ〜・簡単に」
□ regular「規則正しい・定期的な」	□ regularly「規則正しく・定期的に」
□ steady「固定された・安定した」	□ steadily「しっかりと」
□ immediate「即座の・直接の」	□ immediately「すぐに」
□ equal「等しい・平等な」	□ equally「等しく・同程度に」
□ typical「典型的な」	□ typically「一般的に・いつもは」
□ obvious「明らかな」	□ obviously「明らかに」
□ proper「適切な・適した」	□ properly「きちんと」
□ constant「絶え間ない・一定の」	□ constantly「絶え間なく」
□ personal「個人の・私的な」	□ personally「個人的に・直接」

(2) ▸ unlockは「否定(un)＋カギをかける(lock)」→「カギを開ける」　レベル ★★★

解答　2

学校で自転車のカギを紛失　　“原因・理由, so 結果”

Justin lost his bicycle key at school, so he could not (　　) his bicycle. He had to take the bus home.

解説「自転車のカギを紛失」→「だから(so)」→「自転車をどうすることができなかった？」と考え、**2** の unlock「カギを開ける」を選びます。2文目の「バスで帰宅しなければならなかった」にも合います（take the bus homeのhomeは副詞「家へ」で、「家へ帰るのに（home）バスという交通手段（the bus）をとる（take）」→「バスという交通手段で家に帰る」という意味です）。

和訳 ジャスティンは学校で自転車のカギを紛失したので、自転車のカギを開けることができなかった。彼はバスで帰宅しなければならなかった。

選択肢の和訳

1 飾る　**2** カギを開ける　**3** 予約する　**4** 特集する・特徴づける

語句
□lose　失う・紛失する　□key　カギ
□could　can「～することができる」の過去形
□had to 原形　～しなければならなかった　□take　～に乗る　□home　家へ

単語解説

□**decorate「飾る」**…「デコレーションケーキ」は「たくさん飾りつけられたケーキ」のことですね。

□**unlock「カギを開ける」**…lockは動詞で「カギをかける」です（日本語でもカギをかけることを「ロックする」といったりします）。そこに否定を意味するunがついて「否定（un）＋カギをかける（lock）」→「カギを開ける」となりました。unで始まる単語を見たら、まずは「否定」の意味を考えて意味を推測してみてください。

□**reserve「予約する」**…レストランで予約客のために取ってあるテーブルの上に“Reserved”と書かれた札やプレートが置かれていたりします。

□**feature「特集する」**…雑誌で「フィーチャーする」とは「特集する」ということです。

CHECK! 英検でカギになる「因果表現」

大問1の単語問題では今回のso「だから」の他、because sv「svするので」がヒントになることがよくあります。これらの「因果表現」は長文問題やリスニングでも大活躍するのでここで確認しておきましょう。

□…, so ～「…、だから～」　□because sv「svするので」
□because of ～「～が原因で」　□due to ～「～が原因で」
□thanks to ～「～のおかげで」
□This is why sv.「こういうわけでsvする。」
□That is why sv.「そういうわけでsvする。」
□That is because sv.「それはsvするからである。」
□The reason is that sv.「理由はsvするからだ。」
□… cause ～「…によって～になる」　□… lead to ～「…のせいで～になる」
□… result in ～「…によって～になる」

(3) ▸ busyと関連のあるbusiness→「忙しい仕事・事業」と覚える！ レベル★★★

解答 4

do well「うまくいく」　新規顧客をたくさん見つけた

Rachel's ice cream (　) has been doing well lately. She has found a lot of new customers who want to buy her company's products.

解説 2文目「彼女の会社の商品を買いたいと思っている新しいお客さんをたくさん見つけた」をヒントにして、「レイチェルのアイスクリームの何がうまくいっているのか？」と考え、**4** の business「事業」を選びます（do well は「(事業やビジネスなどが) うまくいく」という意味です）。

和訳 最近レイチェルのアイスクリーム事業はうまくいっている。彼女の会社の商品を買いたいと思っている新しいお客さんをたくさん見つけたのだ。

選択肢の和訳

1 旅行　**2** 通知・予告　**3** 品物・物　**4** 事業・ビジネス

語句 □do well　うまくいく　☆lately　最近　□find　見つける・わかる
☆customer　客　□want to 原形　～したい　☆company　会社
☆product　商品・製品

単語解説

□ **journey「旅行」**…フランス語の jour「1 日」が語源で、そこから「1 日がかりの移動」→「旅行」となりました。

□ **notice「通知・予告」**…"NOTICE" は看板や掲示物などに書かれていることがあります。

□ **item「品物・物」**…「ファッションアイテム」とは衣服、装飾品などファッションに関する「品物・物」のことですね。

□ **business「仕事・事業」**…busy と関連があり「忙しくて手がふさがっている状態」→「仕事・事業」となりました。

(4) ▸ includeは「中に (in) 閉じる (clude=close)」→「含む」 レベル★★★

解答 4

tell 人 to ～「人に～するように言う」　売上報告書にもっと情報を載せるように

Mr. Kimura told his staff members to put more information into their sales reports. He said they should (　) graphs and charts in each report.

各報告書にグラフや表をどうする？

解説 1文目「キムラさんはスタッフに対して売上報告書にもっと情報を記載するように言った (tell 人 to 原形「人に～するように言う」)」を踏まえ、2文目は「各報告書にグラフや表をどうすべき？」と考えます。**4** の include「含む」を選び、they should include graphs and charts in each report「それぞれの報告書にグラフや表を含めたほうがよい」とします。

和訳 キムラさんは自分のスタッフたちに、売上報告書にもっと情報を載せるように言った。それぞれの報告書にグラフや表を含めたほうがよいと彼は言った。

選択肢の和訳

1 期待する　2 主張する　3 競争する　4 含める

語句 ☆tell 人 to 原形　人に～するように言う　□put A into B　AをBに入れる
☆sales report　販売報告書　☆should　～するべきだ・～したほうがよい
□graph　グラフ　□chart　図・表

単語解説

□ **expect「予期する・期待する」**…「外を(ex)見る(spect)」→「先のことを見る」→「予期する」となりました。

□ **claim「主張する・断言する」**…日本語の「クレーム」のように「不満・文句」という意味はありません。「大声で主張する」という意味なんです。

□ **compete「競争する」**…名詞形competition「競争」のcompeの部分をそのまま発音すると「コンペ」になります。たとえば「ゴルフのコンペ」とは「ゴルフの競技会」のことで、動詞形がcompete「競争する」です。

□ **include「含む」**…「中に(in)閉じる(clude=close)」→「含む」となりました。また、対義語はexclude「外に(ex)閉じる(clude)」→「締め出す・排除する」です。

(5) ▸ leadershipは日本語の「リーダーシップ」と同じイメージ　レベル★★★

解答 3

ジュリアは級長になるべきだ　　becauseの後ろは「原因・理由」

Many students thought Julia should become class president because she showed great (　) skills.

skillsとセットにできるのは？

解説 空所直後のskills「能力」とセットで使えるのは**3**のleadership「リーダーシップ」です。「彼女はすばらしいリーダーシップ能力を発揮していたので級長になるべきだ」と意味も通ります。

和訳 ジュリアはすばらしいリーダーシップ能力を発揮していたので、彼女が級長になるべきだと多くの生徒が思った。

選択肢の和訳

1 型・模様　2 自由　3 リーダーシップ　4 嫉妬

語句 ☆should　～するべきだ・～したほうがよい　□class president　級長　☆skill　能力

単語解説

□ **pattern「型・模様」**…「ワンパターン」とは「1つの(同じ)型」のことで、「同じ型をしたもの」→「模様」となりました。

□ **freedom「自由」**…形容詞free「自由な」の名詞形がfreedomです。freedom of speech「言論の自由」はライティング問題でも重宝しますよ。

□ **leadership「リーダーシップ」**…leadershipは本来「リーダー(leader)の地位(ship)」→「指導者の地位」、そこから「指導力」という意味にもなりました。日本語でも「リーダーシップを発揮する」のように使いますね。

□ **jealousy「嫉妬」**…日本語でも「ジェラシー」といいますが、「嫉妬」のことです。形容詞形 jealous「嫉妬深い」も合わせておさえておきましょう。

(6) ▸ awareは「用心して」→「気づいて」 レベル ★★★

解答 2

夫婦の会話　家に食料がない

A: Honey, are you (　) that there is no food left in the house?

B: Yes, I know. I'm going to the supermarket before lunch.

知っている

解説 *B* が Yes, I know.「知っているよ」と答えていることから、空所を含む文は「家に食べ物がないのを知っている？」という疑問文になると予想します。**2** の aware を入れて、be aware that sv「〜だと気づいている」という表現を完成させれば OK です。

英検で呼びかけの honey が出たら「夫婦の会話」！

呼びかけの honey「あなた」は「恋人・夫婦」の会話で使われますが、英検で出てきたら「夫婦の会話」だと思ってください。honey は「男性→女性」でも「女性→男性」でも使えます。話し手の人間関係を把握することは内容を理解するうえでとても役に立ちます。リスニングでもよく使われるのでチェックしておきましょう。

和訳 *A:* あなた、家に食べ物が全然ないのに気づいている？
B: ああ、わかっているよ。昼食の前にスーパーへ買いに行く予定だよ。

選択肢の和訳

1 急速な・速い　**2** 気がついて　**3** 誇りを持っている　**4** でたらめの

語句 □honey　あなた（呼びかけ）　□leave　残す

単語解説

□ **rapid「急速な・速い」**…rabbit「ウサギ」とつづりが似ているので「rabbit は rapid（ウサギは素早い）」と覚えてください。副詞 rapidly「素早く」も英検では重要です。

□ **aware「気がついている」**…本来「用心して」の意味で、そこから「気づいて」となりました。今回の be aware that sv の他に、be aware of 〜「〜に気づいている」の形も大事です（of は関連「〜について」）。

□ **proud「誇りのある・自慢して」**…プラスイメージ「誇りのある」と、マイナスイメージ「自慢して」という２つの意味があります。be proud of 〜「〜を誇りに思う」、be proud that sv「〜を自慢する」の形が重要です。

□ **random「でたらめの・無作為の」**…「ランダム」とは「テキトーに・むちゃくちゃに」ということです。

CHECK! 「呼びかけ」から人間関係をつかむ

□honey「あなた」➡ 恋人や夫婦の会話
※ 英検では「夫婦」の関係で使われると考えてください。
□Dad「お父さん」・Mom「お母さん」➡ 親子の会話
□sir「だんな様・お客様」➡ 主に店員と男性客の会話
□ma'am（madam の略）「奥様・お客様」➡ 主に店員と女性客の会話
※ ma'am は madam の略ですが、必ずしも日本語の「マダム」のイメージで使われるわけではなく、女性に対する呼びかけとして幅広く使われます。ちなみに、英検では madam ではなく必ず ma'am の形で出てきます。

(7) ▸ 日本語の「プロセス（process）」も「過程」のこと！ レベル ★★★

解答 1

A: Mr. Dubois, French is really hard. I don't seem to be getting better.

feel like sv「sv するような気がする」

B: Learning a foreign language is a slow (　). Sometimes, it can feel like you're not improving, but don't give up!

上達していない気がすることもあるけどあきらめないで！

解説 「外国語を学ぶのはどんなものか？」と考え、**1** の process を選びます。「外国語を学ぶことは時間がかかるものだよ（ゆっくりとした過程を経るものだ）」という意味です。***B*** が最後に「上達していないように感じることがあるかもしれないけど、あきらめてはだめだよ」と励ましているのにもつながります。

和訳 *A:* デュボワ先生、フランス語は本当に難しいです。上達しているように思えないです。
B: 外国語を学ぶというのは時間がかかる［ゆっくりとした過程を経る］ものだよ。上達していないように感じることがあるかもしれないけど、あきらめてはだめだよ。

選択肢の和訳
1 過程　**2** 身振り　**3** 鏡　**4** 気温・体温

語句
□French　フランス語　☆really　本当に　□hard　大変な・難しい
☆seem to 原形　～のように思われる　□get well　上手になる　☆learn　学ぶ
□foreign language　外国語　□slow　ゆっくりとした・遅い
□sometimes　ときどき　☆feel like sv　～のように感じる　☆improve　上達する
□give up　あきらめる

単語解説
□**process「過程」**…日本語で「プロセス」とは「手順・過程」の意味です。
□**gesture「身振り」**…身振りや手振りが大きいことを日本語でも「ジェスチャーが大きい」といいますね。
□**mirror「鏡」**…「バックミラー」、「サイドミラー」、「ハンドミラー」などすでに日本語でもおなじみですね。mirror のつづりは r が３つです。

□ **temperature「気温・体温」**…本来「温和な (temerate) 状態」という意味で、そこから「気温・体温」となりました。

(8) ▸ 前と後ろのヒントをしっかりチェックして解く！　レベル★★★

解答 **1**

これらの花を育てるのにどのくらいかかった？

A: How long did it take for these flowers to grow?
B: After planting the (　　), it took about a month.

およそ１ヵ月かかった

解説「これらの花を育てるのにどのくらい（の期間）かかった？」に対する応答を完成させます。直前の planting（動詞 plant「植える」の -ing 形）に注目し、「何を植えた後におよそ１ヵ月かかったのか？」と考え、**1** の seeds「種（たね）」を選びます。**3** の laws は law「法律」ですが、lawn「芝生」と見間違えないように注意してください。

和訳 *A:* これらの花が育つのにどのくらいかかりましたか？
B: 種を植えてから、約１カ月かかったよ。

選択肢の和訳
1 種　**2** 鉢　**3** 法律　**4** 壁

語句 ☆how long　どのくらいの間　☆take　(時間が) かかる　□grow　成長する
□plant　植える　□about　約・およそ　□month　(１カ月などの) 月

単語解説

□ **seed「種」**…トーナメントの「シード」は、強いチーム同士が１回戦から対戦しないように、トーナメント上に「(種をまくように) 散らす」ことに由来します。

□ **bowl「鉢」**…料理で材料を混ぜるときなどに使う丸い容器を「ボール」といいますね。英語ではそのような鉢状のもの (鉢・碗・つぼ) はすべて bowl です (発音は「ボウル」)。

□ **law「法律」**…「法律を学ぶところ」を「ロースクール」といいます (発音も「ロウ」ではなく日本語の「ロー」に近いイメージです)。

□ **wall「壁」**…「ウォールミラー」とは「壁に取りつけることができる鏡」のことです。

(9) ▸ withとセットで使える動詞は？　レベル★★★

解答 **4**

“動詞 人 with 物” の形をとれる動詞は？　so that s can v「～できるように」

Some universities (　　) all of their students with laptop computers so that students can use the Internet in class.

解説 空所の後に出てくる with に注目して、“動詞 人 with 物” の形をとるものを選びます。正解は**4**の provide「供給する・与える」で、今回は[人]に all of their students、[物]に laptop computers がきています。provide A with B で「A に B を与える」です。

和訳 学生が授業中にインターネットを使うことができるように、全学生にノートパソコンを提供する大学もある。

選択肢の和訳

1 解決する　**2** 選び出す　**3** あげる　**4** 供給する・与える

語句 □university　大学　□laptop computer　ノートパソコン
☆so that s can v　〜できるように　□class　授業

単語解説

□**solve「解決する」**…本来「溶かす」という意味があります。「問題を溶かして解決する」と覚えてください。solve a problem「問題を解決する」のように、よく problem と一緒に使われます。

□**elect「選び出す」**…lect は「集める」という意味で select や collect にも使われています。「外へ (e=ex) 集める (lect)」→「選び出す」です。名詞 election「選挙」も重要です。

□**raise「あげる」**…英語の授業で先生が、Raise your hand.「手をあげてください」といいますね。

□**provide「供給する・与える」**…日本語で使われる「プロバイダー」とは、インターネットを接続するためにメールアドレスや回線などを「提供する会社」のことです。

CHECK! **“[動詞] [人] with [物]” の形をとる動詞**

今回出てきた provide と同じ形をとる動詞を一気にチェックしておきましょう。

□provide [人] with [物]「[人]に[物]を与える」　□supply [人] with [物]「[人]に[物]を与える」
□feed [人] with [物]「[人]に[物]を供給する」　□fill [人] with [物]「[人]を[物]で満たす」

(10) ▸ quit は「静かな (quiet) 状態にする」→「やめる」！　レベル ★★★

解答 1

疲れた　　数学の宿題の残りは明日にしよう

A: I'm tired, Kevin. Let's do the rest of our math homework tomorrow.
B: No. We can't (　) now! We're almost done.

ほとんど終わっている

解説「疲れたから明日にしよう」→「いや (　) できないよ！ ほとんど終わっているじゃないか」という流れを踏まえ、**1** の quit「やめる」を選びます。almost「ほとんど」は「あとちょっと」というニュアンスがあるので、今回は「あとちょっとで宿題が終わる」という意味です。「あとちょっとで終わるからこのままやめずにやりきろう」というわけです。

和訳 *A:* 疲れたよ、ケビン。残っている数学の宿題は明日やろう。

B: だめだよ。今、やめられないよ。ほとんど終わっているんだから。

選択肢の和訳

1 やめる　**2** 投票する　**3** 振る・揺らす　**4** 隠す

語句 □tired　疲れて　□rest　残り　☆almost　ほとんど

単語解説

□ **quit「やめる」**…quiet「静かな」とつづりが似ていますね。「静かな状態にする」→「(仕事や作業などを) やめて (静かな状態にする)」と覚えてしまいましょう。

□ **vote「投票する」**…vow「誓う」と関連のある単語で、「投票することを誓う」ということです。正解の選択肢で出題されたこともある単語です。

□ **shake「振る・揺らす」**…ファーストフード店の「シェイク」は「振って作った飲み物」という意味なんです。

□ **hide「隠す・隠れる」**…「かくれんぼ」を hide-and-seek といいます。ちなみに seek は「さがす」の意味です。

(11) ▸ com は「ともに」→ common は「共通の」！

レベル ★★★

解答 **4**

僕らはぜったい友だちになれないと思う

A: George is so different from me. I don't think we can ever become friends.

B: You should try talking to him more. I'm sure you'll find something you both have (　).

君はもっと彼に話してみるべきだよ

関係代名詞の省略

have とセットで使える表現は？

解説 直前の動詞 have とセットで使えるのは **4** の in common です。have ～ in common で「共通して～を持っている」で、I'm sure you'll find something you both have in common. は「君たち２人に共通する何かがきっと見つかるよ」となります (be sure {that} sv は「きっと sv すると思う」という意味です)。

和訳 **A:** ジョージはかなり僕と違うんだよ。僕らは友だちになれるとは思わないよ。

B: もっと彼に話しかけてみなよ。君たち２人に共通する何かがきっと見つかると思うよ。

選択肢の和訳

1 手書きで・手渡しで　**2** 貸出用の　**3** 時間通りに　**4** 共通の

語句 □so　とても　☆be different from ～　～と異なっている
□become friends　友だちになる　☆should　～するべきだ・～したほうがよい
□talk to 人　人 に話しかける　□more　もっと
☆I'm sure {that} sv　きっと～すると思う　□both　両方・２人とも

熟語解説

□ **by hand「手書きで・手渡しで」**…by は「近接 (～の近く)」から「経由 (～を経由して)」の意味が生まれました。「手を (hand) 経由して (by)」→「手書きで・手渡しで」です。

□ **for rent「貸出用の」**…rent は「貸家」の意味があり、賃貸の空き物件には "FOR RENT" の表示があります。「貸出 (rent) のための (for)」→「貸出用の」です。

□ **on time「時間通りに」**…on は本来「接触」を表し、on time は「時間に (time) 接触 (on)」→「(予定の) 時間にピッタリくっついて」→「時間通りに」です。

□ **have ～ in common「共通して～を持つ」**…common は「共通の」で、have ～ in common {with …}「…と (with) 共通の中に (in common) 持っている (have)」→「…と共通して～を持つ」となりました。

(12) ▸ イベントが「場所 (place) をとる (take)」→「開催される」 レベル★★★

解答 4

There is a big rock music festival in Allenville this summer. The main event will (　) in the city stadium.

（メインイベントが）（市立スタジアムで）

解説 空所を含む文は「メインイベントが市立スタジアムでどうされる？」と考え、**4** の take place「開催される」を選べばOKです。

和訳 今年の夏にアレンビルで大きなロックミュージックフェスティバルがある。メインイベントは市立スタジアムで行われる。

選択肢の和訳

1 ～を調べる　**2** take part in ～で「～に参加する」
3 ～の世話をする　**4** 開催される

語句 □rock music　ロック音楽　□festival　祭り　☆main　メインの・主要な
□event　イベント　□stadium　スタジアム・競技場

熟語解説

□ **look up「～を調べる」**…「辞書を見て (look) 意味を拾い上げる (up)」イメージで、「～を調べる」と覚えてください。

□ **take part in ～「～に参加する」**…「～の中に (in) 部分を (part) とる (take)」→「全体の一部をとる」→「参加する」となりました。

□ **look after ～「～の世話をする」**…「～の後ろを (after) 見る (look)」→「世話をする」です。公園で遊んでいる小さな子どもを目で追うイメージです。

□ **take place「開催される」**…イベントが「場所を (place) とる (take)」→「開催される」となりました。hold「開催する」を受動態にした be held も同じ意味です。

☑CHECK! take を使った熟語

take は「連れていく・持っていく」が有名ですが、本来の「とる」という意味から攻めると熟語も理解しやすくなります。

□take care of ～「～の世話をする・面倒を見る」
※「～の (of) 世話を (care) とる (take)」→「世話をする・面倒を見る」

□take part in ～「～に参加する」
※「～の中に (in) 部分を (part) とる (take)」→「全体の一部をとる」→「参加する」

□take advantage of ～「～を利用する」

※「～の (of) 利点を (advantage) とる (take)」→「～を利用する」

□take a rest「休憩する」

※「休みを (rest) とる (take)」→「休憩する」

□take notes「メモをとる」

※「メモを (notes) とる (take)」→「メモをとる」(英語の notes は「メモ」の意味)

□take orders「注文をとる」

※「注文を (orders) とる (take)」は直訳のままですね。

□take turns「交替でする」

※「順番を (turns) とる (take)」→「交替でする」

□take a seat「座る」

※「席を (seat) とる (take)」→「座る」

□take after ～「～に似ている」

※「～の真似をして (after) 遺伝子をとる (take)」→「遺伝子を真似してとる」→「～に似ている」

□take over ～「～を引き継ぐ」

※「向こうからやってきた (over) 仕事をとる (take)」→「引き継ぐ」

□take 人 out「人を連れ出す」

※「外へ (out) 人を (とって) 連れ出す (take)」→「人を連れ出す」

□Take it easy.「気楽にね」

※「それを (it) 気楽に (easy) 受け取って (take)」→「気楽にね」

□Take your time.「どうぞごゆっくり」

※「自分の時間を (your time) とって (take)」→「どうぞごゆっくり」

□Take care.「(別れ際に) 気をつけて・お大事に」

※「注意を (care) とって (take)」→「気をつけて」

(13) ▸ put on weight「太る」と lose weight「やせる」はセットで覚える！ レベル★★★

解答 1

揚げ物をたくさん食べた　　原因・理由, so 結果

Daisy ate a lot of fried food during her vacation, so she (　　) some weight. She stopped eating fried food for about a month to lose it.

減量するために約1ヵ月揚げ物を食べるのをやめた

解説「揚げ物をたくさん食べた」→「だから (so)」→「体重がどうなった？」と考え、**1** の put on を選びます。put on weight で「体重が増える・太る」という意味です。2文目の「減量するために約1カ月間揚げ物を食べるのをやめた」にもつながります。

和訳 デイジーは休暇中に揚げ物をたくさん食べたので、いくらか体重が増えた。彼女は減量するために約1ヵ月間揚げ物を食べるのをやめた。

選択肢の和訳

1 put on weight で「体重が増える」　**2** make up で「仲直りする・埋め合わせをする」
3 clear out ～で「～を片づける」　**4** show off ～で「～を見せびらかす」

語句 □ate　eat「食べる」の過去形　□fried food　揚げ物　□vacation　休暇
□weight　体重・重さ　□stop -ing　～するのをやめる　□about　約・およそ
□month　(1カ月などの) 月　□lose　失う・やせる

熟語解説

□ **put on weight「体重が増える・太る」**…weightは「重さ・体重」で、「(体に) 体重 (weight) を接触させて置く (put on)」→「太る」となりました。反対語はlose weight「やせる」です。put on ～は「～を身につける」が有名ですが、今回のように衣服など以外を目的語にとることもできるんです。

□ **make up ～「仲直りする・埋め合わせをする」**…直訳は「作り上げる」です。英検で狙われるのはmake up with ～「～との (with) 壊れた関係を作り上げる」→「～と仲直りする」、make up for ～「～に対して (for) 損したものを作り上げる」→「～の埋め合わせをする」です。

□ **clear out ～「～を片づける」**…clearには動詞の意味があり「すっかり (out) きれいにする (clear)」→「～を片づける」です。

□ **show off「見せびらかす」**…offは「離れて」です。「自分から離れるほど (off) 見せる (show)」→「見せびらかす」と覚えてください。

(14) ▸ run out of ～は「～から外へ (out of) 流れ出る (run)」→「使い果たす」！　レベル ★★★

解答 **3**

ask 人 to 原形「人に～するように頼む」　because の後ろは 原因・理由

Oliver's mother asked him to go to the store because she had (　) milk for the dessert she was making.

解説 because (直後は「原因・理由」) に注目し、母親がオリバーにお店へおつかいを頼んだ理由を完成させます。**3** の run out of ～「～を使い果たす」を選び、「これから作るデザートに使うミルクを使い果たしてしまった」とすればOKです。

和訳 オリバーのお母さんは、作ろうとしているデザートのためのミルクを切らしてしまっていたので、オリバーにお店へ行くように頼んだ。

選択肢の和訳

1 stand up for ～で「～を守る」　**2** come up with ～で「～を思いつく」
3 run out of ～で「～を使い果たす」　**4** break out in ～で「勃発する・起こる」

語句 ☆ask 人 to 原形　人に～するように頼む　□dessert　デザート

熟語解説

□ **stand up for ～「～を守る」**…「～に意識を向けて・～のために (for) 立っている (stand up)」→「～を守る」となりました。

□ **come up with ～「～を思いつく」**…「よい考えがやってきて (come up) 頭の中で付帯・

所有する (with)」→「～を思いつく」となりました。

□ **run out of ～「～を使い果たす」**…out of ～は「～から外へ」の意味で、「本来あるべき状態から外へ (out of) 走り出る・流れ出す (run)」→「～を使い果たす」となりました。このofは「分離」の意味で、「あるべき状態から離れるイメージ」です。

□ **break out in ～「～が出る」**…break outは「閉じ込めておいたものが壊れて (break) 外へ (out) 出る」イメージで「発生する・勃発する」となりました。後ろにinがついてbreak out in ～となると「(人に) ～が出る」という意味になります。inの後ろには「汗 (sweat)」、「涙 (tears)」などがきます。

CHECK! out of ～を使った表現

out ofを使った表現は英検準2級でよく狙われるので、まとめてチェックしておきましょう。「～から外へ」のイメージで覚えてください。

- □out of order「故障して」
- □out of sight「見えないところで」
- □out of date「時代遅れの[で]」
- □out of stock「在庫がなくて」
- □out of shape「体調を崩して」
- □out of business「倒産して」
- □out of control「制御不能で」

(15) ▸ 基本前置詞の問題

レベル ★★★

解答 3

too ～ to 原形「～すぎて…できない」

A: It's too hot to sit ( ) the sun, isn't it?

B: Yeah. Let's go and sit under that tree where it's cooler.

もっと涼しいあの木の下に行って座ろう

解説 適切な前置詞を選ぶ問題なので、空所直後のthe sun「太陽」とどんな位置関係だと「暑すぎて座れない (too ～ to 原形「～すぎて…できない」)」のか考えます。**3**のinを選び、「太陽の (光が降り注ぐ) 中」→「日なたで」とします。inは「包囲」の意味で「～の中」というイメージの前置詞です。***B***の「もっと涼しいあの木陰へ行って座ろう」にもつながりますね。

和訳 *A:* 日なた[太陽の下]では暑すぎて座れないよね？
B: そうだね。もっと涼しいあの木陰に行って座ろう。

選択肢の和訳

1「材料・所有など」を表す前置詞
2「一点」を表す前置詞
3「包囲」を表す前置詞
4「近接」を表す前置詞

語句 ☆too ～ to 原形 ～すぎて…できない　□sit 座る　□sun 太陽
□under ～の下に　□cool 涼しい

(16) ▸ handは動詞で「(手)渡す」の意味

レベル★★★

解答 **4**

A: When do we have to finish our science projects, Mr. Dixon?

B: Be sure to ( ) your final report to me by March 10th.

be sure to 原形「必ず～する」　最終レポートは3月10日まで

解説 空所直後のyour final reportに注目し、「3月10日までに最終レポートを私(ディクソン先生)に必ずどうする?」と考え、**4**のhand in「提出する」を選びます。ちなみに空所直前のbe sure to 原形 は「必ず～する」という意味で、今回は命令文になっているので「必ず～してください・忘れずに～してください」となります。

projectは「(授業の)プロジェクト」→「課題」

*A*の発話に出てくるprojectは、ビジネスやボランティアなどの「プロジェクト・企画」のイメージが強いかもしれませんが、英検では今回のように「課題」という意味で使われることがよくあるのでしっかりおさえておきましょう。

和訳 *A:* 科学の課題をいつ終わらせなければなりませんか、ディクソン先生?

B: 3月10日までに最終レポートを私に必ず提出してください。

選択肢の和訳

1 (スイッチなどを)切る　**2** 着飾る　**3** 突然～し始める　**4** 提出する

語句 ☆have to 原形　～しなければならない　□science project　科学の課題
☆Be sure to 原形 ～.　必ず～してください。　☆final　最後の
□report　レポート　☆by ～　～までに

熟語解説

□**turn off ～「～を切る」**…「スイッチのつまみを回して(turn)、回路を切る(off)」イメージです(offは「分離」の意味)。昔はつまみを回してスイッチを入れたり切ったりしていたんです。

□**dress up「着飾る」**…dressには動詞で「装う」という意味があり「すっかり(up)装う(dress)」→「着飾る」です。日本語でも「ドレスアップ」と使われています。

□**burst into ～「突然～し始める」**…burstは「破裂する」で、たとえばburst into laughterなら「抑えきれない笑いが破裂する」→「爆笑する・吹き出す」となります。

□**hand in ～「～を提出する」**…「レポートを提出ボックスの中に(in)手で入れる(hand)」イメージで「～を提出する」と覚えてください。また、turn in ～も同じ意味の表現として狙われます。

(17) ▸ for「賛成」⇔ against「反対」

レベル ★★★

解答 2

大学が始まる前に1年間アジア中を旅行したかった　しかし

Jim wanted to travel around Asia for a year before he started college, but his parents were (　) the idea. They said the trip would be too expensive.

両親はその旅行はお金がかかりすぎると言った

解説 but に注目して、「ジムはアジア旅行に行きたかった」→「しかし (but)」→「両親はその考えにどうだった？」と考え、**2** の against「～に反対して」を選びます。最後の「彼らはその旅行はお金がかかりすぎるだろうと言った」にもつながります。

against は「向かい風に立ち向かう」イメージ
against は「～に反対して」という意味の前置詞で、向かい風に立ち向かうイメージです（ゴルフで向かい風のことを「アゲインスト（の風）」といいます）。ちなみに、「～に賛成して」というときは for を使います（「～に意識が向かって」→「賛成して」）。

和訳 ジムは大学が始まる前に1年間アジア中を旅行したいと思っていたが、彼の両親はその考えに反対した。その旅行はお金がかかりすぎるだろうと言った。

選択肢の和訳
1 ～の上方に　**2** ～に反対して　**3** ～について　**4** ～に沿って

語句
□want to 原形　～したい　□travel　旅行する　□around　～中を・～の周りを
□Asia　アジア　□college　大学　□parents　両親　□idea　考え
□trip　旅行　□too　～すぎる　☆expensive　高い・高価な

(18) ▸ 関係詞は前後をチェック！

レベル ★★★

解答 4

先行詞 =the reason「理由」　完全文

The reason (　) Paul wants to study biology is because he likes animals. He hopes to open up an animal hospital someday.

解説 選択肢の種類から関係詞を選ぶ問題と予想します。関係詞の問題は、①先行詞の種類、②関係詞の後ろの形を確認して解きます。先行詞は the reason「理由」、後ろは Paul wants to study biology と「完全文（文の要素に抜けがない文）」なので、**4** の関係副詞 why が正解です。**2** の what は関係代名詞で、そもそも名詞節（名詞のカタマリ）を作るので the reason という名詞の直後に置けません。英検では関係詞を選ぶ問題は頻出なので、後の CHECK! で使い分けを確認しておきましょう。

和訳 ポールが生物学を研究したいと思っている理由は、動物が好きだからである。彼はいつか、動物病院を開業したいと思っている。

選択肢の和訳

1 関係副詞「場所」　**2** 先行詞を含む関係代名詞「こと・もの」
3 関係副詞「時」　**4** 関係副詞「理由」

語句 ☆reason　理由　□biology　生物学　□hope to 原形　～したい・～するのを望む
□open up　始める・開業する　□hospital　病院　□someday　いつか

☑CHECK! 関係詞のまとめ

① 関係代名詞 vs. 関係副詞

関係代名詞（what 以外）も関係副詞も「形容詞のカタマリ（形容詞節）」を作り、先行詞の名詞を修飾する働きがあります。

	関係代名詞 what	関係代名詞 who・which など	関係副詞
働き	名詞節	形容詞節（先行詞である名詞を修飾）	
後ろの形	不完全		完全

② 関係副詞の種類

先行詞の種類によって関係副詞を使いわけます。

先行詞の種類	関係副詞
場所（the place）	where
時（the day）	when
方法（the way）	how ※ 先行詞 the way か how のどちらかを必ず省略
理由（the reason）	why

(19) ▸ mindの後ろは動名詞（-ing）　レベル ★★★

解答 **3**

mind の後ろの形は？

A: Sally, would you mind (　) the window? It's getting cold in here.
B: Sure, Mr. Smith.

解説 動詞 mind の後ろの形を選ぶ問題です。mind は後ろに動名詞（-ing）をとるので **3** の closing が正解です。

Would you mind -ing?「～していただけませんか？」

mind は「気にする」で、直訳「～するのをあなたは気にしますか？」→「（気にしないのなら）していただけませんか？」となりました。応答で、OK の場合は「いいえ、気にしませんよ」という意味で、否定を含んだ No problem. / Not at all. / Of course not. / Certainly not. などを使います。ちなみに、会話の途中で混乱して、OK の場合に否定語を使うかどうか迷ったときは、今回のように Sure. と答えるのが便利です。no や not を使わずに「いいですよ」と返事ができます。

和訳 *A:* サリー、窓を閉めてくれませんか？　ここが寒くなってきたので。
B: わかりました、スミス先生。

選択肢の和訳
1　動詞 close「閉める」の to ＋動詞の原形　2　動詞 close「閉める」の原形
3　動詞 close「閉める」の -ing 形　4　動詞 close の過去形・過去分詞形

語句 ☆Would you mind -ing?　～してくれませんか？　□window　窓
□get　～になる　□cold　寒い　□Sure.　いいですよ。

CHECK! 動名詞を目的語にとる動詞

「反復」「中断」「逃避」のイメージの意味を持つ動詞は後ろに動名詞 (-ing) をとることが多いので、まとめてチェックしておきましょう。たとえば practice は「何度も反復して練習する」イメージ（反復）、stop や finish は「中断」、avoid は「逃避」のイメージです。

① 反復
□practice「練習する」　□enjoy「楽しむ」　□mind「気にする」
□consider「考える」　□imagine「想像する」

② 中断
□stop「やめる」　□quit「やめる」　□give up「あきらめる」
□finish「終える」

③ 逃避
□miss「逃す」　□avoid「避ける」　□deny「否定する」

(20) ▸「能動 or 受動」「単数 or 複数」を考える！　レベル ★★★

解答 **2**

A: Wow! You have some amazing photographs in your room, Tim.

B: Thanks. Most of them (　) by my grandfather.

解説 空所直前の Most of them の them は、***A*** の some amazing photographs を受けています。「写真は撮られる」という受け身の関係になるので、空所に入る動詞部分は受動態にします。したがって正解は“be 動詞＋過去分詞”になっている **2** の were taken です。今回は関係ありませんが、こういった問題では「主語が単数 or 複数」にも注意しましょう。

和訳 *A:* うわぁ！　君の部屋にすばらしい写真があるね、ティム。
B: ありがとう。ほとんど僕のおじいちゃんによって撮られたものなんだ。

選択肢の和訳
1　動詞 take「とる」の are ＋ -ing 形
2　動詞 take「とる」の were ＋過去分詞形

3 動詞 take「とる」の had ＋過去分詞形
4 動詞 take「とる」の is ＋ -ing 形

語句 ☆amazing　驚くべき・見事な　□photograph　写真　□Thanks.　ありがとう。
☆most of ～　～のほとんどは　□grandfather　祖父

(21) ▸ 簡単な計算が必要な会話問題

レベル ★★★

解答 3

博物館での会話

A: Welcome to the Museum of Science. How can I help you?
B: Do you have any one-year passes for families?

3名様向けベーシックパス　5名様向けプレミアムパス

A: Yes. We have a basic pass for three people and a premium pass for five.
B: (**21**), so I think we'll need the premium pass.

プレミアムパスが必要

解説 a basic pass for three people「3名様向けのベーシックパスポート」と a premium pass for five「5名様向けのプレミアムパスポート」の2種類があり、最終的に「プレミアムパスポートが必要」と言っているので、5人家族だと予想できます。空所には人数に触れている **3** の My wife, our three boys, and I love the museum「妻と、3人の子どもに私（合計5人）は博物館が大好きだ」を入れると自然です。

数字が出てきたら要注意！
会話問題（大問1の単語問題を含む）で、数字が出てきたら要チェックです。今回のように計算が必要な場合など、数字がポイントになることがほとんどです。この後の **(23)** でも数字が出てきます。

和訳 *A:* 科学博物館へようこそ。どのようなご用件でしょうか？
B: 家族向けの年間パスはありますか？
A: はい。3名様向けの基本パスの他に、5名様向けのプレミアムパスがございます。
B: 妻と、3人の子どもに私は博物館が大好きなので、プレミアムパスが必要だと思います。

選択肢の和訳

1 私たちは毎週月曜日と火曜日と土曜日に博物館を訪れるつもりです
2 私たちは以前その博物館へ行ったことが一度もありません
3 妻と、3人の子どもに私は博物館が大好きです
4 私の娘は科学にとても興味を持っています

語句 ☆Welcome to ～. ～へようこそ。　□museum 博物館
☆How can I help you? どのようなご用件でしょうか？　□one-year 1年間の
□pass パスポート　□basic 基本的な
□premium プレミアムの・上等の・上質な　□need 必要とする

選択肢の語句

□visit 訪れる　☆never 一度も～ない
☆have been to ～ ～へ行ったことがある　□wife 妻　□daughter 娘
□be interested in ～ ～に興味がある

(22) ▸ 会話問題は相手の発話にヒントあり！ レベル★★★

解答 **1**

夫婦の会話

A: Honey, have you seen my glasses anywhere?

B: No, I haven't. When did you wear them last?

A: I wore them when (**22**) last night.

B: Maybe you left them in the car, then.

最後にメガネをかけたのはいつ？

おそらく車に置き忘れているね

解説 メガネを探している場面の会話で、「最後にかけたのはいつ？」に対する応答を完成させます。空所の後にMaybe you left them in the car, then.「じゃあ、車に置き忘れているかもね」とあるので、**1** のI drove back from the office「私は会社から車で戻ってきた」が正解です。drive back from ～で「～から車で帰ってくる」です。

wear「身につける」
単に「着る」だけでなく、wear a hat「帽子をかぶっている」、wear glasses「メガネをかけている」など「身につける」ものには何でも使えます。

和訳
A: ねえあなた、私のメガネをどこかで見なかった？
B: いいや、見ていないな。最後にかけたのはいつ？
A: 昨夜、会社から車で帰ってくるときにかけたわね。
B: じゃあ、車に置き忘れているかもね。

選択肢の和訳

1 私は会社から車で戻ってきた　**2** 私はベッドで本を読んでいた
3 私たちはそのDVDを見た　**4** 私たちは夕食を作っていた

語句
□honey　あなた（呼びかけ）　□see　見る　□glasses　メガネ
☆anywhere　どこかで　□wore　wear「身につける・着る」の過去形
□last　最後に　☆maybe　たぶん　□leave　置いておく　□then　じゃあ

選択肢の語句
□drive back from ～　～から車で帰ってくる　□office　会社・職場

(23) ▸ 数字が出てきたら要チェック！ レベル★★★

解答 **4**

スポーツ用品店での会話

A: Thank you for shopping at Top Sports. That will be $40.

B: Can I pay by credit card?

もう10ドル以上で無料ギフトをお渡しします

A: Of course, sir. By the way, if you spend another $10 or more, you can get a free gift.

B: Really? In that case, I'll take this (**23**).

それならば

解説 店員の if you spend another $10 or more, you can get a free gift「もう 10 ドル以上お買い上げいただきますと、無料のギフトをお渡ししています」に対し、客が「それならば（　）を買います」と答えています。10 ドル以上の買い物になる **4** の $12 pack of tennis balls「12 ドルのテニスボールのパック」が正解です。**2** は「15 ドル」で 10 ドル以上になりますが、スポーツ用品店での会話なので coffee beans「コーヒー豆」が×です。

英検頻出の"○○ or more"

店員の発話に if you spend another $10 or more「もう 10 ドル以上お買い上げいただくと」が出てきました。"○○ or more" は「○○、または（それよりも）多く」→「～以上」という意味で、英検では頻出の表現です。今回の値段のように数字が絡むので、そこが設問で狙われることがよくあります。

I'll take ～.「～を買います」

「～を買います」というとき、「買う」という直接的な意味を持つ buy よりも take「とる」を使ったほうがスマートに聞こえます。お店での会話で「それを買います」というときに I'll take it. と言いますが、it だけでなく、今回の this $12 pack of tennis balls のように具体的なものも take の後ろに続けることができます。

和訳 *A:* トップ・スポーツでお買い上げいただきありがとうございます。40 ドルになります。
B: クレジットカードで支払うことはできますか？
A: もちろんです、お客様。ところで、もう 10 ドル以上お買い上げいただきますと、無料のプレゼントをお渡ししています。
B: そうなんですか？　それならこの 12 ドルのテニスボールのパックも買います。

選択肢の和訳

1　8 ドルの野球帽
2　15 ドルの袋詰めのコーヒー豆
3　無料のエクササイズガイド
4　12 ドルのテニスボールのパック

語句
☆ Thank you for -ing.　～してくれてありがとう。
☆ Can I 原形 ～？　～することはできますか？　□ pay　支払う
□ credit card　クレジットカード　☆ of course　もちろん
□ sir　お客様・だんな様　☆ by the way　ところで・さて　☆ spend　費やす
□ free　無料の　□ gift　プレゼント・贈り物　☆ really　本当に
☆ in that case　その場合・それなら

選択肢の語句
□ bean　豆　□ exercise　運動　□ guide　ガイド　□ pack　パック

(24) ▸ 会話の流れを踏まえて解く文脈問題　レベル★★★

解答 **2**

> Dad（呼びかけ）→親子の会話
>
> *A:* Dad, I have to write a report for class, but I don't know where to start.
>
> *B:* What do you have to write about?
>
> 歴史上の有名人について書く
>
> *A:* I have to write about a famous person from history.
>
> 鉄道が大好き　～したらどう？
>
> *B:* Well, you love trains. Why don't you write about (**24**)?

解説「歴史上の有名人について書かないといけないんだ」→「鉄道が大好きだよね」→「(　　)について書くのはどう？」という流れから、「鉄道に関する歴史的人物」が空所に入ると予想します。**2** の the man who invented them「それら（鉄道）を発明した人」が正解です（them は trains のことです）。**3** にも train がありますが、そもそも「人」ではないので×です。

和訳 *A:* お父さん、授業のレポートを書かないといけないんだけど、どこから始めればいいかわからないんだ。
B: 何について書かないといけないの？
A: 歴史上の有名人について書かないといけないんだ。
B: そうだな、お前は鉄道が大好きだしね。鉄道を発明した人について書くのはどうだい？

選択肢の和訳

1　輸送についての歴史　　**2**　それらを発明した人
3　世界で一番速い列車　　**4**　あなたが初めてそれに乗ったときのこと

語句 □Dad　お父さん　☆have to 原形　～しなければならない　□report　レポート
□class　授業　☆where to 原形　どこで～すればいいか　☆famous　有名な
□person　人　□history　歴史　□well　ええと（つなぎ言葉）
☆Why don't you 原形 ～？　～するのはどうですか？

選択肢の語句

☆transport　輸送　☆invent　発明する　□ride　乗る

(25) ▸ there をヒントにする！　レベル★★★

解答 **2**

> *A:* That's a great idea! Maybe I can find the information I need in one of my books.
>
> *B:* Yes. You could also (**25**).
>
> there から空所には「場所」を予想
>
> *A:* Could you take me there this weekend?

B: Sure. I need to return some books anyway.

本を返却する必要がある

解説 まず、空所直後のCould you take me there this weekend?「今週末そこへ連れて行ってくれる？」のthereに注目し、空所には「場所を含む表現」が入ると予想します。さらに最後の「いずれにせよ本を返す必要がある」から、「本を返却する場所＝図書館」と考え、**2**のdo some research at the library「図書館で調べる」を選びます。

「提案」を表すYou could ～.

空所の前のYou could ～. は「(あなたは)～できますよ・～するといいですよ」という感じで「提案」を表すことができます。実は会話でよく使われます。

和訳 *A:* それはいい考えだね！　必要な情報は僕が持っている本の1冊にあるかもしれない。

B: そうだね。図書館でも調べたらどう？

A: 今週末にそこへ連れていってもらえる？

B: いいよ。いずれにせよ本を返さないといけないしね。

選択肢の和訳

1 駅で駅員に話しかける　**2** 図書館で調べる

3 インターネットで見てみる　**4** 先生に考えを聞く

語句
- □That's a great idea!　それはいい考えだね！
- ☆maybe　たぶん
- □find　見つける
- □information　情報
- □need　必要とする
- □one of ～　～の中の1つ
- □also　～もまた
- ☆Could you 原形 ～?　～していただけませんか？
- □take　連れて行く
- □weekend　週末
- ☆Sure.　もちろん。
- □need to 原形　～する必要がある
- □return　返却する
- ☆anyway　とにかく・いずれにせよ

選択肢の語句
- □staff　スタッフ
- ☆research　調査
- □library　図書館
- □have a look　見る

3 問題編 p.10 - p.11

A 全文訳

修学旅行

ケイコは先月、修学旅行でオーストラリアへ行った。ある日、彼女のクラスはオーストラリアの文化を学ぶために、現地の高校を訪れた。その学校の生徒たちとゲームもした。ケイコはすばらしい時間を過ごし、たくさん友だちを作った。彼女はその日の終わりに、何人かとEメールアドレスを交換した。彼女は日本に戻ってみんなにメールを書くのを楽しみにしていた。

ケイコの新しいオーストラリアの友だちの中には日本にとても興味を持ってる人もいるので、彼女によく質問をする。彼女はいつも喜んでそれらに答えている。彼女の友人のひとりであるジョセフは、今度の春に家族と一緒に日本を訪れる予定だ。彼はケイコの住み慣れた町を訪れると言っていた。ケイコは彼と再会し、自分の学校を彼に紹介するのが待ちきれない。

語句 第1段落

- □go on a trip　旅行に行く　□school trip　修学旅行　□one day　ある日
- □visit　訪れる　☆local　地元の・現地の　□learn about ～　～について学ぶ
- ☆culture　文化　□also　～もまた
- ☆have a wonderful time　すばらしいときを過ごす
- □at the end of ～　～の終わりに　☆exchange　交換する
- □e-mail address　Eメールのアドレス
- ☆look forward to -ing　～するのを楽しみにする
- ☆write to 人　人に（手紙やメールなどを）書く　□get back to ～　～へ戻る

第2段落

- ☆be interested in ～　～に興味がある　□often　よく・しばしば
- □always　いつも　□one of ～　～の中のひとり　□spring　春
- □wait　待つ　☆again　再び　☆show　案内する

(26) ▸ 代名詞 them に注目！

レベル ★★★

解答 3

解説

最終日にメールアドレスを交換

Keiko had a wonderful time and (**26**). At the end of the day, she exchanged her e-mail address with some of them.

them で受けられるものは？

空所の後に At the end of the day, she exchanged her e-mail address with some of them.「彼女はその日の終わりに、彼らの何人かとEメールアドレスを交換した」とあります。them で受けられる名詞（メールアドレスを交換した相手）が空所に入ると考え、**3** の made many friends「たくさんの友だちを作った」を選びます。many friends を them で受けているわけです。

1 の foods や 2 の words も複数なので them で受けられますが、メールを交換する相手としてはおかしいので×。4 の her parents だと some of her parents「彼女の両親の何人か」という意味になり、話が通らないので×です。

最近のトレンドは「代名詞」
英検準 2 級大問 3 の長文の空所補充問題では、今回のように「代名詞」などの指示語に注目して解く問題が増えています。「代名詞などが何を受けているのか？」を常に意識して英文を読むようにしましょう。

選択肢の和訳

1 いくつか新しい食べ物を食べてみた　2 たくさんの英単語を学んだ
3 たくさんの友だちを作った　4 彼女の両親に伝えた

(27) ▸ 直後の英文をヒントにする文脈問題　レベル ★★★

解答 1

解説

One of her friends, Joseph, is going to visit Japan with his family next spring. He said he will (27). Keiko cannot wait to see him again and show him her school.

ジョセフが日本に来る

彼に自分の学校を紹介するのを待ちきれない

空所直後の「ケイコは彼と再会し、自分の学校を彼に紹介するのが待ちきれない」から、1 の visit Keiko's hometown「ケイコの住み慣れた町を訪れる」を選びます。「自分の学校を紹介する」わけですから、「ケイコの町を訪れる」が最も意味がつながります。

選択肢の和訳

1 ケイコの住み慣れた町を訪れる　2 バスでツアーに行く
3 いくつか有名なお寺へ行く　4 船でそこへ旅行する

B 全文訳

トロフィー

世界中の多くの親が自分の子どもにはスポーツチームに入ってほしいと思っている。スポーツをすることによって、子どもたちは運動をし、友人を作り、そして生きるうえで大切なスキルを獲得する機会を得る。とりわけ、そのような親たちは子どもが試合に勝ったり、賞やトロフィーをもらったりすると自信につながると思っている。しかしながら、多くのチームが、一番の選手たちだけでなく、選手全員に賞を与え、このことが問題になってきていると考えている人たちもいる。そう考えている人たちは、北アメリカのチームが、トロフィーや賞を用意するのに毎年30億ドルほど無駄に費やしていると指摘している。

この（全員に賞を与えるという）傾向は1990年代に始まった。親たちは、自分の子どもが試合に負けたり、賞をもらえなかったりしたときに悲しむのを心配していたのだ。すべての子どもたちが勝者であるように感じてもらえるようにと思って、チームは勝者と敗者の両方に賞を贈り始めたのである。しかしながら、研究によると、これは実際には子どもたちにとって悪いということが示されている。子どもたちは目標を持つと、その目標を達成するために努力する。しかし、もしすべての子どもたちが賞をもらえると、彼らは目標を設定する必要がなくなるのだ。結果として、子どもたちは一生懸命取り組むのをやめてしまう。

世界中のスポーツチームは、選手が新しい技術を習得し、自信を持てるようにするための新しい方法を試している。たとえば、オーストラリアのサッカーリーグは、プログラムを大きく変更した。5歳から12歳のリーグでは、試合の得点を記録せず、「最優秀選手」の賞もない。代わりに、技術を上達させることに焦点を当てるのである。若い選手たちにやり方をじっくり教えたり、どのように上達するのか助言を与えたりすることによって、選手がより自信を持てるようになるとコーチたちは信じている。

語句 第1段落

□parent　親　□around the world　世界中の［で］
☆want 人 to 原形　人 に～してもらいたい　□join　参加する・加わる
□chance　機会　□exercise　運動する　☆gain　得る　□important　重要な
□life skills　ライフスキル（生活するうえで大切な力）
☆in particular　特に・とりわけ　□such　そのような　☆confident　自信のある
□award　賞　□trophy　トロフィー　☆however　しかしながら
□believe　信じている　□point out　指摘する　☆waste　無駄にする
□billion　10億　□each year　毎年

第2段落

☆trend　傾向　☆be worried that sv　～だと心配する　□feel　感じる
□lose　負ける　□hope to 原形　～するのを望む　☆make O 原形　O に～させる
☆feel like ～　～のように感じる　□winner　勝者　□give award　賞を与える
☆both A and B　A と B の両方　□loser　敗者　□research　調査
☆actually　実際は　□bad　悪い　☆goal　目標・ゴール
☆make an effort to 原形　～する努力をする　□reach　手を伸ばす・届く
☆though　しかし（副詞）　□need to 原形　～する必要がある
□set a goal　目標を設定する　☆as a result　結果として

第3段落

□try　試す　□way　方法　☆help 人 原形　人 が～するのを手伝う
□skill　技術　☆for example　たとえば　□change　変化
□program　プログラム　□league　リーグ　□keep scores　得点を記録する

☆instead　代わりに　☆focus　焦点　□carefully　注意深く
□how to 原形　～する方法　□advice　助言・アドバイス　☆improve　上達する
□coach　コーチ

(28) ▸ 内容だけでなく指示語にも注目して解く！ レベル★★★

解答 4

解説

しかしながら　一番の選手たちではなく、選手全員に賞を与える

However, many teams give awards to all players, not just the best ones, and some people believe that this (28). They point out that teams in North America waste about $3 billion on trophies and awards each year.

トロフィーなどのために毎年30億ドル無駄にしている

4文目のHoweverに注目し、その前にプラス内容がきているので、4文目以降はマイナス内容になると予想します。空所直前のthisはその英文前半の内容を受け、空所を含む文は「多くのチームが、一番の選手たちだけでなく、選手全員に賞を与えており、このことが(　　)と思っている人たちがいる」という意味です。さらに直後の文の「彼らは、毎年トロフィーなどに30億ドルほど無駄にしていると指摘している」をヒントに、**4** のhas become a problem「問題になっている」を選ぶと話の流れに合います。

選択肢の和訳

1　規則を破っていない　**2**　子どもたちが学ぶのに役立ってきた
3　十分によいわけではない　**4**　問題になってきている

(29) ▸ as a result「結果として」に注目して解く！ レベル★★★

解答 4

解説

目標を持てば努力する

However, research shows that this was actually bad for children. When children have a goal, they make an effort to reach it. If all children get awards, though, they do not need to set goals. As a result, children (29).

もし全員が賞をもらえれば目標を設定する必要がなくなる　しかし(副詞)　結果として

直前のAs a result「結果として」に注目します（"原因・理由. As a result 結果"の関係）。第2段落5文目に「目標を持つとそれに向かって努力する」、さらに6文目に「しかし、もしすべての子どもたちが賞をもらえると、目標設定の必要がなくなる」とあり

ます。「(その結果) 目標設定が不要になった子どもたちはどうするのか？」と考え、**4** の stop trying hard「一生懸命取り組むのをやめる」を選びます。

選択肢の和訳

1 怒りやすい　　**2** スポーツを始める
3 もっと勉強したい　　**4** 一生懸命取り組むのをやめる

(30) ▸ 文脈をおさえて直後の内容をヒントに解く　レベル ★★★

解答 **2**

解説

選手が技術の習得・自信を持てるようにするための新しい方法を試している

Sports teams around the world are trying new ways to help their players get new skills and feel confident. The Australian Football League, for example, has made big changes to its programs. In the 5-to-12-year-old league, teams do not keep scores for the games, and there are no "best player" awards. Instead, the focus is on (**30**). By carefully teaching young players how to play and giving advice on how they can improve, coaches believe players can become more confident.

ここから具体例

得点を記録せず賞もない

代わりに

じっくり教える・上達のために助言を与える→選手の自信につながる

第3段落1文目に「世界中のスポーツチームは、選手が新しい技術を習得し、自信を持てるようにするための新しい方法を試している」とあり、2文目からその具体例が続いています。さらに3文目以降は「得点を記録せず賞もない」→「その代わりに (Instead)」→「(　) に焦点を当てる」という流れです。空所の後の文に「やり方をじっくり教え、どのように上達するのか助言することで、選手がより自信を持てるようになると信じている」とあり、これをまとめたものが空所に入ると考えます。**2** の developing skills「技術を上達させること」が正解です。

instead を見たら「対比される内容」をチェック！
instead「その代わりに」はとても重要で、「変更」や「代案」を表すことが多く、変更前や変更後の内容が設問で狙われます。長文だけでなくリスニングでも重要です。

選択肢の和訳

1 試合に勝つこと　　**2** 技術を上達させること
3 コーチを助けること　　**4** 友だちを作ること

4 問題編 p.12 - p.15

A 全文訳

差出人：ダニエル・プライス〈daniel.price@greenvillehigh.edu〉
宛先：バーバラ・フロイド〈barbara.floyd@greenvillehigh.edu〉
日付：1月24日
件名：アフリカのための手作りお菓子の販売

こんにちは、バーバラさん
学校の生徒会長のダニエル・プライスです。学校新聞の編集者はどういう感じですか？　僕は実に楽しく記事を読ませてもらっていますし、それ（新聞）は生徒や親にとってとても役に立つアドバイスや情報が満載ですね。実はそれが理由で、あなたにメールを書いているところなんです。(31) 私たちの学校で近々チャリティーイベントを開催することになっていて、僕はみんなにそれを知ってもらいたいと思っています。
イベントは3月20日（土）の午前9時から午後2時の予定です。学校の料理部が、学校の体育館で手作りのお菓子の販売をする予定です。部員たちはたくさんの種類のケーキやクッキーを焼き、それらを来た人たちに販売する予定です。僕たちが得るお金はアフリカの生徒たちのために学校を建設するのに役立てられることになっています。(32) 美術部もポスターとTシャツをイベントのためにデザインすることになっています。
(33) 僕は手作りのお菓子の販売について短い記事を書いたところです。それを新聞に掲載してくれませんか？　そうすれば多くの方に来ていただけるでしょう。あなたが時間があるときに、僕が新聞部の部室に記事を持って行きます。一緒にその記事を見て、必要な修正をすることができます。あなたの手がいつ空いているか教えてください。
宜しくお願いします。
ダニエル

語句 第1段落

- □bake sale　手作りのお菓子の販売　□student president　生徒会長
- □editor　編集者　□school newspaper　学校新聞　☆really　本当に
- ☆article　記事　□be full of ～　～でいっぱいだ　☆useful　役に立つ
- □information　情報　□parent　親　☆actually　実は・実際は
- ☆that's why ～　そういうわけで～　□write to 人　人に（手紙・メールなどを）書く
- ☆hold　開催する　□event　イベント　☆soon　まもなく
- □want to 原形　～したい　□let people know ～　人々に～を知らせる

第2段落

- □gym　体育館　□bake　（パン・お菓子などを）焼く
- □many kinds of ～　多くの種類の～　□sell　売る　□visitor　訪問者
- □help 原形　～するのに役立つ　□build　建てる・建設する
- □design　設計する・デザインする　□poster　ポスター

第3段落

- □short　短い　☆Can you 原形 ～？　～してくれませんか？
- □put　（新聞などに）掲載する　☆that way　そうすれば
- □free　暇な・手が空いている　□bring　持って行く　□office　事務所
- □look at ～　～を見る　□together　一緒に　☆necessary　必要な
- □change　変更・修正　☆Please let me know ～.　私に～を教えてください。
- ☆available　手が空いている

〈「誰➡誰」のメールかをチェック！〉

Daniel Price ➡ Barbara Floyd へのメール
名前やメールの結びのことばである Thanks からは 2 人の関係がわからないので今回は本文を読み進める中で関係をつかめれば OK です。
※ From と To のメールアドレスを見て、同じ学校に所属していることがわかります。
本文中で 1 人称 (I, my, me, mine) が出てきたらダニエル、2 人称 (you など) が出てきたらバーバラのことだと思ってください。

〈設問先読み〉

(31) What does Daniel want to do?
「ダニエルは何をしたいと思っていますか？」
➡ 特に前半で want to 原形、would like to 原形 や will が使われている文などがあればチェック！ 英検の長文問題では、原則、本文の順序と設問の順序が一致します。

(32) The school's art club will
「その学校の美術部は」
➡ art club がキーワード。「美術部」について書かれている箇所をチェック！
※ 第 2 段落の最後に出てきます。

(33) What does Daniel ask Barbara to do?
「ダニエルはバーバラに何をするようにお願いしていますか？」
➡ ask に注目。頼んでいるので、命令文や Could you 原形 ～？ などの「依頼の表現」が出てきたらチェック！
※ 今回の設問文はもともと ask 人 to 原形「人 に～するように頼む」の疑問文で、今回は do の目的語が what になって文頭に出てきた形です。

(31) ▸ 本題の合図である Actually に注目！

レベル ★★★

解答 1

解説

本題の合図

Actually, that's why I'm writing to you. Our school will be holding a charity event soon, and I want to let people know about it.

人々にイベントを知ってもらいたい

第 1 段落 4 文目に Actually があるので、これ以降にメールの目的（本題）がくると予想します。5 文目に Our school will be holding a charity event, and I want to let people know about it.「私たちの学校はまもなくチャリティーイベントを開催することになっていて、僕はみんなにそれを知ってもらいたいと思っています (it は a charity event)」とあり、この内容に一致する **1** の Let people know about a charity event.「人々にチャリティーイベントについて知ってもらう」が正解です。

本題の合図になる表現は要チェック！

actually「実は」は、メール文で「本題に入る合図」としてよく使われます。準２級のメール文では、「近況報告」などメールの目的とは関係ない話で始まることがほとんどです。本題に入るときに「いや実は今回メールしたのはね」というイメージで actually が使われるので、この単語に反応できるようにしてください。英検準２級ではここで１問狙われることがよくあります。

CHECK! メール文で本題に入るときの合図になる表現

- □ actually「実は」
- □ anyway「いずれにせよ」
- □ by the way「ところで」
- □ in fact「実際は」

設問と選択肢の和訳

ダニエルは何をしたいと思っていますか？

1 人々にチャリティーイベントについて知ってもらう。
2 学校新聞のための記事を書く。
3 高校生にアドバイスをあげる。
4 バーバラに編集者としての仕事を依頼する。

(32) ▸ キーワード art club に反応する！ レベル★★★

解答 3

解説

キーワード　イベントに向けてポスターとＴシャツをデザインすることになっている

The art club is also designing posters and T-shirts for the event.

第２段落最終文にキーワードの The art club があります。「美術部もまたポスターとＴシャツをイベントのためにデザインすることになっています」とあるので、**3** の make some special T-shirts.「特別なＴシャツを何着か作る」が正解です。for the event「そのイベントのための」を選択肢では special と言い換えているわけです。

設問と選択肢の和訳

その学校の美術部は

1 アフリカの学生に授業をする。
2 新しいパン屋の看板を描く。
3 特別なＴシャツを何着か作る。
4 料理部のためにケーキをデザインする。

(33) ▸ askを使った質問は「依頼表現」がポイント　レベル★★★

解答 **2**

解説

I have written a short article about the bake sale. Can you put it in the newspaper?

「依頼」の表現　記事を掲載してくれませんか？

第3段落2文目にCan you 原形 ～？「～してくれませんか？」という「依頼の表現」があります。Can you put it in the newspaper?「それ(=記事)を新聞に掲載してくれませんか？(it=a short article about the bake sale)」に一致する、**2**のPut an article in the school newspaper.「学校新聞に記事を掲載する」が正解です。

設問と選択肢の和訳

ダニエルはバーバラに何をするようにお願いしていますか？

1 最近の学校行事について書く。
2 学校新聞に記事を掲載する。
3 英語の授業のために書いたショートストーリーを見る。
4 彼女の時間があるときに彼のためにケーキを焼く。

CHECK!「依頼の表現」

今回のWhat does S ask ～ to do? という設問は英検準2級のメール文では頻出パターンの1つです。根拠になる英文でよく使われる表現を以下にまとめたのでチェックしてください。

☐ **命令文**
※ pleaseがついた命令文など「～してください」とお願いしている文
☐ Can you 原形 ～？「～してくれませんか？」
☐ Could you 原形 ～？「～してくださいませんか？」
☐ Will you 原形 ～？「～してくれませんか？」
☐ Would you 原形 ～？「～してくださいませんか？」
☐ I was wondering if ～「～していただきたいのですが」

B 全文訳

ニューカマー・キッチン

レン・セネターはカナダのトロントにあるデパナーと呼ばれるレストランのオーナーである。2015年、彼は多くのシリア人が街にやって来たことに気づいた。これらの人々はみな難民で、戦争や他の問題のために自分の国を出てきた人たちである。(34) セネターは、これらの人々が新たな町でもっと居心地よく感じてもらうのを手助けするような方法を見つけたいと思っていた。彼らを手助けするために、自分のレストランを使うことを彼は思いついた。

カナダでは、シリア人難民は到着するとすぐに住む場所が与えられるが、それは通常ホテルの一室である。(35) これはつまり、彼らは家族のために夕飯を料理できるキッチンがないということがよくあるということだ。難民の多くが故郷の国の料理を恋しく思い始める。セネターはこの問題に気づいて、彼らに自分のレストランのキッチンを使わせてあげることにした。そのようにして、ニューカマー・キッチン、すなわち難民のための特別な集まりが始まったのである。

グループのメンバーの多くは女性で、彼女らはレストランが閉まっている日にそのキッチンに集まる。彼女らは伝統的な食事を作ったり、過去の話をお互いに共有したり、新しい友人を作る機会があったりするニューカマー・キッチンでの時間が大好きである。(36) このグループは、新しい地域社会において、多くの女性がもっと居心地よくなるように手助けしてきた。また、母国とのつながりを維持する機会も家族らに与えられた。

加えて、ニューカマー・キッチンは女性らがお金を稼ぐ機会も与えている。(37) 毎週、デパナーは女性らが作った50食の食事を、自社のウェブサイトを通して販売する。デパナーは女性たちの懸命な労働に対して時給15ドルを支払っている。おいしく、伝統的な食べ物を通して、彼女らがシリアの文化をカナダ人たちと共有する手段にもなっているのだ。そのグループは現在カナダの他の地域の難民を助けていて、首相からでさえ支援を受けている。

語句 第1段落

□owner 所有者　☆notice 気づく　□Syrian シリア人の
□move 引っ越す・移動する　☆refugee 難民　□left leave「去る」の過去分詞形
□own 自分の　□country 国　☆because of ～ ～のために・～のせいで
□war 戦争　□problem 問題　□want to 原形 ～したい　□find 見つける
□way 方法　□feel 感じる　☆comfortable 心地よい　□use 使う

第2段落

□place 場所　☆as soon as sv ～するとすぐに　□often よく・しばしば
☆mean 意味する　□begin to 原形 ～し始める
□miss ～がなくてさびしく思う　□home 故郷の
□decide to 原形 ～する決心をする　□let 人 原形 人が～するのを許す
☆That is how sv. そういうわけで～する。　☆special 特別な

第3段落

□meet 会う　□close 閉じる・閉まる　☆chance 機会
☆traditional 伝統的な　☆meal 食事　☆share 共有する・わかち合う
□story 話　□past 過去　□make friends 友だちを作る
□hundreds of ～ たくさんの～　□community 地域社会　□also ～もまた
□keep a connection with ～ ～とのつながりを保つ

第4段落

☆in addition 加えて　☆make money お金を稼ぐ　□sell 売る
☆through ～ ～を通して　□website ウェブサイト　☆pay 支払う
☆culture 文化　□Canadian カナダ人　□delicious おいしい

□part　部分・地域　□even　～でさえ　☆support　支援する
□prime minister　首相

〈設問先読み〉

(34) Restaurant owner Len Senater
「レストランのオーナーのレン・セネターは」
➡Len Senater がキーワード！
※ 固有名詞はキーワードになります。
※ 第1段落冒頭から Len Senater が出てくるので、第1段落を中心にセネターがしたことをチェック！

(35) What problem did Senater see?
「セネターはどんな問題に気づきましたか？」
➡セネターから見て問題となりそうな箇所をチェック！
※ 今回は本文にも problem が登場しますが、場合によっては内容から判断しないといけないこともあります。

(36) What is one way Newcomer Kitchen helps Syrian women?
「ニューカマー・キッチンがシリア人女性たちを助ける方法の1つは何ですか？」
➡ニューカマー・キッチンとシリア人女性についての関係が書かれている箇所をチェック！

(37) The Depanneur
「デパナーは」
➡これだけの情報から先読みするのは難しいですが、「デパナー」について書かれている箇所をチェックすることを意識しながら本文を読んでください。
※ 今回は冒頭の一文と最終段落に Depanneur が出てきます。

(34) ▸ 固有名詞はキーワードになる！ レベル★★★

解答 2

解説

新たな町で居心地よく感じてもらえる方法を見つけたい　Syrian refugees

Senater wanted to find a way to help these people feel more comfortable in their new city.

in Toronto

第1段落最後の2文に「人々（シリア難民）が新たな町（トロント）でもっと居心地よく感じてもらうのを手助けするような方法を見つけたい」、とあり、この内容をまとめた**2**の decided to help Syrian refugees feel more comfortable in Toronto.「トロントでシリア人難民がより居心地よく感じてもらうのを手助けする決心をした」が正解です。

設問と選択肢の和訳

レストランのオーナーのレン・セネターは

1 トロントにデパナーと呼ばれる新しいシリア料理店を開店した。
2 トロントでシリア人難民がより居心地よく感じてもらうのを手助けする決心をした。
3 自分の国の戦争から逃れるためにカナダへ引っ越した。
4 カナダ内でより安全に住める場所を探し始めた。

(35) ▸ まとめ表現this problemに注目！

レベル ★★★

解答 **1**

解説

第２段落の内容を整理すると次のようになります。

but に注目→マイナス内容を予想

Syrian refugees are given places to live ～, but these are often hotel rooms.
「シリア人難民は住む場所が与えられるが、それは通常ホテルの一室である」

‖

This means that ～
「これはつまり～ということだ」

「これは～を意味する」が直訳で、前後でイコールの関係になります（12ページ）。

they often do not have kitchens where they can cook dinner for their families.
「家族のために夕飯を料理することができるキッチンがない」

Many of the refugees begin to miss the food from their home country.
「難民の多くが故郷の国の料理を恋しく思い始めていた」

↑

Seeing this problem, ～ 「この問題を見て」

第２段落１～３文目の内容を、４文目で this problem「この問題」とまとめています（Seeing this problem は分詞構文です）。この１～３文目の内容に合う **1** の Syrian refugees needed a place to cook their meals after they arrived.「シリア人難民は到着した後に、自分たちの食事を作る場所が必要だった」が正解です。

> **"this+名詞" は「まとめ」を作る！**
> 英文中に"this+名詞"が出てきたら、その直前の内容を「まとめる」働きがあります。何かを説明した後に、そこまでの内容を整理する目的で"this+名詞"「この○○」とまとめるわけです。少しわかりにくい内容が続いたときも、"this+名詞"があれば、内容をつかむことが可能になります。今回は第２段落でシリア難民について説明した後で this problem「この問題」とまとめているので、「ここまで説明されていたことは『問題』なんだな」とわかりますね。

設問と選択肢の和訳

セネターはどんな問題に気づきましたか？

1 シリア人難民は到着した後に、自分たちの食事を作る場所が必要だった。
2 シリア人難民はカナダで住む場所をどこも与えられなかった。
3 カナダ人の中にはやって来たシリア人難民を怖がる者もいた。
4 カナダ人の中にはシリア人難民と一緒にレストランに入りたがらない者がいた。

(36) ▸ 英検で重要なhelpの使い方

レベル ★★★

解答 4

解説

ニューカマー・キッチンの具体的な内容が第３段落に書かれており、その内容に一致するものを正解と考えます。

> Most of the group members are women, and ①they meet at the kitchen on days when the restaurant is closed. They love their time at Newcomer Kitchen because ②it gives them a chance to cook traditional meals, share stories about their past, and make new friends. ③The group has helped hundreds of women to become more comfortable in their new community. ④It also gives families the chance to keep a connection with their home country.

① メンバーの多くは女性でキッチンで顔を合わせる
② 伝統的な食事の料理をしたり、過去の話を共有したり、新たな友人を作ったりする
③ グループでは新たなコミュニティーでの居心地がよくなる手助けをする
④ 母国とのつながりを持つ機会が与えられる

③の内容に **4** の They can make a better connection to their new community.「彼女らは新しいコミュニティーとよりよいつながりを作ることができる」が一致します。

CHECK! help の使い方

本文で help が出てきました。help の使い方は本文でも選択肢でも本当によく出てくる単語なので、ここで使い方を確認してください。

① help 人 to 原形　「人 が〜するのを手伝う」
② help 人 原形　「人 が〜するのを手伝う」
③ help 原形「〜するのを手伝う」
　※「〜するのに役立つ」とするときれいな訳になることがあります。
④ help 人 with 事柄　「人 の〜を手伝う」
　○) help him with his homework「彼の宿題を手伝う」
　×) help his homework

設問と選択肢の和訳

ニューカマー・キッチンがシリア人女性たちの助けとなった方法の1つは何ですか？

1 彼女らが子どもたちにシリア料理について教える場所を与えている。
2 彼女らが友人たちと一緒に英語を学ぶことができる場所である。
3 彼女らは伝統的なカナダ料理の作り方を学ぶことができる。
4 彼女らは新しいコミュニティーにうまくつながることができる。

(37) ▸ キーワードDepanneurから該当箇所を絞り込む

レベル★★★

解答 **3**

解説

第4段落2文目のthe Depanneurに注目です（第1段落1文目からthe Depanneurはレストランの名前だとわかります）。

ウェブサイトを通して50食売っている

> **Every week, the Depanneur sells 50 meals that the women make through its website. It pays these women $15 an hour for their hard work.**

女性たちに時給15ドル支払っている

2・3文目の「自社のウェブサイトを通して女性たちが作った食事を50食売っており、懸命な労働に対して時給15ドル支払われる」という内容に一致する、**3**のpays the Syrian women for the food that it sells on its website.「シリア人女性たちに自社のウェブサイトで販売する食べ物に対してお金を払っている」が正解です。

設問と選択肢の和訳

デパナーは

1 他のレストランが使えるオンラインメニューを作っている。
2 シリア人女性たちにカナダに新しいレストランを出店するように頼んでいる。
3 シリア人女性たちに自社のウェブサイトで販売する食べ物に対してお金を払っている。
4 カナダの首相に会いたい人々を手助けしている。

5 問題編 p.16

解答例　　　　レベル ★★★

> Yes, I do. I have two reasons. First, summer is getting hotter and hotter in Japan. It will be easy for students to study during the summer if school classrooms use air conditioners. Second, some students become ill if the classroom is too hot. Using air conditioners in the summer will stop students from feeling bad. (56 語)

解説

▶QUESTION を正確に読み取り、構成・内容を考える！

> ***Do you think school classrooms in Japan should use air conditioners in the summer?***
> 「日本の学校の教室では夏にエアコンを使うべきだと思いますか？」

➡ 条件を踏まえ、次のような構成にあてはめて解答を作ってください。

〈構成の例〉

> 第１文…**QUESTION** に対する「考え（意見）」
> 第２文・第３文…理由①＋理由①をサポートする文（具体例など）
> 第４文・第５文…理由②＋理由②をサポートする文（具体例など）
> 第６文…まとめ（英文の数は条件に含まれませんので最終的にはなくても OK です）

第１文で「使うべきだと思う」かそれとも「思わない」か自分の立場を明確にする文を作り、２文目以降で「その理由を２つ」まとめます。

> 上記の〈構成の例〉はあくまでも一例ですので、必ずしも６文構成にしなければならないわけではありません。内容によって臨機応変に変えて OK です。

▶実際に英文を作る

【1 文目】

> Yes, I do.
> 「はい、思います」

１文目は、「**QUESTION** に対する考え」を作る方向で考えます。Do you think ～？

の形に対して、今回は単純に Yes, I do.「はい、思います」と答えています。疑問文を肯定文に直すイメージで、I think ～. の形で答えても OK です（今回は **QUESTION** の疑問文自体が長いため、I think ～. の形で答えるとかなり語数をとってしまいます。十分に「理由」を述べることが難しくなる可能性があるため、Yes, I do. としています。語数とのバランスを考えて使い分けてください）。

【2 文目】

I have two reasons.

「理由は 2 つあります」

2 文目から「理由」の英文を始めてもよいのですが、今回は理由の前に I have two reasons. を使い、「理由が 2 つあるよ」と読み手に対してわかりやすく示しています。語数に余裕があるときは、この I have two reasons. を使うのもよいでしょう。

【3 文目・4 文目】

1 つ目の「理由」を述べる合図！

比較級 and 比較級「ますます～だ」

First, summer is getting hotter and hotter in Japan. It will be easy for students to study during the summer if school classrooms use air conditioners.

「まず 1 つ目に、日本では夏はますます暑くなっています。もし学校の教室でエアコンを使用すれば、夏の間生徒たちは勉強しやすくなるでしょう」

理由を列挙するときに便利な first「最初に」を使って、1 つ目の理由 summer is getting hotter and hotter in Japan「日本では夏はますます暑くなっています」と述べ、4 文目は接続詞 if（SV if sv「もし sv するなら、SV する」）を使い、It will be easy for students to study during the summer if school classrooms use air conditioners.「もし学校の教室でエアコンを使用すれば、夏の間生徒たちは勉強しやすくなるでしょう」と、エアコンを使用するとどうなるか具体的に 3 文目の内容をサポートしています。

【5 文目・6 文目】

2 つ目の「理由」を述べる合図！

Second, some students become ill if the classroom is too hot. Using air conditioners in the summer will stop students from feeling bad.

「2 つ目に、もし教室が暑すぎると具合が悪くなる生徒がいます。夏はエアコンを使うことによって生徒たちの体調不良の防止につながるでしょう」

5 文目は 2 つ目の理由、6 文目は 2 つ目の理由をサポートする文になっています。second「2 つ目に」を使い、some student become ill if the classroom is too

hot「もし教室が暑すぎると、具合が悪くなる生徒がいます」と理由を述べています。そして6文目は「エアコンを使うことによるメリット」を述べることで2つ目の理由をサポートしています。

「問題」→「解決」の流れを作る

今回の解答例のように「問題を指摘」した後に「解決」という流れは準2級のライティングでは便利です。

stop 人 from -ing「人 が…するのを防ぐ」

6文目のstopはstop 人 from -ing「人 が…するのを防ぐ」の意味です。今回は「生徒(student)が具合が悪くなる(feeling bad)のを防ぐ(stop from)」という意味です。stopの他にpreventを使った、prevent 人 from -ingでも同じ意味になります。

今回は最後にまとめの文が入っていませんでしたが、語数に余裕があるときは、もう一度自分の意見、立場を明確にする文を書いてまとめるのもOKです。

和訳 (問題) 日本の学校の教室では夏にエアコンを使うべきだと思いますか?
(解答例) はい、思います。理由は2つあります。まず1つ目に、日本では夏がますます暑くなっています。もし学校の教室でエアコンを使用すれば、夏の間生徒たちは勉強しやすくなるでしょう。2つ目に、もし教室が暑すぎると、具合が悪くなる生徒がいます。夏はエアコンを使うことによって生徒たちの体調不良の防止につながるでしょう。

語句
☆reason 理由　☆first まず・第一に　□get ～になる
☆比較級 and 比較級 ますます～　□during ～の間じゅう
□air conditioner エアコン　☆second 2つ目に
☆stop ～ from -ing ～が…するのを防ぐ　□feel bad 気分が悪い

No. 1 ▸「買う」の意味で使われるtakeがポイント！ CD1 2 レベル ★★★

解答 2

スクリプト

知らない人同士の会話

★ Excuse me. Is the movie *The Moon of Cambodia* still showing at this theater?
くっついて「ノウ」 軽く「アッ」

☆ Yes, it is. The next show will start at 6 p.m.
「ウル」って感じ tの飲み込み

★ Great. I'll take two tickets, please.
「アィウ」って感じ
チケットを2枚ください

☆ **1** Well, it finishes around 8 p.m. ➡ 映画の終了時刻は尋ねられていないので×

☆ **2** OK. That'll be $24.
「ザルビ」って感じ

check if sv「sv するか確認する」

☆ **3** Sure. I'll check if we have any showings today.
「アィウ」って感じ くっついて「チェキフ」
➡「上映しています」と言っているので×

解説

映画のチケットを購入する場面の会話です。I'll take two tickets, please.「チケットを2枚ください」に対して、OK. That'll be $24.「わかりました。24ドルです」と値段を伝えている**2**が正解です。

「買う」の意味のtake

「それにします（買います）」というときはtakeを使います。「いろんな商品の中からそれをとる」という感じです。buy「買う」という直接的な言葉より、takeを使う方がスマートに聞こえます。

「～かどうか」のif

3では動詞checkの目的語にif svが使われています。このように名詞節を作るifは「～かどうか」の意味で、リスニングではお店の場面でよく登場し、店員が「在庫があるかどうか調べてみます」というときに使われます。check if sv「～かどうか確認する」の他、see if svも同じ意味で頻出なので、合わせておさえておきましょう。

和訳 ★すみません。この映画館で映画『カンボジアの月』はまだ上映していますか？
☆はい、しています。次の上映は午後6時からです。
★ よかった。チケットを2枚ください。

選択肢の和訳

☆**1**　ええと、終わるのは午後8時ごろです。

☆**2**　わかりました。24 ドルです。

☆**3**　わかりました。今日、上映があるかどうか確認します。

語句　□Excuse me.　すみません。　☑still　まだ　□theater　劇場・映画館
□ticket　チケット

選択肢の語句

□around　～ごろ　□Sure.　もちろん。　☑check if sv　～かどうか確認する
□showing　上映・上演

No. 2 ▸ get ready for ～は「～の準備をする」 CD1 3 レベル★★★

解答　**1**

スクリプト

もう真夜中。スマホを置いて寝なさい

☆ Adam, it's midnight. Put your smartphone down and go to bed.
軽く「アン」

★ Can I just send a quick message to Cindy, Mom?
くっついて「キャナイ」 くっついて「ダ」 軽く「トゥ」

親子の会話

☆ No. You can do that tomorrow morning.
軽く「ザッ」

明日の朝にしなさい

★**1**　OK. I'll get ready for bed.
「アイゥ」って感じ 「ゲッ」って感じ

★**2**　OK. Tell her I'll call her soon.　➡ OK とその後の内容が矛盾するので×
一気に発音される

★**3**　OK. I'll come down to breakfast then.
「アイゥ」って感じ
➡深夜の会話で breakfast はおかしいので×

解説

「早く寝なさい」→「シンディーにメッセージを送ってもいい？」→「だめ」という流れです。どの選択肢も OK「わかった」とありますが、素直に従う内容が続いている **1** の OK. I'll get ready for bed.「わかったよ。寝る準備をするよ」が正解です。get ready for ～は「～に対して (for) 準備ができた (ready) 状態になる (get)」→「～の準備をする」で、get ではなく be が使われる場合は be ready for ～「～の準備ができている」となります。

和訳　☆アダム、もう真夜中よ。スマートフォンを置いて寝なさい。
★シンディーにさっとメッセージを送ってもいい、お母さん？
☆だめよ。明日の朝ならいいわよ。

選択肢の和訳

★1　わかったよ。寝る準備をするよ。
★2　わかったよ。すぐに電話するって彼女に伝えて。
★3　わかったよ。じゃあ、朝食に行くよ。

語句 □midnight　深夜　□put ～ down　～を置く　□smartphone　スマートフォン
□go to bed　寝る　☆Can I 原形 ～？　～してもいいですか？　□send　送る
□quick　すばやい　□message　メッセージ

選択肢の語句
☆get ready for ～　～の準備をする　□call　電話をかける
□come down　来る・下へ降りる

No. 3 ▸rightは「正しい」の意味が重要！

CD1 4　レベル★★★

解答 2

スクリプト

★ Do you want to go to the Monsters of Rock concert on Friday night, Angela?
くっついて「ウォントゥ」

☆ I want to, but I have to study for a test.
くっついて「ウォントゥ」　軽く「トゥ」
行きたいけど、テスト勉強をしないといけない

★ You can do that on Saturday and Sunday afternoon.
軽く「クン」　「ザロン」って感じ　軽く「アン」
（勉強は）土曜日と日曜日の午後にできるよ

☆1　Well, I'll need it before the concert starts.
「アイゥ」って感じ　くっついて「ニーディッ」
➡ it が受けるものが不明なので×

☆2　Yeah, you're probably right.
「ユー」って感じ

☆3　OK, I'll give it to my professor.
「アイゥ」って感じ　くっついて「イットゥ」
➡コンサートに行くかどうかという内容に合わないので×

解説

「コンサートに行かない？」→「テスト勉強しなくちゃ」→「土日の午後にできるじゃん」という流れを踏まえて、**2** の Yeah, you're probably right.「ええ、おそらくあなたの言う通りね」を選びます。

Do you want to ～？は「勧誘」
冒頭に Do you want to ～？が出てきます。直訳は「あなたは～したいですか？」となりますが、英語の世界では、相手を誘うときなどにも使えます。「～したい？」→「～しない？」という感

じです。Shall we ～？と似た意味ですが、英会話では Do you want to ～？が日常的によく使われます。

和訳 ★金曜日の夜にモンスターズ・オブ・ロック・コンサートに行かない、アンジェラ？
☆行きたいけど、テストの勉強をしないといけないの。
★それは土曜日と日曜日の午後にできるじゃん。

選択肢の和訳
☆1　うーん、コンサートが始まる前にそれが必要よ。
☆2　ええ、おそらくあなたの言う通りね。
☆3　わかったわ、それを教授に渡すわ。

語句 □want to 原形　～したい　☆have to 原形　～しなければならない

選択肢の語句
□need　必要とする　☆probably　おそらく　□right　正しい
□professor　教授

No. 4 ▸a variety of ～は「さまざまな種類の～」 CD1 5 レベル★★★

解答 1

スクリプト

ゴルフ場のスタッフとの電話
☆ Greener Hills Golf Course. May I help you?

クラブの貸し出しはありますか？
★ Hi. Can people rent golf clubs at your course?
くっついて「アッチュア」

ありますよ。
☆ Yes, sir. We have a variety of clubs.

★1 Great. I'm looking forward to playing there.
dの飲み込み

～かどうか
★2 Well, I don't know if I can make it in time.
「ウェゥ」って感じ　くっついて「メイキッ」
➡時間内に間に合うかどうかは話題にないので×

★3 OK. I'll try another place, then.
「アイゥ」って感じ
➡女性の最後の肯定的な発言と噛み合わないので×

解説

「ゴルフクラブを借りられますか？」→「さまざまな種類のクラブをご用意しています」の流れに合うのは、1 の Great. I'm looking forward to playing there.「わかりました。そこでプレーするのを楽しみにしています」です。look forward to ～は「～を楽しみにしています」と会話を終えるときに便利な表現で、今回のように進行形でよく使われます。

和訳 ☆グリーナー・ヒルズ・ゴルフコースです。ご用件は何でしょうか？
★こんにちは。そちらのコースでは、ゴルフクラブを借りることができますか？
☆はい、お客様。さまざまな種類のクラブをご用意しています。

選択肢の和訳
★1 わかりました。そこでプレーするのを楽しみにしています。
★2 ええと、時間に間に合うかどうかわかりません。
★3 わかりました。では、他の場所をあたってみます。

語句 □May I help you? ご用件は何でしょうか？ ☆rent 賃借りする・賃貸しする
□golf club ゴルフクラブ ☆a variety of ～ いろいろな種類の～

選択肢の語句
☆look forward to -ing ～するのを楽しみにする ☆if ～かどうか
☆make it うまくやる・間に合う □in time 時間内に □another 別の
□place 場所

No. 5 ・parkは動詞「駐車［駐輪］する」の意味 CD1 6 レベル★★★

解答 3

スクリプト

駐輪する / 駐輪エリア以外は駐輪禁止・校則違反

★ Anne, you can't park your bike outside of the parking area. It's against school rules.
(against:「アゲンスツ」って感じ)

☆ Really? I've been parking it here all week.
(Really:「リーリ」って感じ　been:軽く「ビン」)

アンダーソン先生に見られたら撤去されるよ

★ Well, if Mr. Anderson sees it, he'll take it away.
(sees it:くっついて「スィーズィッ」　he'll:「ヒル」って感じ　take it away:くっついて「テイキッラウェイ」)

☆1 OK, I'll go to class now, then. ➡ OK と後ろの内容が合わないので×
(I'll:「アイゥ」って感じ)

☆2 OK, I'll find Mr. Anderson, then. ➡ OK と後ろの内容が合わないので×
(I'll:「アイゥ」って感じ)

☆3 OK, I'll take it to the parking area, then.
(I'll:「アイゥ」って感じ　take it to:くっついて「テイキットゥ」)

解説

自転車を停めようとしている場面の会話です。「校則違反だよ。もしアンダーソン先生に見つかったら、撤去されるよ」に対して、**3** の OK, I'll take it to the parking area, then.「わかった、じゃあ駐輪場に持って行くわ」が流れに合います。

park は動詞「駐車［駐輪］する」

park の動詞の意味を知っていても、リスニングに出てくると一瞬「？」となるかもしれません。今回は直前に can't（助動詞）があるので、そこで「動詞」と判断してください。リスニングでも文法の力は大事です。

和訳 ★アン、駐輪場の外に自転車を停めちゃだめなんだよ。校則違反だよ。
☆本当？　今週ずっとここに停めてたよ。
★えっと、もしアンダーソン先生に見られたら撤去されるよ。

選択肢の和訳

☆**1**　わかった、じゃあもう授業に行くわ。
☆**2**　わかった、じゃあアンダーソン先生を見つけてくるよ。
☆**3**　わかった、じゃあ駐輪場に持って行くわ。

語句 ☆park　駐輪する　□outside　～の外に　□parking area　駐輪場
☆against　～に反対して　□school rules　校則　☆really　本当に
☆take ～ away　～を撤去する

選択肢の語句
□class　授業　□find　見つける

No. 6 ▸「疑問詞When」→「時」を答える基本パターン　CD1 7　レベル★★★

解答 **3**

スクリプト

（電話での会話）

★ Hi, Danny Brown speaking.
（speaking：「スピーキン」って感じ）

☆ Danny, it's your neighbor, Amy. I just got home from work, and I need your help. My dog Max is lost.
（just got home from work：一気に発音される／need your：くっついて「ニードゥヤ」／My dog Max is lost.：イヌのマックスがいないのよ）

★ Oh no. When did you last see him?
（When：「時」が問われている／did you：くっついて「ディジュ」／him：「ヒン」って感じ）

☆ **1**　I've already looked for him there.　➡「時」を答えていないので×

☆ **2**　He sleeps in my room with me.　➡「時」を答えていないので×

☆ **3**　This morning before I left for work.

解説

「疑問詞」→「疑問詞に対する応答」の基本パターンです。When「いつ？」に対して、「時」を答えている **3** の This morning before I left for work.「今朝、仕事に行く前よ」

が正解です。

形容詞 lost「行方不明の」
女性の発話にある My dog Max is lost. の lost は lose「失う」の過去分詞形が形容詞化し、「失われた・道に迷った」、さらに「行方不明の」という意味で使われます。行方不明のイヌを探すためのポスターなどには、"LOST DOG" とよく書かれています。また the lost and found {office}「遺失物取扱所」は英検によく出てきます。

和訳 ★もしもし、ダニー・ブラウンです。
☆ダニー、おとなりのエイミーです。ちょうど仕事から帰ってきたんだけど、協力してほしいことがあるの。イヌのマックスがいないのよ。
★なんてことだ。最後に見たのはいつだい？

選択肢の和訳
☆**1** そこはもう彼を探したわ。
☆**2** 彼は私と一緒の部屋で寝るの。
☆**3** 今朝、仕事に行く前よ。

語句 ☆neighbor 隣人 □get home 帰宅する □need 必要とする
□be lost 迷子になる □last 最後に

選択肢の語句
□already すでに・もう □look for ～ ～を探す □sleep 眠る
□left leave「去る」の過去形

No. 7 ▸ レストランでよく使われるI'd like ～. CD1 8 レベル ★★★

解答 2

スクリプト

店員と客の会話

☆ Did you enjoy your dinner, sir?

焼き鮭をとても気に入った

★ Yes. I really liked the grilled salmon.

一番人気の料理です

☆ I'm not surprised. It's our most popular dish.

★**1** OK, please bring it now. I'll wait. ➡すでに食べた後なので×
「ブリンギッ」って感じ 「アイウェイトゥ」って感じ

★**2** Yeah, I'd like to have it again sometime.
一気に発音される

★**3** Well, don't forget to take it with you.
「ドンフォゲットゥ」って感じ 「ティキッ」って感じ
➡ you は店員を指し、店員に対するセリフとして×

解説

レストランでの食事後に店員と客が会話している場面です。「焼き鮭を本当に気に入った」→「一番人気の料理です」という流れに合うのは、**2** の Yeah, I'd like to have it again sometime.「うん、いつかまたいただきたいです」です。このI'dはI wouldの短縮形で、会話ではよく使われます。また、レストランで注文するときにも、店員のAre you ready to order?「ご注文はいかが致しますか？」に対し、I'd like 名詞. の形で注文することができます（I want 名詞. を使うと少し子どもっぽく聞こえます）。

和訳 ☆ディナーをお楽しみいただけたでしょうか、お客様？
★ええ。グリル・サーモン（焼き鮭）が本当においしかったです。
☆納得です。それはうちで一番人気の料理なんです。

選択肢の和訳
★1　わかりました。今それを持ってきてください。待っています。
★2　うん、いつかまたいただきたいです。
★3　ええと、それを持っていくのを忘れないでくださいね。

語句 □sir　お客様・だんな様　☆really　本当に　□grilled salmon　焼き鮭
☆surprised　驚いて　☆popular　人気のある　□dish　料理・皿

選択肢の語句
□bring　持ってくる　□wait　待つ　□I'd　I wouldの短縮形
☆would like to 原形　～したい　□again　また　□sometime　いつか
□forget　忘れる

No. 8 ▸ Could you ～？に対する応答の内容にも注意！ CD1 9 レベル★★★

解答 **3**

スクリプト

弟が迷子になった

☆ I need some help, sir. My little brother is somewhere in the shopping mall, but I can't find him.

（little：「リロ」って感じ　shopping mall：「シャピンモーゥ」って感じ）

★ Where did you last see him?

（did you：くっついて「ディジュ」）

弟の名前を呼び出していただけませんか？

☆ He was at the food court. Could you call his name, please?

（at：軽く「アッ」　Could you：くっついて「クジュ」）

★1　Maybe. I checked the toy store.

➡依頼に対してchecked「確認しました」はおかしいので×

★2 No problem. I've been there before.
軽く「ビン」

➡「私（男性）がそこに行ったことがあるかどうか」は関係ないので×

★3 Of course. Please write it down here.
「ウライティッダウン」って感じ

解説

「弟が迷子になった」→「最後にどこで見ましたか？」→「フードコートです。名前を呼び出していただけませんか？」という流れに合うのは、**3** の Of course. Please write it down here.「かしこまりました。ここに名前を書いてください」です。「呼び出すので弟の名前をここに書いてください」ということです。it は his name を受けており、名詞と代名詞とのつながりも OK ですね。

和訳 ☆助けが必要なのですが。弟がショッピングモールのどこかにいるのですが、見当たらないんです。

★最後に見たのはどこでですか？

☆フードコートにいました。弟の名前を呼んでいただけますか？

選択肢の和訳

★1 おそらくね。おもちゃ屋さんを確認しましたよ。

★2 問題ないです。私は以前そこに行ったことがあります。

★3 かしこまりました。ここに名前を書いてください。

語句 □need 必要とする　□help 助け　□somewhere どこかに
□shopping mall ショッピングモール　□find 見つける　□last 最後に
□food court フードコート　☆Could you 原形 ～？ ～していただけませんか？

選択肢の語句

☆maybe おそらく　☆check 確認する　□Of course. もちろん。
□write ～ down ～を書き留める・～を書く

No. 9 ▸ 否定疑問文は not を無視して考える　CD1 10　レベル★★★

解答 2

スクリプト

☆ Do you take the bus to work, Jonathan?

自転車通勤

★ No. I ride my bicycle to work. It's good exercise, and I can save money.

会社に着いたときに疲れてない？

☆ Aren't you tired when you get to the office?
くっついて「アーンチュ」　「ジ」

★1　Yeah, I finish work around 6 p.m.　➡終業時刻は関係ないので×
dの飲み込み
★2　Not really. It's not that far.
軽く「ナッ」　「ナッザッツファ」って感じ
★3　Well, about 25 minutes.　➡通勤時間は聞かれていないので×
「アバウ」って感じ

解説

通勤手段について話している場面です。「自転車通勤」→「疲れない？」という流れに合うのは、**2** の Not really. It's not that far.「そうでもないよ。そんなに遠くないし」です。

副詞 that

that には副詞で「それほど・そんなに」という意味があります。It's not that far.「それほど遠くない」の that は副詞で直後の far を修飾しています。今回の英文のように主に否定文で使われます。

否定疑問文の返答

Aren't you tired when you get to the office? は「否定疑問文」です。従来、否定疑問の応答は「Yes を『いいえ』、No を『はい』と訳す」と教えられましたが、これではリスニングで瞬時に判断できません。そこで、皆さんは否定疑問文が出てきたら「not を無視する」ようにしてください。今回で言えば、not (n't) を無視して Are you tired when you get to the office? と考えれば OK です。すると、肯定の応答なら「疲れる」、否定を使った応答なら「疲れない」と一瞬で判断できます。

和訳　☆バスで仕事に行っているの、ジョナサン？
★いいや。自転車で仕事に行っているよ。運動になるし、お金を節約できるんだ。
☆職場に着いたら疲れてないの？

選択肢の和訳

★1　そうだね、午後6時頃に仕事が終わるよ。
★2　そうでもないよ。そんなに遠くないし。
★3　まあ、25分くらいだよ。

語句　□take a bus　バスに乗る　□ride　乗る　□exercise　運動　☑save　節約する
□tired　疲れている　□office　職場

選択肢の語句

□around　～ごろ　☑Not really.　そうでもないです。

No. 10 ▸「疑問詞 Who」→「人」を答える基本パターン CD1 11 レベル★★★

解答 2

スクリプト

メールがまったく開かない
☆ Alex. I can't open any e-mails this morning.

同じだよ
★ I have the same problem. Look. I click, but nothing happens.

「人」が問われている
☆ Who could we call to come and help us?
軽く「アン」

★1 Wait one moment. I'll be there soon.
「アイゥ」って感じ
➡ Alex も困っているわけなので×

★2 Try Bob Johnson. He's good with computers.

★3 Go ahead. He's waiting for us.
➡「人」を答えていないので×

解説

「疑問詞」→「疑問詞に対する応答」の基本パターンです。Who「誰？」に対して、「人」を答えている **2** の Try Bob Johnson. He's good with computers.「ボブ・ジョンソンにあたってみて。彼はコンピューターに詳しいんだ」が正解です。ちなみに He's good with computers. の with は「関連（～について）」で、be good with ～で「～について扱いがうまい」という意味です。be good at the guitar は「ギターの演奏がうまい」ですが、be good with the guitar なら「ギターの演奏がうまい」ときにも「ギターの修理がうまい」という場合にも使えます。

和訳 ☆アレックス。今朝はどのＥメールも開けないんだけど。
★僕も同じ問題があるよ。見て。クリックしても何にも起こらないんだ。
☆誰に電話したら助けに来てもらえるかな？

選択肢の和訳
★1 ちょっと待って。すぐにそっちへ行くよ。
★2 ボブ・ジョンソンにあたってみて。彼はコンピューターに詳しいんだ。
★3 先に行って。彼は私たちを待っているよ。

語句 ☆same 同じ　□problem 問題　□click クリックする
□nothing 何も～ない　☆happen 起こる

選択肢の語句
□Wait a moment. ちょっと待ってください。　□soon まもなく・すぐに
☆Go ahead. 先に行ってください・どうぞお先に。　☆wait for ～ ～を待つ

No. 11 ▸ Actuallyの後ろは要チェック！

CD1 13 レベル★★★

解答 3

スクリプト

☆ Did you have a nice weekend, George?
「ウィーケン」って感じ

★ It was OK. I went to see some paintings at the local art museum.
くっついて「ウェントゥ」　軽く「アッ」

芸術が好きなんて知らなかった

☆ I didn't know you liked art.
「ディドゥン」って感じ

好きでない。祖母が行きたいというので連れて行った

★ Actually, I don't. My grandmother wanted to go, so I took her there.
「グランマザ」って感じ　くっついて「ウォンティットゥ」

actually の後はヒントになりやすい

☆☆ **Question:** Why did George go to the art museum on the weekend?
「ディッ」って感じ　「ジ」

解説

〈選択肢先読み〉➡主語が He or His ➡「男性の行動」がポイント！

質問は「ジョージはなぜ週末に美術館へ行ったのですか？」です。女性の「あなたが芸術が好きだったなんて知らなかったわ」に対して、男性は Actually, I don't.「実を言うと、好きではないよ」と答えています（don't の後に like art が省略）。さらに「おばあちゃんが行きたがっていたから、そこへ連れて行った」と続けていることから、**3** の His grandmother wanted to go.「彼の祖母が行きたがっていたから」が正解となります。

actually の後ろは重要な情報
actually には「そう思っているかもしれないけど実はね…」というニュアンスがあり、新しい情報を提供するときに使われます。英検ではそこが設問でよく狙われるので、リスニングで actually が聞こえたらギアを一段上げるつもりで音声に集中してください。

和訳 ☆いい週末を過ごせた、ジョージ？
★まあまあだったよ。地元の美術館に絵を見に行ったんだよ。
☆あなたが芸術が好きだったなんて知らなかったわ。
★実を言うと、好きではないんだよ。おばあちゃんが行きたがっていたから、そこへ連れていったんだ。
☆☆質問：ジョージはなぜ週末に美術館へ行ったのですか？

選択肢の和訳

1 彼はそこで働いているから。　**2** 彼は家で何もすることがなかったから。
3 彼の祖母が行きたがっていたから。　**4** そこに彼の絵があったから。

語句 □weekend 週末　□painting 絵画　☆local 地元の・現地の
□art museum 美術館　□art 芸術　☆actually 実は・実際は
□grandmother 祖母　□want to 原形 ～したい

選択肢の語句
□nothing 何も～ない　□at home 家で

No. 12 ▸ leaveは「ほったらかす」→「置き忘れる」 CD1 14 レベル★★★

解答 4

スクリプト

(昨日ショッピングモールでかばんをどこかに置いてきてしまった)

★ Excuse me. I think I left my bag somewhere in this shopping mall yesterday.

☆ OK, sir. I'll check the lost-and-found office for you. What does it look like?

(I'll:「アイゥ」って感じ　and:軽く「アン」　What does it look like:一気に発音される)

(小さくて青いリュックサック)

★ It's a small, blue backpack.

☆ All right. Please wait a moment.

☆☆ **Question:** What is the man's problem?

(What is:くっついて「ワティズ」)

解説

〈選択肢先読み〉➡主語がすべてHe➡「男性の行動」がポイント！　さらに内容からトラブルを予想！

質問は「男性の問題は何ですか？」です。冒頭の「昨日、このショッピングモールのどこかにかばんを置き忘れた」から、正解は**4**のHe lost his backpack.「彼はリュックサックをなくした」です。left ～ somewhere「どこかに置き忘れた」を選択肢ではlost「なくした」に言い換えています（正解の選択肢は本文とほぼ同じこともありますが、別の表現に言い換えられることがほとんどです）。冒頭のbagを聞いて**1**のHe needs a new bag.「彼は新しいかばんを必要としている」を選ばないように注意してください（同じ単語を使ったダミーです）。**2**はoffice、**3**はwaitという同じ単語を使ったダミーです。

leave は「ほったらかす」

今回 I left my bag somewhere ～. と leave の過去形 left が出てきました。leave にはさまざまな訳し方がありますが、すべて「ほったらかす」のイメージを持ってください。

① 物 をほったらかす→「残す・置き忘れる」

② 場所 をほったらかす→「去る・出発する」

今回は①の意味で使われています。

和訳 ★すみません。昨日、このショッピングモールのどこかにかばんを置き忘れたと思うんです。
☆かしこまりました、お客様。遺失物取扱所に確認します。それはどんな見た目ですか？
★小さくて、青いリュックサックです。
☆わかりました。少々お待ちください。
☆☆質問：男性の問題は何ですか？

選択肢の和訳

1 彼は新しいかばんを必要としている。
2 彼はその会社を見つけることができなかった。
3 彼には待っている時間がない。
4 彼はリュックサックをなくした。

語句
□Excuse me.　すみません。　☆leave　置いておく・置き忘れる
□somewhere　どこかに　□shopping mall　ショッピングモール
□sir　お客様・だんな様　□check　確認する　□lost-and-found office　遺失物取扱所
□What does ～ look like?　～はどのような見た目ですか？
□backpack　リュックサック　□All right.　わかりました。
□Wait a moment.　少々お待ちください。

選択肢の語句
□need　必要とする　□find　見つける　□office　事務所　□wait　待つ
□lose　失う

No. 13 ▸ 先読みでトラブルを予想する　CD1 15　レベル★★★

解答 2

スクリプト

★Hurry up, Julie, or we'll miss the bus.
「オウェル」って感じ

家のカギが見つからない
☆I know, but I can't find my house key, Barry.

★Did you lose it? Mom will get angry if you did.
くっついて「ルージットゥ」　軽く「ウッ」　軽く「ゲッ」

☆I guess I'll have to look for it when I get home from school this afternoon.
軽く「アウ」　軽く「タ」　軽く「イッ」　くっついて「ウェナイ」　「フム」って感じ

☆☆ **Question:** What is Julie's problem?

解説

〈選択肢先読み〉➡主語がすべて She ➡「女性の行動」がポイント！　さらに内容からトラブルを予想！

質問は「ジュリーの問題は何ですか？」です。女性の I can't find my house key「家のカギが見つからない」に一致する、**2** の She cannot find her key.「彼女は自分のカギを見つけることができない」が正解です（今回はもとの英文とほぼ同じ表現ですね）。**1** は angry、**3** は missed や the bus、**4** は school など会話に出てきた単語を使ったダミーの選択肢です。特に冒頭の will miss the bus を聞いて **3** を選ばないようにしてください。最終バス（the last bus）とは言っていません。

和訳 ★急いで、ジュリー、そうしないとバスに乗り遅れるよ。
☆わかっているけど家のカギが見つからないのよ、バリー。
★なくしたの？　もしそうならお母さんが怒るよ。
☆今日の午後、学校から帰ってきたら探さないといけなさそう。
☆☆質問：ジュリーの問題は何ですか？

選択肢の和訳

1　彼女は先生を怒らせた。
2　彼女は自分のカギを見つけることができない。
3　彼女は最終バスに乗り遅れた。
4　彼女は学校に遅刻する。

語句 □hurry up　急ぐ　☆or　（命令文の後で）さもないと　□miss　逃す・乗り遅れる
□find　見つける　□key　カギ　□lose　なくす・失う　□get angry　怒る
☆guess　推測する　☆have to 原形　～しなければならない
□look for ～　～を探す　□get home　帰宅する

選択肢の語句

☆make O C　O を C にする　□be late for ～　～に遅刻する

No. 14 ▸ 内容から推測して選択肢を絞る問題　CD1 16　レベル★★★

解答 **3**

スクリプト

★ Hello?

（親子の電話での会話）

（卒業祝いの時計が届いたよ。すてき！）

☆ Hi, Dad. It's Jane. I got the watch you sent me for my graduation present.

（「ガッサ」って感じ）

It's wonderful!

★ Oh, good. I was worried it wouldn't get to you in time.
くっついて「ティイッ」 「ウドゥンゲットゥ」って感じ

☆ It did. It came this morning.
軽く「イッ」

★ I hope you can wear it when you go to job interviews.

☆☆ **Question:** Why did the woman call her father?

解説

〈選択肢先読み〉➡すべて「To+ 動詞の原形」で始まっている➡「目的」or「これからのこと」

質問は「女性はなぜ父親に電話をかけたのですか？」です。女性の発話が「卒業祝いで送ってくれた腕時計が届いた」、さらにIt's wonderful!「すてき！」と続くことから「届いたことを報告し、お礼をする」ための電話だと考えられます。**3**のTo thank him for his gift.「贈り物について彼にお礼を言うため」が正解です。今回は直接お礼を言ってはいませんが、wonderfulという肯定的な発話内容から推測して選択肢を選ぶわけです。

和訳 ★もしもし。
☆もしもし、お父さん。ジェーンよ。卒業祝いで送ってくれた腕時計が届いたわ。すてき！
★おお、よかった。届くのが間に合わないかもって心配だったんだ。
☆届いたわ。今朝来たの。
★仕事の面接に行くときにつけてくれるといいな。
☆☆質問：女性はなぜ父親に電話をかけたのですか？

選択肢の和訳

1 彼に新しい仕事について伝えるため。
2 遅刻したことを申し訳なく思っていると言うため。
3 贈り物について彼にお礼を言うため。
4 彼がいつ彼女を訪れるか尋ねるため。

語句 □Dad お父さん □watch 腕時計 □send 送る ☆graduation 卒業
☆be worried 心配している □in time 時間内に □hope 望む
☆wear 身につけている ☆interview 面接

選択肢の語句

☆sorry 申し訳なく思って □be late 遅れて □thank 感謝する
□gift 贈り物 □ask 尋ねる □visit 訪れる

No. 15 ▸会話で「疑問文」はカギになる！ CD1 17 レベル★★★

解答 1

スクリプト

★ Excuse me. I want to go to the shoe department on the 5th floor, but the elevator isn't working.
（want to：くっついて「ウォントゥ」／the：「ジ」／isn't：「イズン」って感じ／エレベーターが故障）

☆ We're fixing it right now. It should be working again in 30 minutes.
（it：軽く「イッ」）

★ Is there an escalator I can use?
（エスカレーターはありますか？）

☆ Yes. There's one down the hall. Sorry for the inconvenience, sir.
（Yes：あります／one → an escalator／for：軽く「フ」）

☆☆ **Question:** What will the man probably do next?
（will：「ウル」って感じ）

解説

〈選択肢先読み〉➡すべて「動詞の原形」で始まっている➡「未来の予定・行動」を聞き取る！

質問は「男性はおそらく次に何をしますか？」です。エレベーターが故障している場面の会話、「エスカレーターはありますか？」→「ありますよ」というやりとりから、男性はエスカレーターを使って移動すると考え、**1** の Take the escalator.「エスカレーターに乗る」が正解となります。take は本来「とる」で、今回は「エスカレーターという手段をとる」という意味で使われています。

> **down は「離れる」イメージ**
> There's one down the hall.「通路の先に（エスカレーターが）あります」の down は、話し手から「離れて」という意味があり、「話し手がいる場所から離れて・下って」というイメージです。hall は「廊下・通路」の意味があるので、down the hall で「通路の先に」となります。

和訳 ★すみません。5階の靴売り場へ行きたいのですが、エレベーターが動いていなくて。
☆今、修理しているところです。30分後には再び動いているはずです。
★使えるエスカレーターはありますか？
☆はい。この通路の先にあります。ご不便をおかけしまして申し訳ございません、お客様。
☆☆質問：男性はおそらく次に何をしますか？

選択肢の和訳

1 エスカレーターに乗る。
2 靴を修理してもらう。
3 階段で上がる。
4 エレベーターが修理されるのを待つ。

語句 ☐Excuse me.　すみません。　☐want to 原形　～したい
☐shoe department　靴売場　☐floor　階　☆work　機能する　☆fix　修理する
☆right now　すぐに　☆should　～するはずだ　☆again　再び
☆in ～　～後に　☐escalator　エスカレーター　☐use　使う
☐down the hall　その通路の先に
☆Sorry for the inconvenience.　ご不便をおかけして申し訳ございません。
☐probably　おそらく

選択肢の語句
☆have O 過去分詞　O を～してもらう　☆repair　修理する　☐stairs　階段
☐wait for ～　～を待つ

No. 16 ▸ 定番！ suggest問題

CD1 18　レベル ★★★

解答 1

スクリプト

★ Hi. I'd like five tickets for the circus, please. Two adults and three children.
軽く「アン」

☆ All right. That'll be 51 dollars.
「ザトゥル」って感じ

はい、どうぞ
上演前にお手洗いに行く時間はありますか？

★ Here you go. Do we have time to go to the restroom before it starts?
軽く「トゥ」

you'd better に反応

☆ You only have about three minutes, so you'd better hurry inside and find some seats first.
dが発音されない　軽く「アン」

約３分しかないので、急いで中に入ってまずは席を確保したほうがいいですよ

☆☆ **Question:** What does the woman suggest the man do?

解説

〈選択肢先読み〉➡すべて「動詞の原形」で始まっている➡「未来の予定・行動」を聞き取る！

質問は「女性は男性に何を提案していますか？」です。「始まる前にお手洗いへ行く時間はありますか？」に対し、女性が you'd better hurry inside and find some seats first.「急いで中にお入りいただき、まず席を確保したほうがよいかと思います」と答えていることから、**1** の Look for seats first.「まず席を探す」が正解となります。find が選択肢では look for に言い換えられています。

suggest 問題

今回のように suggest が使われ「何を提案していますか？」という Question は英検頻出パターンです。「提案」というと大げさに感じるかもしれませんが、軽いアドバイス的なものや、今回のように、新たな情報を教えてくれたことなども含みます。その他、以下の表現が使われているときに根拠になることが多いので、聞こえたら反応してください。

① 勧誘の表現（Let's ～. や Why don't you ～? など）
② should 原形「～したほうがよい」
③ had better 原形「～すべきだ」（you'd better のように短縮形がよく使われます）
④ 本文でも suggest がそのまま使われている

今回は you had better の you had が短縮され、you'd better の形で出てきました（会話では基本的に短縮形が使われると思ってください）。

和訳
★こんにちは。サーカスのチケットを５枚ほしいのですが。大人２枚、子ども３枚です。
☆かしこまりました。51 ドルになります。
★はい、どうぞ。始まる前にお手洗いに行く時間はありますか？
☆３分ほどしかないので、急いで中にお入りいただき、まず席を確保したほうがよいかと思います。
☆☆質問：女性は男性に何を提案していますか？

選択肢の和訳
1 まず席を探す。　2 急いでお手洗いへ行く。
3 家族分のチケットを購入する。　4 別の機会にサーカスを見る。

語句
□I'd I would の短縮形　□would like ～ ～がほしい　□ticket チケット
□circus サーカス　□adult 大人　□All right. わかりました。
☆Here you go. はい、どうぞ。　□restroom お手洗い　□only ～だけ
□about 約・およそ　☆had better 原形 ～したほうがよい・～するべきだ
□hurry 急ぐ　□inside 中に　□seat 席　☆suggest 提案する・示唆する

選択肢の語句
□look for ～ ～を探す　☆quickly すばやく　□another time 別のときに

No. 17 ▸ 形容詞と否定語に注意！

CD1 19　レベル ★★★

解答 1

スクリプト

☆ That was a wonderful movie, wasn't it?
「ザッ」って感じ

すばらしいとは思わなかった。長すぎるしそんなに笑えなかった

★ I didn't think so. It was too long and not so funny.
「ディドゥン」って感じ

☆ Didn't you like anything about it, John?
くっついて「ガ」　軽く「イッ」

音楽はよかったし俳優もそんなに悪くなかった

★ I liked the music, and the actors weren't so bad.
軽く「アン」「ジ」

☆☆ **Question:** What did John say about the movie?
「ディッ」って感じ 「アバウ」って感じ

解説

〈選択肢先読み〉➡バラバラ➡ music・actors などから「音楽や映画の話？」くらいに考えて音声に集中！

質問は「映画についてジョンが言ったことは何か？」です。映画の感想を話している場面で、男性は「僕はそう（すばらしいと）思わなかったよ。長すぎるし、そんなに笑えなかった」、さらに「音楽はよかったし、俳優もそんなに悪くなかった」と言っています。後半の内容に合う **1** の The music was good.「音楽がよかった」が正解です。**2** の The actors were bad.「俳優が悪かった」は否定文であれば○ですが、ここは肯定文なので×です（会話では the actors weren't so bad と否定しています）。本文に not をつけたり、not をとったりしただけの選択肢に注意してください。

和訳 ☆すばらしい映画だったね？
★僕はそうは思わなかったよ。長すぎるし、そんなに笑えなかった。
☆よかったことは何もなかった、ジョン？
★音楽はよかったし、俳優もそんなに悪くなかったね。
☆☆質問：映画についてジョンが言ったことは何か？

選択肢の和訳

1 音楽がよかった。 **2** 俳優が悪かった。
3 短すぎた。 **4** すばらしかった。

語句 □funny おもしろい・笑える □actor 俳優 □bad 悪い

No. 18 ▸Let'sに反応して解くsuggest問題 CD1 20 レベル★★★

解答 **2**

スクリプト

☆ I hope Diana is back today. Class isn't fun without her.

★ Yeah. But I heard that she's pretty sick, so she might have to stay home
くっついて「チーズ」「プディ」って感じ

all week.
「オー」って感じ

☆ Really? I hope she feels better soon.
「リーリ」って感じ

彼女にカードを送ろう

★ Me, too. Let's send her a get-well card.

くっついて「センダァ」

☆☆ **Question:** What does the boy suggest they do?

解説

〈選択肢先読み〉➡すべて「動詞の原形」で始まっている➡「未来の予定・行動」を聞き取る！

質問は「少年は何をすることを提案していますか？」です（suggest 問題）。体調の悪いクラスメートのダイアナについて話している場面です。少年の Let's send her a get-well card.「彼女にお見舞いのカードを送ろう」から、**2** の Send Diana a card.「ダイアナにカードを送る」が正解となります。

get-well card とは？

病人などに対して送る「お見舞い状」のことで、クリスマスカードやバースデーカードのようなものです。クラスメートや同僚に送ることが多く、お祝いのカードのようなものの他、寄せ書きがあります。

「強調」の pretty

今回 I heard that she's pretty sick「彼女はかなり体調が悪いらしい」で pretty が出てきましたが、形容詞「かわいい」ではなく、副詞「かなり・とても」の意味です。英検では「強調」の意味で使われる pretty が本当によく出るので、リスニングでは特に注意してください。

和訳 ☆今日、ダイアナが戻ってきているといいな。彼女がいないと授業が楽しくないわ。

★そうだね。でも彼女はかなり体調が悪いらしいから、1週間家にいなければいけないかもしれないって。

☆本当に？　早くよくなるといいな。

★僕もそう思うよ。彼女にお見舞いのカードを送ろうよ。

☆☆質問：少年は何をすることを提案していますか？

選択肢の和訳

1 入院しているダイアナのお見舞いに行く。 **2** ダイアナにカードを送る。

3 ダイアナと旅行に行く。 **4** 宿題についてダイアナに伝える。

語句 □hope 望む　□be back 戻る　□fun 楽しい　☆without ～なしで

□hear 聞く　☆pretty かなり・とても　□sick 病気の

☆might ～かもしれない　☆have to 原形 ～しなければならない

□stay home 家にいる　☆really 本当に　□feel well 気分がよくなる

□soon すぐに　□send 送る　□suggest 提案する

選択肢の語句

□hospital 病院　□trip 旅行

No. 19 ▸ 会話に登場する第三者について問われた問題 CD1 21 レベル★★★

解答 3

スクリプト

★ Kate, how's your new French class at the language school?
くっついて「ハウジュア」　軽く「アッ」

テキストをまったく使わない
☆ Great! My teacher's really interesting. He doesn't use textbooks at all.
「グレイッ」って感じ　「アトオーゥ」って感じ

★ Really? No textbooks?
「テクスブックス」って感じ

楽しいとより学ぶので、ゲームをさせたり、興味のあることを話させる
☆ Yeah. He thinks that students learn more when they're having fun, so
軽く「ザッ」　一気に発音される

he gets us to play games and talk about our interests.
一気に発音される　軽く「アン」くっついて「カ」

☆☆ **Question:** How does the girl's teacher teach his students?

解説

〈選択肢先読み〉➡主語がすべて He ➡「男性の行動」がポイント！

質問は「女の子の先生は生徒たちにどのように教えていますか？」です。「会話をしている男性」の行動がポイントと思いきや、「女の子のフランス語の先生」について問われています。女の子の発話の中に「(先生は) テキストをまったく使わない」、「楽しいと、より学ぼうとするので、生徒にゲームをやらせたり興味があることについて話をさせたりする」とあります。後半の内容に合う、**3** の He uses fun activities.「彼はおもしろい活動を利用する」が正解です。

「音声に集中する」という大前提を忘れずに！
選択肢の先読みから「男性の行動」に注目して音声を聞いたと思いますが、実際は、話し手の男性ではなく「女の子のフランス語の先生」について問われました。ときどき今回のような設問もあるので、先読みで得られる情報も大事ですが、リスニングではとにかく音声に集中することが大事という大前提を忘れないでください。また、問題によっては選択肢の he や she が動物を受けていることもあります。

和訳 ★ケイト、最近始めた語学学校のフランス語の授業はどう？
☆すばらしいわ！　先生が本当におもしろいの。彼はまったくテキストを使わないのよ。
★本当かい？　テキストを使わないだって？
☆ええ、彼は、生徒が楽しめばよりよく学べると思っているから、ゲームをやらせたり関心のあることについて話をしたりするの。
☆☆質問：女の子の先生は生徒たちにどのように教えていますか？

選択肢の和訳

1 彼は毎日テストをする。 **2** 彼はフランス語の曲を流す。
3 彼はおもしろい活動を利用する。 **4** 彼は生徒たちにテキストを読ませる。

語句 ☆language 言語 ☆really 本当に □textbook 教科書・テキスト
□not ～ at all まったく～ない ☆learn 学ぶ ☆get 人 to 原形 人に～させる
□interest 興味

選択肢の語句
□use 使う ☆make O 原形 Oに～させる

No. 20 ▸「時の表現」tomorrowに反応する！ CD1 22 レベル★★★

解答 **1**

スクリプト

書店の店員との電話

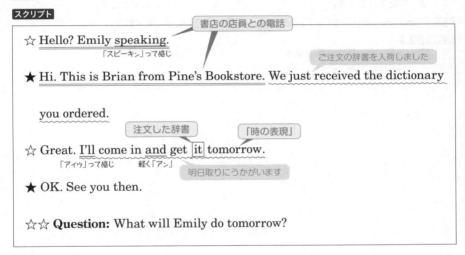

☆ Hello? Emily speaking.
「スピーキン」って感じ

ご注文の辞書を入荷しました

★ Hi. This is Brian from Pine's Bookstore. We just received the dictionary you ordered.

注文した辞書 「時の表現」

☆ Great. I'll come in and get it tomorrow.
「アイゥ」って感じ 軽く「アン」
明日取りにうかがいます

★ OK. See you then.

☆☆ **Question:** What will Emily do tomorrow?

解説

〈選択肢先読み〉➡すべて「動詞の原形」で始まっている➡「未来の予定・行動」を聞き取る！

質問は「エミリーは明日何をしますか？」です。男性の「ご注文いただいていた辞書をちょうど入荷しました」に対し、I'll come in and get it tomorrow.「明日取りにうかがいます」と答えていることから、**1** の Get her new dictionary.「新しい辞書を手に入れる」が正解となります。男性の the dictionary you ordered から her new dictionary とわかります。tomorrow のように「時の表現」はヒントになるので要注意です。また、「時の表現」は文末で使われることも多く、答えの該当箇所が読み上げられた後にでてくることがよくあるので、「手遅れ」にならないように、常に音声に集中する姿勢が大事です。

「所属」の意味としても使われるようになった from

冒頭の男性の発話 This is Brian from Pine's Bookstore. に from が使われています。この from は「起点（～から）」→「出身・所属先（身元）」を表し、"from [所属名]" という形がよく使われるのです。自分がいる場所を起点としてそこから電話をかけているイメージです。

和訳 ☆もしもし？　エミリーです。

★こんにちは。パインズ・ブックストアのブライアンです。ご注文いただいていた辞書をちょうど入荷しました。

☆よかったです。明日取りにうかがいます。

★わかりました。それではまた。

☆☆質問：エミリーは明日何をしますか？

選択肢の和訳

1　新しい辞書を手に入れる。
2　図書館で働く。
3　雑誌を注文する。
4　ブライアンに本を貸す。

語句 ☆receive　受け取る　□dictionary　辞書　☆order　注文する

選択肢の語句

□lend [人] [物]　[人] に [物] を貸す

No. 21 ▸「感情の原因」はよく狙われる！

CD1 24 レベル★★★

解答 2

スクリプト

☆Len and his boss will be going on a business trip to Italy next month. (to：軽く「トゥ」)

His boss will give a presentation in the city of Rome, and Len will be her assistant. (will：軽く「ウィゥ」) Len has never been abroad before, [so] he is very excited. (been：軽く「ビン」／外国へ行ったことがない／だから／とてもわくわくしている)

He has bought a book about Italy and is even trying to learn some Italian. (trying to：「トライントゥ」って感じ)

☆☆**Question:** Why is Len excited about the business trip?

解説

〈選択肢先読み〉➡ バラバラ➡ presentation・boss などから「ビジネス関係？」くらいでOK！

質問は「レンはなぜ出張にわくわくしているのですか？」です。3文目の接続詞のsoがポイントです（"[原因・理由], so [結果]" の関係）。Len has never been abroad before, so he is very excited.「レンはこれまでに海外へ行ったことがないので、とてもわくわくしている」とあり、感情を表すexcitedに反応してください。その「理由」を表す前半部分が、**2** の It will be his first trip to a foreign country.「外国へ旅行するのが初めてだから」に一致します。has never been abroad が選択肢では will be his first trip に言い換えられています。

「気持ちの原因・理由」はよく狙われる！

英検では登場人物の気持ちに絡む設問がよくあり、「その原因」が問われます。今回のso「だから」のように「因果表現」がヒントになることもありますし、直接、因果表現が使われずに情報を集めて判断しないといけないというパターンもあります。

和訳 ☆レンと彼の上司は来月、イタリアへ出張の予定だ。上司はローマ市でプレゼンをし、レンは彼女の助手を務める予定だ。レンはこれまでに海外へ行ったことがないので、とてもわくわくしている。彼はイタリアの本を買い、イタリア語を勉強しようとさえしている。

☆☆**質問**：レンはなぜ出張にわくわくしているのですか？

選択肢の和訳

1 プレゼンをするのが初めてだから。
2 外国へ旅行するのが初めてだから。
3 彼の上司がイタリア語のレッスンを彼にしてくれるから。
4 彼の上司がイタリア中を案内してくれるから。

語句 □boss 上司 ☆business trip 出張 □give a presentation 発表する
□assistant 助手 □never 決して～ない ☆abroad 海外へ
☆excited わくわくして □even ～でさえ □try to 原形 ～しようとする
☆learn 学ぶ

選択肢の語句

☆foreign 外国の □show 人 around 人 を案内する

No. 22 ▸「ルール」が問われた説明問題

CD1 25 レベル★★★

解答 **3**

スクリプト

★ There is a children's game from England called Oranges and Lemons.
（from: 軽く「フム」）

It is sometimes played in schools, and no special equipment is needed.

Players simply hold hands and walk by two teachers who are singing a song. When the teachers stop singing, they catch one player. The last player that is still free at the end is the winner.
（song: 「ソン」って感じ／捕まっていない最後の人が勝者／at the: 軽く「アッ」「ジ」）

☆☆ **Question:** How can a player win a game of Oranges and Lemons?
（can: 軽く「クン」／win a: くっついて「ナ」）

解説

〈選択肢先読み〉➡すべて By -ing ➡疑問詞 How で始まる Question を予想！

質問は「オレンジとレモンのゲームではプレーヤーはどうやって勝つことができますか？」です。Oranges and Lemons というゲームの説明の最後に「最後まで捕まらなかったプレーヤーが勝者である」とあり、この内容に一致する **3** の By not being caught.「捕まらないことによって」が正解です。the last player that is still free が not being caught に言い換えられています。

和訳 ★オレンジとレモンと呼ばれるイギリス生まれの子どものゲームがある。学校で行われることもあり、特別な道具も必要ない。プレーヤーたちは単に手をつないで、歌を歌っている２人の先生たちのそばを歩く。先生たちが歌うのをやめたときに、プレーヤーをひとり捕まえる。最後まで捕まらなかったプレーヤーが勝者である。
☆☆質問：オレンジとレモンのゲームではプレーヤーはどのように勝つことができますか？

選択肢の和訳

1 最高の道具を使うことによって。 **2** 先生の手を握ることによって。
3 捕まらないことによって。 **4** 歩かないことによって。

語句 ☆called ～ ～と呼ばれる　□sometimes ときどき　☆special 特別な
☆equipment 道具・装置　□need 必要とする　☆simply 単に
☆hold 持つ・握る　□by ～の近くを　□stop -ing ～するのをやめる
□catch 捕まえる　□last 最後の　☆still まだ　□free 自由な
□winner 勝者

No. 23 ▸ At firstに反応して「初めとその後」を聞き取る CD1 26 レベル★★★

解答 **4**

スクリプト

At firstに反応！

☆ Natasha wants to learn Spanish. At first, she bought a textbook, but it was too difficult for her to understand. Her friend suggested that she download a language-learning game on her smartphone. The game has questions and answers in Spanish, so it is a fun way for her to learn. She downloaded it and has already learned a lot of new words.

「アッ」って感じ　くっついて「タ」
テキストを買ったが難しすぎて理解できなかった
軽く「トゥ」　軽く「ザッ」
くっついて「イティズ」
ゲームをダウンロードしてたくさんの新出単語をすでに学んだ

☆☆ **Question:** How is Natasha learning Spanish now?

解説

〈選択肢先読み〉➡すべてBy -ing ➡疑問詞Howで始まるQuestionを予想！

質問は「ナターシャは現在どうやってスペイン語を学んでいますか？」です。３文目で「友人がスマートフォンに言語学習ゲームをダウンロードするのを提案した」、さらに最終文で「彼女はゲームをダウンロードし、すでにたくさんの新しい単語を学んだ」とあることから、**4** の By using a smartphone game.「スマートフォンゲームを使うことによって」が正解です。**2** は in Spanish class「スペイン語の授業で」の部分が×です。

at first に反応する

2文目にある at first「最初は」に反応してください。「最初は～だが、その後…」という流れを予想して「その後どうなったか？」をしっかり聞き取ります。今回は後半の内容（その後）が問われましたが、英検では最初の内容が狙われることもあるので、最初とその後をしっかり整理しておくことが重要です。

和訳 ☆ナターシャはスペイン語を勉強したいと思っている。最初は、彼女はテキストを購入したが難しすぎて理解することができなかった。彼女の友人は彼女がスマートフォンに言語学習ゲームをダウンロードするのを提案した。そのゲームはスペイン語で問いと答えが載っているので彼女は楽しく学べている。彼女はゲームをダウンロードし、すでにたくさんの新しい単語を学んだ。

☆☆質問：ナターシャは現在どうやってスペイン語を学んでいますか？

選択肢の和訳

1 スマートフォンで先生たちとおしゃべりをすることによって。
2 スペイン語の授業でゲームをすることによって。
3 友だちに教えてもらうことによって。
4 スマートフォンゲームを使うことによって。

語句 □want to 原形 ～したい ☆learn 学ぶ □Spanish スペイン語
☆at first 最初は □textbook テキスト・教科書 □understand 理解する
☆suggest 提案する ☆download ダウンロードする
□smartphone スマートフォン □fun 楽しい □way 方法
□already すでに・もう

選択肢の語句

□chat おしゃべりする □class 授業

No. 24 ▸ アナウンス問題は「命令文」に注目！ CD1 27 レベル★★★

解答 1

スクリプト

（アナウンス）

★ Come to Greenpark Mall for great savings! Do you want to（くっついて「ウォントゥ」） win a vacation in Mexico for two people?（「命令文」に注目！） Just spend（「スペン」って感じ） $10 or more in our（くっついて「インナワ」） food court.（フードコートで10ドル以上使うだけ） It's the best place to get a（くっついて「ゲタ」） meal（「ミーウ」って感じ） after going to our（「ゴーイントゥワ」って感じ） many stores or watching a movie at our（くっついて「アラワ」） theater. Eat at Greenpark Mall for your chance to win!

☆☆ **Question:** How can（軽く「クン」） people at（軽く「アッ」） Greenpark Mall get a chance to win a vacation?

解説

〈選択肢先読み〉➡すべて By -ing ➡疑問詞 How で始まる Question を予想！

質問は「グリーンパーク・モールを訪れた人々はどうやって休暇のチャンスを得ることができますか？」です。「2名様でのメキシコでの休暇を当てたいですか？ モールのフードコートで10ドル以上使うだけです」の内容に一致する **1** の By spending over $10 in the food court.「フードコートで10ドル以上使うことで」が正解です。アナウンス問題では相手の行動を促すために、「命令文」が使われることが多く、設問でよく狙われます。今回は just が使われた命令文（「～するだけですよ」という意味）が使われています。$10 or more は「10ドル以上」という意味で、選択肢では over $10 と言い換えられています。"○○ or more"「～以上」はよく問われやすいのでしたね（47ページ）。

win は「勝ち取る」

今回は音声に win が3回出てきます。win the first prize「1位を勝ち取る」のように使うので、get「得る」と同じイメージで「勝ち取る」と覚えておいてください。また、過去形 won（発音は「ワン」）は one だと思って混乱する人が多いので、リスニング問題では特に注意してください。

和訳 ★大いに節約したい方はグリーンパーク・モールへお越しください。2名様でのメキシコでの休暇を当てたいですか？ モールのフードコートで10ドル以上使うだけです。お店を回ったり映画館で映画を鑑賞された後、食事をするのに最適な場所です。当選の機会を手に入れるためにグリーンパーク・モールでぜひお食事を！

☆☆質問：グリーンパーク・モールを訪れた人々はどうやって休暇のチャンスを得ることができますか？

選択肢の和訳

1 フードコートで10ドル以上使うことで。
2 映画館で軽食を買うことで。
3 新しいメキシコ料理店で食べることで。
4 モールのお店を3店以上訪れることで。

語句
□want to 原形 ～したい　☆win 勝ち取る　□vacation 休暇
□Mexico メキシコ　□just ～だけ　☆spend 費やす・（お金を）使う
□food court フードコート　□place 場所　☆meal 食事　☆chance 機会

選択肢の語句
□snack 軽食・スナック菓子　□movie theater 映画館　□eat 食べる
□visit 訪れる　☆more than ～ ～より多く

No. 25 ▸ 頻度の副詞は要チェック！

CD1 28 レベル★★★

解答 2

スクリプト

☆ Olivia cooks dinner every evening after work. She often cooks extra food so that she can eat it for lunch at her office the next day. Sometimes, she makes enough food to share with her co-workers. They all think she could be a professional chef, and many of them have suggested that Olivia open her own restaurant.

so that s can v「sv できるように」
「頻度の副詞」には注意
同僚とシェアするために十分な量の食事を作ることがある
so that：軽く「ザッ」
can eat it：くっついて「イーティッ」
at her：くっついて「アッハー」
next day：「ネクステイ」って感じ
food：「フー」って感じ
and：軽く「アン」
that：軽く「ザッ」

☆☆ **Question:** What does Olivia sometimes do on days when she works?

解説

〈選択肢先読み〉➡主語がすべてShe ➡「女性の行動」がポイント！

質問は「オリビアは仕事をする日に何をすることがありますか？」です。「彼女は同僚たちにわけられるようにたくさん食事を作ることもある」に一致する、**2** の She brings lunch for her co-workers.「彼女は同僚たちのために昼食を持ってくる」が正解です。

「頻度の副詞」「時の表現」は要チェック！
今回のsometimesのように「頻度の副詞」や「時の表現」はリスニングだけでなく長文問題でもヒントになりやすいので出てきたら反応するようにしてください（今回はQuestionにsometimesが使われています）。特にリスニングでは「音声」→「質問」の順で流れるので、音声を聞き取る段階でこれらの表現が出てきたら反応するようにしましょう（次の**No.26**でもポイントになります）。

和訳 ☆オリビアは仕事の後に毎晩夕食を作る。彼女は翌日職場でお昼ごはんとして食べられるように多めに作ることがよくある。彼女は同僚たちにわけられるようにたくさん食事を作ることもある。彼らは皆、彼女はプロのシェフになれると思っており、その多くがオリビアに自分のレストランをオープンするよう提案してきた。

☆☆質問：オリビアは仕事をする日に何をすることがありますか？

選択肢の和訳

1 彼女は友人に昼食を買ってあげる。
2 彼女は同僚たちのために昼食を持ってくる。

3 彼女は昼食の間、シェフになる勉強をしている。
4 彼女は昼食にレストランの食べ物を注文する。

語句 □extra 余分な ☆so that s can v ～できるように □eat 食べる
□office 会社 □sometimes ときどき □enough 十分な
☆share 共有する・分け合う ☆co-worker 同僚 □professional プロの
□chef シェフ □many of ～ ～の多く ☆suggest 提案する
□own 自分自身の

選択肢の語句
□bring 持ってくる □during ～の間じゅう ☆order 注文する

No. 26 ▸「時の表現」Next weekに反応する！ CD1 29 レベル★★★

解答 1

スクリプト

「時の表現」には注意

★ Patricia is studying to become a doctor. Next week, she will go to a hospital in another city for a special course. She will watch doctors while they are working, and they will show her what doctors do in emergencies. Patricia cannot wait to visit them.

（studying：「スタデイン」って感じ　to：軽く「トゥ」　will：「ウル」って感じ）
（別の市の病院に行く　働いている医者を観察する）
（will：「ウル」って感じ　while：「ワィウ」って感じ）
（医者たちは緊急時に何をするか彼女に見せる）
（working：「ワーキン」って感じ　and：軽く「アン」　will：「ウル」って感じ）
（wait to：「ウェイッ トゥ」って感じ　visit them：くっついて「ヴィズィッゼン」）

☆☆ **Question:** What will Patricia do next week?

（will：「ウル」って感じ）

解説

〈選択肢先読み〉➡主語がすべて She・will が使われている➡「女性のこれからの行動」がポイント！

質問は「パトリシアは来週何をする予定ですか？」です。2文目の Next week「来週」に反応してください（「時の表現」が聞こえたらポイントになりやすいので要チェックでしたね）。「彼女は医師らが働いている間、彼らを見学し、医師たちは緊急事態のときに彼らが何をするか彼女に見せる」とあり、この内容に一致する **1** の She will watch some doctors work.「彼女は医者たちが働くのを見学する」が正解となります（watch は知覚動詞で watch O 原形 で「O が～するのを見る」）。

和訳 ★パトリシアは医者になるために勉強をしている。来週、特別コースのために別の市の病院へ行く予定だ。彼女は医師らが働いている間、見学し、医師たちは緊急事態のときに彼らが何をするか彼女に見せる。パトリシアは医師らを訪ねるのが待ちきれない。
☆☆質問：パトリシアは来週何をする予定ですか？

選択肢の和訳

1 彼女は医師たちが働くのを見学する。 **2** 彼女は新しい医師を探す。
3 彼女は病院の研修で教える。 **4** 彼女は別の市で働き始める。

語句 □hospital 病院 □another 別の ☆special 特別な □course コース □while sv ～している間 ☆emergency 緊急事態 □wait 待つ □visit 訪れる

選択肢の語句

☆search for ～ ～を探す

No. 27 ▸ アナウンス問題はやはり「命令文」がポイント！ CD1 30 レベル★★★

解答 **4**

スクリプト

（アナウンス）

☆ Attention, Georgeville Language School students. ① There will（「ウル」って感じ） be a French test in Room 5B from 2 p.m. to 4 p.m. today. ② We would like to ask students in other classes not to make any loud noises during this time. Also, ③ please be careful when you（くっついて「ウェニュ」） walk near Room 5B, as（「アス」って感じ） well. Thank you for your understanding（「アンダスタンディン」って感じ）.

☆☆ **Question:** What is（くっついて「ワティズ」） one thing that（軽く「ザッ」） the（「ジ」） announcement says?

解説

〈選択肢先読み〉➡バラバラ➡使われている単語から「学校関係？」くらいに考えて音声に集中！

質問は「内容に合うものはどれか？」のパターンで、「このアナウンスの内容について」問われています。内容を整理すると以下の通りです。

① 本日5B教室で午後2時から4時までフランス語のテストが実施される
② テスト実施の間、うるさくしないようにしてほしい
③ 5B教室の近くを歩くときにも同様に注意してほしい

②と③の内容を踏まえ、**4** の Students should be quiet in the afternoon.「生徒た

ちは午後、静かにしているべきである」を選びます。本文は not to make any loud noises「うるさくしないように」と否定の not を使っていますが、選択肢では「静かにするべきだ」と肯定文にして言い換えています。

アナウンス問題では「依頼の表現」に注意！
今回のようなアナウンス問題では聞き手に何かをお願いする内容が多いので、「依頼の表現」に注意してください。今回は We would like to ask 人 to 原形 ～「人 に～するようにお願いしたい」や、please がついた命令文が出てきています（「依頼の表現」については 58 ページ）。

和訳 ☆ジョージビル語学学校の生徒の皆さんにお知らせです。本日の午後２時から午後４時に 5B 教室でフランス語のテストがあります。他のクラスの生徒たちには、この時間大きな音を立てないようにお願いしたいと思います。また、5B 教室の近くを歩くときも注意してください。ご理解頂けることに感謝いたします。
☆☆質問：アナウンスが言っていることの１つは何ですか？

選択肢の和訳
1 学校に新しいフランス語の先生が来る。
2 フランス語のテストが明日行われる。
3 今日の授業が休講になった。
4 生徒たちは午後、静かにするべきである。

語句
☆ Attention, ～. ～にお知らせします。
☆ would like to 原形 ～したい
☆ ask 人 not to 原形 人 に～しないように頼む
□ make noises 騒ぐ
□ loud 大声の
□ during ～の間じゅう
□ also ～もまた
□ careful 注意深い
□ near ～の近く
□ as well 同様に
□ Thank you for -ing. ～していただきありがとうございます。
□ announcement アナウンス

選択肢の語句
□ class 授業
☆ should ～するべきだ
☆ quiet 静かな

No. 28 ‣「逆接表現」の後ろは要注意！ CD1 31 レベル★★★

解答 3

スクリプト

★Nigel had an important meeting yesterday morning. He drove to his workplace an hour early to prepare all of the documents. However, just before the meeting started, he got a bad stomachache. Nigel took some medicine, but he was five minutes late for the meeting. Luckily, the

（had an important：くっついて「ハダニンポータントゥ」／morning：「モーニン」って感じ／all of：くっついて「オーロヴ」／However の後は要注意！／ちょうど会議の前にひどい腹痛に見舞われた／got a：くっついて「ガーダ」／薬を飲んだが会議に５分遅刻した／meeting：「ミーティン」って感じ）

meeting went well even though he was a little late.

「ウエゥ」って感じ　「リロゥ」って感じ

☆☆ **Question:** Why was Nigel late for his meeting yesterday morning?

解説

〈選択肢先読み〉➡内容から「男性に関する何か悪い話」くらいに考えて音声に集中！

質問は「なぜナイジェルは昨日の朝、会議に遅れたのですか？」です。However「しかし」の後に、「ちょうど会議が始まる前にひどい腹痛に襲われた」、そして、「ナイジェルは薬を服用したが、会議に5分遅れてしまった」とあるので、**3** の His stomach was hurting.「彼のおなかが痛かったから」が正解となります。

> **「逆接表現」の後は要注意！**
> 今回のhowever「しかしながら」や接続詞のbut「しかし」などの「逆接」の表現は、その後ろで話が展開することが多いので設問でよく狙われます。聞こえたら大事な内容を予想し、音声に集中してください。

和訳 ★ナイジェルは昨日の朝、大事な会議があった。彼はすべての書類を準備するために1時間早く車で職場へ行った。しかしながら、ちょうど会議が始まる前にひどい腹痛に襲われた。ナイジェルは薬を服用したが、会議に5分遅れてしまった。幸いにも、彼は少し遅れはしたが、会議はうまく進んでいた。

☆☆質問：なぜナイジェルは昨日の朝、会議に遅れたのですか？

選択肢の和訳

1　彼は腹痛の薬を見つけることができなかったから。
2　彼の車が動かなかったから。
3　彼のおなかが痛かったから。
4　彼は書類を準備し忘れたから。

語句
□important　重要な　□meeting　会議　□drive to ～　車で～へ行く
□workplace　職場　☆prepare　準備する　□document　文書・書類
☆however　しかしながら　□just　ちょうど　□before　～の前に
□stomachache　腹痛　☆take medicine　薬を飲む　☆luckily　幸運にも
☆go well　うまくいく　□even　～でさえ　☆though　～だけれども
□a little　少し　□late　遅れて

選択肢の語句
□find　見つける　□stomach　おなか・胃　☆work　機能する　☆hurt　痛む
□forget to 原形　～し忘れる

No. 29 ▸ "help 人 原形" がポイント！

CD1 32 レベル ★★★

解答 2

スクリプト

☆ There are some caves in Australia called the Jenolan Caves. They are famous and popular with tourists. Long ago, native Australians used to take sick people there and help them take a bath inside the caves. They believed that taking a bath there would help the sick people feel better. These days, tourists can enjoy beautiful lights in the caves at night.

くっついて「ゼァー」 / 「コーウ」って感じ / 「トゥアリスツ」って感じ / くっついて「ユーストゥ」 / 軽く「アン」 / 「フィーゥ」って感じ / 軽く「アッ」

「時の表現」は要チェック！

used to 原形「よく～したものだ」

病人を連れていき洞窟の中で入浴するのを手伝った

そこで入浴すると病人の容態がよくなると信じていた

☆☆ **Question:** What did native Australians do at the Jenolan Caves long ago?

軽く「アッ」

解説

〈選択肢先読み〉➡主語がすべて They ➡「人」or「人以外」かわからないので音声に集中！

質問は「昔、ジェノラン・ケーブズでオーストラリア原住民は何をしましたか？」です。「昔、オーストラリア原住民はよく病人をそこへ連れていき、洞窟の中で入浴するのを手伝っていた」（「時の表現（Long ago）」は要チェック）、さらに「彼らはそこで入浴させることによって、病人たちの体調がよくなると信じていた」の内容に一致する **2** の They helped sick people take a bath there.「彼らはそこで病人が入浴するのを手伝った」が正解です（help 人 原形 で「人 が～するのを手伝う」の意味です。help の使い方は 62 ページ）。

和訳 ☆オーストラリアにはジェノラン・ケーブズと呼ばれる洞窟がいくつかある。それらは有名で旅行者に人気がある。昔、オーストラリア原住民はよく病人をそこへ連れていき、洞窟の中で入浴するのを手伝っていた。そこで入浴することによって、病人たちの体調がよくなると彼らは信じていた。最近では、旅行者は夜の洞窟内で美しいライトアップを楽しむことができる。

☆☆質問：昔、ジェノラン・ケーブズでオーストラリア原住民は何をしましたか？

選択肢の和訳

1 彼らはそこで旅行者たちに水を売った。
2 彼らはそこで病人が入浴するのを手伝った。

3 彼らはそこで病人のために食べ物を作った。
4 彼らはそこで美しい絵を描いた。

語句 □cave 洞穴・洞窟 ☆called ～ ～と呼ばれる □famous 有名な
☆popular 人気のある □tourist 旅行者 ☆native その土地の・ネイティブの
☆used to 原形 昔は～したものだ □take 連れて行く □sick 病気の
☆help 人 原形 人 が～するのを手伝う □take a bath 入浴する
□inside ～の内側で □believe 信じる □feel better （体調が）よくなる
☆these days 最近 □light 光 □at night 夜に

選択肢の語句
□sell 売る □paint pictures 絵を描く

No. 30 ▸「因果表現」はリスニングでも重要！ CD1 33 レベル★★★

解答 **1**

スクリプト

★ After Mustafa retired from his job last year, he bought a newspaper every morning. However, he did not like throwing the newspaper away after reading it. He thought it was a waste of paper, so he started going to the library every morning where he could read a newspaper for free.

☆☆ **Question:** Why did Mustafa stop buying a newspaper?

（bought a：くっついて「ボーラ」／morning：「モーニン」って感じ／however の後ろは要注意！／新聞を読んだ後、捨てるのが好きではなかった／（捨てるのは）紙の無駄だと考えた／so：だから／going to：「ゴーイントゥ」って感じ／無料で新聞が読める図書館へ行き始めた／stop：「スタッ」って感じ／newspaper：「ス」）

解説
〈選択肢先読み〉➡すべて Because で始まっているので Why で始まる Question を予想！

質問は「ムスタファはどうして新聞を買うのをやめたのですか？」です。However の後ろの「彼は読んだ後にその新聞を捨てることが好きではなかった」をヒントにします。さらに、「（捨てるのは）紙の無駄だと思った」→「だから（so）」→「（買うのをやめて）無料で新聞が読める図書館へ毎朝行き始めた」という流れを踏まえ、**1** の Because he thought he was wasting paper.「彼は紙を無駄にしていると思ったから」を選びます。

英文の構造をチェック！
so を使った英文中にある where は、「場所」を表す先行詞（今回は the library）を修飾する関係副詞節（where ～ for free までがカタマリ）を作っています。先行詞と関係副詞節が離れているので注意してください。

he started going to the library (every morning) [where he could read a newspaper for free].
「彼は無料で新聞が読める図書館へ毎朝行き始めた」

和訳 ★ムスタファは昨年、仕事を退職してから、毎朝新聞を買っていた。しかしながら、彼は読んだ後にその新聞を捨てることが好きではなかった。彼は紙の無駄だと思ったので、無料で新聞が読める図書館へ毎朝行き始めた。

☆☆質問：ムスタファはどうして新聞を買うのをやめたのですか？

選択肢の和訳

1 彼は紙を無駄にしていると思ったから。
2 彼は仕事のときに無料でそれを手に入れることができたから。
3 彼はお金を節約する必要があったから。
4 彼は本を読み始めたから。

語句 ☆retire　退職する　□newspaper　新聞　☆however　しかしながら
☆throw ~ away　~を捨てる　□waste　無駄　□library　図書館
☆for free　無料で

選択肢の語句
□waste　無駄にする　□need to 原形　~する必要がある
☆save money　お金を節約する

2020-2
Grade Pre-2

準2級
解答・解説編

一次試験

2020年度　第2回検定（2020年10月11日実施）

解答一覧

筆記

1 (1) 1　(2) 1　(3) 3　(4) 2　(5) 4　(6) 3　(7) 4　(8) 3　(9) 3　(10) 2
(11) 3　(12) 1　(13) 2　(14) 1　(15) 1　(16) 4　(17) 1　(18) 1　(19) 4　(20) 2

2 (21) 4　(22) 2　(23) 2　(24) 3　(25) 1

3 A (26) 1　(27) 3　　**3 B** (28) 4　(29) 3　(30) 2

4 A (31) 2　(32) 1　(33) 2　　**4 B** (34) 4　(35) 1　(36) 3　(37) 4

5 解答例は p.143 参照

リスニング

第1部 No. 1 3　No. 2 2　No. 3 2　No. 4 3　No. 5 3　No. 6 1　No. 7 2　No. 8 1　No. 9 1　No. 10 3

第2部 No. 11 4　No. 12 2　No. 13 4　No. 14 1　No. 15 2　No. 16 3　No. 17 2　No. 18 3　No. 19 1　No. 20 4

第3部 No. 21 2　No. 22 1　No. 23 4　No. 24 1　No. 25 3　No. 26 4　No. 27 2　No. 28 1　No. 29 3　No. 30 4

1 問題編 p.22 - p.24

(1) ▸「ダルい(dullい)」→「退屈な・つまらない」と覚えてしまおう！ レベル ★★★

解答 **1**

その演劇はもっとおもしろいと思っていた　寝そうになった

A: I thought the play would be more exciting. I almost fell asleep.

B: I know. It was really (　　), wasn't it?

わかるよ

解説 ***A*** のI thought the play would be more exciting.「その演劇はもっとおもしろいと思っていた(＝実際には思っていたよりおもしろくなかった)」、I almost fell asleep.「寝そうになった」を受けて、***B*** がI know.「わかるよ」と同意していることから、**1** のdull「退屈な」を選びます(It はthe play「その演劇」のことです)。

> **almost は「あとちょっと」のニュアンス！**
> ***A*** の発話にあるalmost は「ほとんど」と訳されることが多いですが、「あと少し」というニュアンスをつかんでください。今回はalmost fell asleep「あと少しで寝そう」、つまり実際には「寝てはいない(けど、寝そうなほど退屈だった)」ということです。

和訳 *A:* その演劇はもっとおもしろいと思っていたよ。寝ちゃいそうだったよ。
B: わかるよ。本当に退屈だったよね。

選択肢の和訳

1 退屈な　**2** 劇的な　**3** 自然の　**4** 勇敢な

語句 □play 演劇　☆exciting わくわくするような　☆almost もう少しで　☆fall asleep 眠りに落ちる　☆really 本当に

単語解説

□ **dull「退屈な」**…dull は「ダル」と発音します。「dullい」→「退屈な・つまらない」とこじつけて覚えてください。

□ **dramatic「劇的な」**…日本語でも「ドラマチックな展開」のように使います。drama「劇」の形容詞形なので、「まるで劇のようにすごい」というイメージです。

□ **natural「自然の・当然の」**…森林などの「自然の」の他、無理がないという意味の「自然な」→「当然の」という意味も大切です。

□ **brave「勇敢な」**…「ブラボー(イタリア語のbravo)」と関連があり、「勇敢な人に向かってブラボーと叫ぶ」イメージで覚えてください。

(2) ▸「ファイナルセット」とは勝敗を決める「最終セット」のこと！ レベル★★★

解答 **1**

(3カ月間ずっと小説を読んでいる)

Keisuke has been reading a novel in Spanish for three months. He is now on the (　) chapter of the book and only has a few pages left.

(残り数ページ)

解説 最後の「残り数ページだけ」をヒントにします。「残り数ページ」から「ずっと読んできて、今どんな章を読んでいるのか？」と考え、**1** の final「最後の」を選びます。

和訳 ケイスケは３カ月間ずっとスペイン語の小説を読んでいる。彼は、現在その本の最後の章で、残りは数ページだけだ。

選択肢の和訳

1 最後の　2 共通の・ありふれた　3 外国の　4 国家の・国民の

語句 □novel 小説　□Spanish スペイン語　□chapter 章　☆only ～のみ
☆a few ～ 少しの～・2, 3の～

ヒントは空所の後にあることも！
英検では空所の前だけでなく、後ろにヒントがくることがよくあるので、前だけでなく後ろもしっかりチェックしてください。

単語解説

□ **final「最後の」**…スポーツの「ファイナルセット」や「ファイナルラウンド」は勝敗を決める「最後のセット」、「最後のラウンド」という意味で使われています。

□ **common「共通の・ありふれた」**…comには「共に」という意味があります。「(みんなに) 共通の」→「ありふれた」と覚えてください。

□ **foreign「外国の」**…a foreign country「外国」、a foreign language「外国語」などはライティングでもよく使うので書けるようにしておきましょう。

□ **national「国家の」**…「国の代表チーム」のことを「ナショナルチーム」といったりします。

(3) ▸ 英検では「文法的視点」も大事！ レベル★★★

解答 **3**

(スキーでひざをケガした)

After Thomas hurt his knee in a skiing accident, his doctor told him to (　) playing sports for at least two months.

(tell 人 to 原形「人 に～するように言う」)

(空所には「後ろに動名詞をとる動詞」がくる)

解説「ひざを負傷」→「医者はトーマスに最低でも２ヵ月間スポーツをするのをどうするように言ったのか？」という流れを踏まえ、**3** の avoid「避ける」を選びます。

avoid の後ろは動名詞 (-ing)
空所の後ろに動名詞 (playing) がきているので、空所には「動名詞をとる動詞」が入ると考えます。今回の選択肢では **2** の admit「認める」と、**3** の avoid「避ける」が後ろに動名詞をとり、文脈に合う avoid が正解です (43 ページ)。英検では文法的視点をもって解くことで、選択肢が絞れたり、答えが出たりすることがよくあります。

和訳 トーマスがスキーの事故でひざをけがした後、医者は、少なくとも2カ月間はスポーツをするのを避けるように彼に言った。

選択肢の和訳
1 保護する　**2** 認める　**3** 避ける　**4** 習得する

語句 ☆hurt　傷つける・痛む　□knee　ひざ　☆accident　事故
☆tell 人 to 原形　人 に～するように言う　☆at least　少なくとも

単語解説
□ **protect「保護する」**…「プロテクター」は、スポーツ選手が「体を保護するために身につける防具」のことです。
□ **admit「認める」**…動詞 admit「認める」から名詞 admission は「認めて入れてもらうこと」→「入場・入学」となります。動詞と名詞をセットで覚えてください。
□ **avoid「避ける」**…「離れて (a) 空虚にする (void)」→「避ける」です。avoid -ing「～するのを避ける」が重要で、-ing の部分が空所で狙われることもあります。
□ **master「習得する」**…日本語でも「マスターする」のように使いますが、勉強に関することだけでなくパソコンなどの技術的なことにも使えます。

(4) ▸「アドバイスする」は「アドヴァイズ (advise)」　レベル ★★★

解答 2

車の調子が悪い　原因・理由, so 結果
Susan is having a lot of trouble with her car these days, so her friends are ( ) her to sell it and buy a new one.
"人 to 原形" の形　その車を売って新しいのを買う

解説 空所の後ろに注目し、"人 to 原形" の形をとれる動詞を考え、**2** の advising を選びます (advise 人 to 原形「人 に～するように助言する」)。「最近車の調子が悪い」→「だから (so)」→「友人は彼女にその車を売って新しいのを買うように助言している」という流れにも合います。

和訳 最近、スーザンは自分の車にたくさん問題があるので、友人はそれを売って新しいのを買うようにと彼女に助言している。

選択肢の和訳
1 動詞 select「選ぶ」の -ing 形　**2** 動詞 advise「助言する」の -ing 形
3 動詞 measure「測る」の -ing 形　**4** 動詞 threaten「脅かす」の -ing 形

語句 □have trouble with ～　～に問題がある　☆these days　最近　□sell　売る

単語解説

□ select「選ぶ」…「セレクトショップ」、「○○セレクション」のように使われますが、「数ある中からよいものを選び抜いた品揃え」ということです。

□ advise「助言する」…advise の発音は「アドヴァイズ」です。名詞 advice（発音は「アドヴァイス」とはつづりも発音も異なります。

□ measure「測る」…長さを測る「巻き尺」のことを「メジャー」といいますね。そのイメージで動詞「測る」を覚えてください。

□ threaten「脅かす」…en は「中に」という意味です。「脅威（threat）を中に込める（en）」→「脅す・脅かす」となりました。

CHECK! 後ろに“人 to 原形”の形をとる動詞

今回出てきた advise のように後ろに“人 to 原形”の形をとる動詞をまとめてチェックしておきましょう。「人が～する」という関係になるのがポイントです。

□ tell 人 to 原形　「人に～するように言う」
□ ask 人 to 原形　「人に～するように頼む」
□ want 人 to 原形　「人に～してもらいたい」
□ allow 人 to 原形　「人が～するのを許す」
□ remind 人 to 原形　「人に～するのを思い出させる」
□ enable 人 to 原形　「人が～するのを可能にする」
□ encourage 人 to 原形　「人が～するように励ます」
□ expect 人 to 原形　「人が～するのを期待する」
□ help 人 {to} 原形　「人が～するのを手伝う」

(5) ▸「ストーム・チェイサー」とは「竜巻などの嵐を追跡する人」のこと！ レベル★★★

解答　4

（だから）（レインコートを持っていきなさい）

A: There'll be a (　) in the afternoon, so take your raincoat to school, Julie.
B: OK, Dad. But if it rains too hard, I may need you to come and pick me up.

解説「午後は（　）（原因・理由）」→「だから（so）」→「レインコートを持って行きなさい（結果）」という流れから、**4** の storm「嵐・激しい雨」が正解です。

英文はすべて読む！
今回は ***A*** と ***B*** の対話形式ですが、片方の発話だけで問題が解けてしまうこともあります。しかし、相手の発話もしっかり読んで、会話が成立しているか確認することで確実に正解できるようにしてください。

和訳 *A:* 午後は嵐になるだろうから、学校にレインコートを持って行きなさい、ジュリー。
B: わかったわ、お父さん。でももし雨があまりに激しかったら、お父さんに私を車で迎えにきてもらう必要があるかもしれない。

選択肢の和訳

1 鏡　**2** しずく　**3** 国境・境界線　**4** 嵐

語句 □raincoat　レインコート　□hard　激しく　□may　～かもしれない
□need 人 to 原形　人 に～してもらう必要がある
☆pick 人 up　人 を車で迎えに行く

単語解説

□**mirror「鏡」**…「バックミラー」、「サイドミラー」、「ハンドミラー」などすでに日本語でもおなじみですね。mirror のつづりは r が 3 つです。

□**drop「しずく」**…動詞で「落ちる」という意味があり、名詞は「落ちるもの」→「しずく」です。

□**border「国境・境界線」**…「ボーダーライン」とは「境目に引かれた線」のことです。「国の境目」→「国境」となりました。

□**storm「嵐」**…名詞は storm、形容詞は stormy「嵐の・荒々しい」です。リスニング問題では天気が話題の会話をする場面がよくあり、そこで耳にする単語です。竜巻が発生しやすいアメリカには、竜巻などの嵐を追跡して映像などを記録する「ストーム・チェイサー（storm chaser）」と呼ばれる人たちがいます。

CHECK!「天候」を表す表現

天候を表す単語は、単語問題だけなくリスニング問題でもよく出てきます。

① 形容詞

□sunny「晴れた」	□cloudy「曇りの」	□rainy「雨の」
□snowy「雪の」	□humid「湿気の多い」	□dry「乾燥した」
□stormy「嵐の」	□windy「風の強い」	

② 名詞

□cloud「雲」	□rain「雨」	□snow「雪」
□wind「風」	□storm「嵐」	□shower「にわか雨」
□thunderstorm「雷雨」	□typhoon「台風」	□hurricane「ハリケーン」

(6) ▸ 意外と問われる副詞の問題　レベル★★★

解答 **3**

2つの違いを教えてくれませんか？

A: Excuse me. Can you tell me the difference between these two stereo systems?
B: They're (　　) the same, but this one has slightly bigger speakers.

しかし　こちらはスピーカーが少しだけ大きい

解説 but「しかし」に注目です（主に前後に逆の内容）。「違いを教えて」→「(　　) 同じだけど（but）こちらはスピーカーが少し大きい」という流れです。but の後で違いを述べているので、but の前は「どのように同じか？」を考え、**3** の basically「基本的には」を選びます。「基本的には同じだが（but）、スピーカーが少しだけ大きい」ということです。

和訳 *A:* すみません。この２つのステレオシステムの違いについて教えてくれませんか？
B: 基本的には同じですが、こちらはちょっと大きなスピーカーがついています。

選択肢の和訳

1 特に　**2** 鋭く　**3** 基本的に　**4** 簡単に

語句 □difference 違い　☆between ～ ～の間で
□stereo system ステレオシステム　□slightly 少し

単語解説

□ **especially「特に」**…especially には special「特別な」のつづりが入っているので、ここから「特に」と覚えてください。

□ **sharply「鋭く・急激に」**…形容詞 sharp「鋭い」に ly がついてできた副詞です。たとえば increase sharply は「(数値が) 鋭く増加する」→「急激に増加する」です。

□ **basically「基本的に」**…つづりに basic があるので「基本」のイメージで覚えてください。

□ **easily「簡単に」**…形容詞 easy の副詞形が easily です。英検では easy よりも easily のほうがよく出てきますし、実際の会話でも意外と重宝する単語です。

CHECK! 英検でカギになる「逆接表現」

接続詞 so と同様に、前後で反対の内容になる but「しかし」も問題を解く上でヒントになるので要チェックです。

□but「しかし」(接続詞)　□however「しかしながら」(副詞)
□though「しかし」(副詞)

※ though は接続詞で「～だけれども」が有名ですが、「しかし」の意味で副詞として使われる用法もあり、英検で頻出です (ちなみに although にこの使い方はありません)。

(7) ▸ fixは「固定して、修理する」

レベル ★★★

解答 4

カメラが壊れた　Can you ～？「～してくれませんか？」

A: Mom, I think my camera is broken. Can you (　) it for me?
B: Hmm. No, I can't. But I'll take it to the camera shop later this afternoon.

カメラ屋へ持っていく

解説「カメラが壊れた」→「カメラを (　) してくれない？」という流れから、**4** の fix「修理する」を選び、「カメラ (it) を修理してくれない？」とすれば文脈に合いますね。

和訳 *A:* お母さん、僕のカメラが壊れちゃったと思うんだ。修理してくれない？
B: う～ん。私にはできないわ。でも今日の午後のうちにカメラ屋さんに持って行ってあげるわ。

選択肢の和訳

1 注ぐ　**2** 発見する　**3** 引き起こす　**4** 修理する

語句 □broken 壊れた　☆Can you 原形 ～？ ～してくれませんか？
□take 物 to ～ 物 を～へ持って行く　□later 後で

単語解説

- □ **pour「注ぐ」**…pour A into B「A を B に注ぐ」のように into と一緒に使われる単語で、単語問題では空所で狙われることもある単語です。
- □ **discover「発見する」**…dis は「否定」の意味なので、「否定（dis）＋覆う（cover）」→「覆いをはがす」→「発見する」です。
- □ **cause「引き起こす」**…"原因・理由 cause 結果" の関係をしっかりチェックしてください。長文問題でもポイントになります。
- □ **fix「修理する・固定する」**…「（ものを）固定して、修理する」と覚えてください。ビジネスの世界ではスケジュールが確定したときに「スケジュールがフィックスする」といったりもします。

(8) ▸ behavior =「自分のやり方を持っている」→「振る舞い・行動」 レベル★★★

解答 **3**

Mrs. Andrews told John's parents that she was worried about John's (　) in class. She said that he talked to his friends too much instead of studying.

勉強せずに友だちと話してばかり

解説 空所直前に was worried about「～について心配していた」があるので、空所には「ジョンが心配されている内容」が入るとわかります。２文目で「彼は勉強しないで友だちに話しかけてばかり」と、ジョンの学校での様子を親に具体的に報告しています。**3** の behavior「振る舞い・態度」を選ぶと「ジョンの授業中の態度について心配している」となり話が通ります。

和訳 アンドリューズ先生はジョンの両親に、ジョンの授業中の態度が気がかりだと伝えた。彼女が言うには、ジョンは勉強をしないで友だちとおしゃべりばかりしているそうだ。

選択肢の和訳

1 理由　**2** デザイン　**3** 振る舞い・態度　**4** 便利さ

語句
☆ tell 人 that sv　人 に～だと言う　□ parent　親
□ be worried about ～　～について心配する　□ class　授業
□ talk to 人　人 と話す　☆ instead of ～　～の代わりに

単語解説

- □ **reason「理由」**…本来「理性」で、そこから「理性的にきちんと説明できる」→「理由」となりました。
- □ **design「デザイン」**…「デザイン」と聞くと名詞を思い浮かべがちですが、動詞の「デザインする・設計する」という使い方も重要です。
- □ **behavior「振る舞い・態度」**…behavior の動詞形は behave「振る舞う・行動する」で、behave のつづりの中に have があります。「自分自身のやり方をしっかり持っている」→「（自分なりの）振る舞いをする」ということです。
- □ **convenience「便利さ」**…形容詞 convenient「便利な」の名詞形が convenience です。convenience store「コンビニエンスストア」で使われていますね。

(9) ▸ 野球の「スチール」は「次の塁を盗む」という意味！ レベル★★★

解答 **3**

Helen saw a man trying to (　) a bike from the parking lot. She called the police right away.

すぐに警察を呼んだ

解説「ヘレンは男性が自転車を駐輪場からどうしようとしているのを見た？」と考え、**3** の steal「盗む」を選べば OK です。2 文目の「彼女はすぐに警察を呼んだ」にも合いますね。steal は今回のように steal A from B「B から A を盗む」の形が重要です。1 文目は see O -ing「O が…しているのを見る」の形です。

和訳 ヘレンは、駐車場で男性が自転車を盗もうとしているのを目撃した。彼女はすぐに警察を呼んだ。

選択肢の和訳

1 解決する　**2** 無駄にする　**3** 盗む　**4** 包む

語句 ☆see O -ing　O が～しているのを見る　□try to 原形　～しようとする
□parking lot　駐輪場　□call　電話をかける　☆right away　すぐに

単語解説

□ **solve「解決する」**…本来「溶かす」という意味があります。「問題を溶かして解決する」と覚えてください。

□ **waste「無駄にする」**…もともと「荒廃させる・消耗させる」の意味です。waste の後ろには time や money がきて「浪費する」と訳すこともあります。

□ **steal「盗む」**…steal の音の響きから「スッと物をとる」イメージで覚えてください。また、"物 is stolen"「物が盗まれる」のように受動態で使われることが多いです（活用は steal-stole-stolen）。

□ **wrap「包む」**…日本語でも物を包むことを「ラッピング（wrapping）」といいますね。また、「ラッピングバス」とは車体全体を広告で包んだバスのことです。

(10) ▸ disease は「安らか（ease）でない（dis）」→「病気」 レベル★★★

解答 **2**

医学生

Medical students have to study about many kinds of (　). They must learn how to take care of sick people.

病人を治す方法を学ばなければならない

解説 冒頭の Medical students に注目し、「医学生は何を勉強する必要がある？」と考えます。**2** の dieseases を選び、many kinds of diseases「さまざまな病気」とすれば OK です。

文の形から単語を推測する！

今回は１文目と２文目で同じ英文の形が使われています。このような場合、内容も似た意味になることが多いのでヒントにすることができます。

Medical students have to study about many kinds of (　).

They must learn how to take care of sick people.

したがって、空所を含む部分はhow to take care of sick people「病気の人々を治療する方法」と似た意味の語句になるとわかるので、そこから**2**のdiseasesを選ぶこともできます。

和訳 医学生はさまざまな病気について勉強する必要がある。彼らは病気の人たちをどのように手当てすればいいか学ばなければならない。

選択肢の和訳

1 試合　**2** 病気　**3** エンジン　**4** 理由

語句
☆medical 医学の　□have to 原形 ～しなければならない
□many kinds of ～ 多くの種類の～　□must ～しなければならない
☆learn 学ぶ　☆how to 原形 ～する方法・やり方
☆take care of ～ ～の世話をする　□sick 病気の

単語解説

□**match「試合」**…スポーツの試合で、よく「〇〇マッチ」と名づけられていますね。また、「マッチポイント」とは、テニスやバレーボールなどで「その試合の勝敗を決める最後の１点」のことです。

□**disease「病気」**…「安らか」という意味のeaseに否定を意味するdisがついて、「安らか（ease）でない（dis）」→「病気」となりました。

□**engine「エンジン」**…日本語と同じですね。enには「中に」という意味があり、「中で力を生み出すもの」→「エンジン」となりました。

□**reason「理由」**…同じ単語が同じ回の試験の選択肢に２度使われることもあるんです（112ページ）。

(11) ▸ no wonderは「不思議（wonder）はない（no）」→「当然」と考える！ レベル ★★★

解答 **3**

Could you ～？「～してくださいませんか？」

A: Could you pass me my sweater, Dave? I'm a little cold.（ちょっと寒い）

B: Well, it's (　) that you're cold, Jan. The window is open.（窓が開いている）

解説 「ちょっと寒い」→「窓が開いている」→「寒いのは当然だ」と考え、**3**の「no wonder」を選びます。It's no wonder that sv.「svすることに不思議は（wonder）ない（no）」→「～するのに疑いはない・当然だ」となります。

和訳 *A:* 私のセーターをとってくれない、デイブ？　ちょっと寒いの。
B: ああ、寒いのは当たり前だよ、ジャン。窓が開いているからね。

選択肢の和訳

1　いくらかの助け　　2　運が良ければ

3　不思議なことはない　　4　ひとつのこと

語句 □Could you 原形 ～？　～してくださいませんか？　□pass　渡す
□sweater　セーター　□a little　少し　□cold　寒い

(12) ▸ along with ～は「長いものに巻かれる」イメージで「～と一緒に」 レベル★★★

解答 1

何を持って行けばいいですか？

A: Mrs. Rowland, what should we bring for our trip to the museum tomorrow?
B: (　) a pencil and paper to take notes, you should bring some sandwiches for lunch.

空所直後は名詞のカタマリ→空所は前置詞が入る

解説 空所直後にa pencil and paper to take notes「メモをとるための鉛筆と紙」と名詞のカタマリがきており、その後ろにyou should bringと文が続いているので、空所には前置詞が入るとわかります。*A*が「持ち物を尋ねている」という流れを踏まえ、**1**のAlong with「～と一緒に・～とともに」を選べばOKです。「鉛筆と紙と一緒に昼食のサンドイッチも持ってきたほうがよい」となります。along withで1つの前置詞の働きをしています。

> **along は「長いものにくっついて」の意味**
> alongは「長いものにくっついて」という意味があり、そこから「～に沿って」という意味でよく使われます。「長いものにくっついて一緒に」という本来のイメージから、along with ～「～と一緒に・～とともに」と覚えてください。

和訳 *A:* ローランド先生、明日、博物館への遠足に何を持って行けばいいですか？
B: メモをとるための鉛筆と紙に加えて、昼食用のサンドイッチを持ってきてください。

選択肢の和訳

1　～と一緒に　2　～が原因で・～のために　3　～の近くに　4　～より少ない

語句 ☆should　～するべきだ・～したほうがよい　□bring　持ってくる　□trip　遠足
□museum　博物館・美術館　□take notes　メモをとる

CHECK! 英検頻出の前置詞句

準2級でよく出てくる前置詞句（2語以上のカタマリで前置詞の働きをするもの）をここで一気に確認しておきましょう。前置詞の後には名詞や名詞句（名詞のカタマリ）が続きます。

① 場所関係

□next to ～「～のとなりに」　□in front of ～「～の前に」

□near to ～「～の近くに」※ 単にnear ～の形でもよく使われます。

② 引用

□according to ～「～によると」

③ 因果関係

□thanks to ～「～のおかげで」　□due to ～「～が原因で・～のために」

□because of ～「～が原因で・～のために」

④ その他

□instead of ～「～の代わりに・～ではなくて」

□along with ～「～と一緒に・～とともに」

(13) ▸「レディー・ゴー」のreadyは「準備して」の意味！ レベル★★★

解答 2

副詞的用法の不定詞「～するために」

Every afternoon, Ken puts on his team uniform and his cap to (　) for baseball practice.

チームのユニフォームを着て帽子をかぶる

解説 空所部分は「目的」を表す副詞的用法の不定詞「～するために」なので、「何をするためにユニフォームと帽子を身につけるのか？」と考え、**2** の get ready「準備する」を選びます。「野球の練習の準備をするために」となります。

和訳 毎日午後に、野球の練習の準備をするために、ケンはチームのユニフォームを着て帽子をかぶる。

選択肢の和訳

1 大声で話す　**2** 準備をする　**3** 目立つ　**4** 申し訳なく感じる

語句 ☆put on ～　～を身につける　□uniform　ユニフォーム

熟語解説

□**speak up「大声で話す」**…up は「上に」のイメージで、ここは覚えるために「(ボリュームを) 上げて (up) 話す (speak)」→「大声で話す」と考えてください。

□**get ready {for ～}「{～の}準備をする」**…"get + 形容詞" で「～になる」という意味です。「～のために (for) 準備ができた (ready) 状態になる (get)」→「～の準備をする」です。

□**stand out「目立つ」**…「外に突き出て (out) 立つ (stand)」→「目立つ」です。人混みの中で、周囲より頭一つ突き出して、遠くからでも目立っているイメージです。

□**feel sorry「申し訳なく感じる」**…直訳のままの表現です。feel の後ろには sorry の他、happy や sad などさまざまな感情を表す形容詞がきます。

(14) ▸ at first ～, but …のパターン！ レベル★★★

解答 1

at first を見たら but を予想　　空港へはタクシーに乗るつもりだった

At first, Bill planned to take a taxi to the airport, **but** then he thought (　) of it. He realized that he had a lot of time and the bus would be much cheaper.

時間はたくさんあるしバスのほうが安いとわかった

解説 「最初は (at first) タクシーを使うつもりだった」→「しかし (but)」→「時間もあるし、バスのほうが安い」という流れです。空所に **1** の better を入れて think better of ～を選びます。「～に関して (of) よりよく (better) 考える (think)」→「～を考え直す」となります。

和訳 最初、ビルは空港へ行くのにタクシーに乗る予定だったが、彼はそれを考え直した。彼は時間もたくさんあるし、バスのほうがはるかに安いということがわかったのだ。

選択肢の和訳

1 think better of ～で「～を考え直す」　**2** little「少しの」の比較級

3 great「すばらしい」の比較級　**3** few「少しの」の比較級

語句 ☆at first　最初は　□plan to 原形　～する計画だ　□airport　空港

☆realize　気がつく　☆cheap　安い

☑CHECK! 対比構造を作る表現

at first「はじめは」と but「しかし」は「はじめは～だった。しかしその後は…」というイメージでよくセットで使われます。対比の構造を作るので長文でも重要で、代表的なものに以下のようなバリエーションがあります。左側にある表現を見たら、but や however を予想して読んでください。

□not「～ではない」 □may「～かもしれない」 □of course「もちろん」 □at first「はじめは」	～	□but「しかし」 □however「しかしながら」 □then「それから」	…

(15) ▸「～を外に (out) 置く (put)」→「～を消す」 レベル★★★

解答 1

消防士　　副詞的用法の不定詞「～するために」

The firefighters worked all night to (　) the forest fire before it could damage the town.

解説 空所部分は「目的」を表す副詞的用法の不定詞「～するために」で、「消防士たちは森林火災をどうするために一晩中働いたのか？」と考え、**1** の put out「～を消す」を選びます。

和訳 消防士たちは、町が被害を受ける前に森林火災を消すために夜通し働いた。

選択肢の和訳

1 ～を消す　**2** ～から落ちる
3 ～を設定する　**4** ～につけ加える・添付する

語句 □firefighter　消防士　□all night　一晩中　□forest fire　森林火災
☆damage　損傷を与える

熟語解説

□**put out ～「～を消す」**…直訳「～を外側に（out）置く（put）」から、「見えないところに置く」イメージで「～を消す」と覚えてください。
□**fall off ～「～から落ちる」**…「落ちて（fall）離れる（off）」→「～から落ちる」です。
□**set up ～「～を設定する」**…「パソコンをセットアップする」とは、周辺の機器を組み立てたり接続したりして使える状態にすることです。
□**attach to ～「～につけ加える・添付する」**…touch「触れる」とは関係ないのですが、似た発音・意味なので、attach・touch とセットで覚えちゃってください。attach to ～の他に、attach A to B「A を B に添付する」という使い方も英検では狙われます。

---

(16) ▸ show upは「目の前に出てくる」イメージで覚える！ レベル★★★

解答 **4**

A: I wonder where Joyce is. She said she was going to be here at eight o'clock.
B: She's always late, so don't worry about her. I'm sure she'll (　) in a few minutes.

（いつも遅刻）（心配はいらない）（だから）（I'm sure {that} sv.「svすると確信している」）

解説「いつも遅刻」→「だから（so）」→「心配いらない」という流れです。空所を含む文は be sure {that} sv.「～すると確信している」の形で、「彼女（ジョイス）が数分後にどうすることを確信している？」と考え、**4** の show up「現れる」を選びます。

和訳 *A:* ジョイスはどこにいるんだろう。8時に来るって言っていたのに。
B: 彼女はいつも遅れて来るから心配しなくていいよ。きっと数分後に現れるよ。

選択肢の和訳

1 実行する　**2** ～をつける　**3** 降りる　**4** 現れる

語句 ☆wonder　～かと思う　□late　遅い　□worry　心配する
☆be sure that sv　～すると確信している　☆in ～　～後に
☆a few ～　2、3の～

熟語解説

- □ **carry out「実行する」**…「外へ(out) 運ぶ(carry)」というそのままの意味もありますが、「計画を現実の世界に運び出す」→「～を実行する」という意味でよく使われます。
- □ **turn on ～「～をつける」**…昔のテレビなどにはスイッチとしてつまみがついていました。「スイッチのつまみを回して(turn) 電源をオンにする(「接触」の on)」イメージです。
- □ **go down「降りる」**…「下へ(down) 行く(go)」→「降りる」です。go down the stairs「階段を降りる」のように使います。down は「離れていく」イメージです。
- □ **show up「現れる」**…up は「近づく」イメージで、「自分の体を示して(show) 近づいてくる(up)」→「現れる・来る」となりました。

(17) ▸ call for ～は「～を求めて(for)呼ぶ(call)」→「～を求めて声を上げる」 レベル★★★

解答 **1**

レイカの祖母が駅で転倒　「助け」をどうする？

When Reika's grandmother fell down in the train station, Reika called ( ) help. Luckily, the station staff heard her and came right away.

解説「レイカの祖母が駅で転倒したとき、レイカはどうした？」と考えます。**1** の for を選び、called for help「助けを求めて声を上げた」とすれば OK です。

和訳 レイカの祖母が駅で転倒したとき、レイカは助けを求めて声を上げた。幸いにも、駅員が聞きつけてすぐに駆けつけてくれた。

選択肢の和訳

1 call for ～で「～を求めて声をあげる」　**2** call over ～で「～を呼び寄せる」
3 call off で「中止する・取り消す」　**4** call in ～で「～に電話する」

語句 □grandmother 祖母　□fall down 転倒する　☆luckily 幸いにも
□staff スタッフ　☆right away 直ちに

熟語解説

- □ **call for ～「～を求めて声を上げる」**…「～を求めて(for) 叫ぶ(call)」→「～を求めて声を上げる」です。
- □ **call over ～「～を呼び寄せる」**…over は何かを「越える」イメージで、「呼んで(call) 越えて(over) 来させる」→「～を呼び寄せる」と覚えてください。
- □ **call off「中止する・取り消す」**…野球の「コールドゲーム(途中で中止になった試合)」は、「『もう止め！(off)』とコールされた(called) 試合」というイメージです。ちなみに cancel と同じ意味で使えます。
- □ **call in ～「～に電話する」**…「～の中に(in) 電話をかける(call)」→「～に電話する」です。日本語でも「～に電話を入れる」のようにいったりします。たとえばトラブルが起こって「警察に電話を入れる」なら call in the police となります。

(18) ▸ 動詞keepの使い方がポイント！

レベル ★★★

解答 1

（誰も家にあげたくない）（だから）

Gerry does not want anyone to come into his house, **so** he always keeps his front door ( ).

（keep OC「OをCにしておく」）

解説 動詞 keep の使い方がポイントです。今回は keep O C「OをCにしておく」の形で、「ドアはカギをかけられている」という受動の関係になるので、**1** の locked を選びます。「誰も家の中に入れたくない」→「だから(so)」→「ドアにカギをかけている」と話も通ります。

英検頻出の keep O C！

英検ではこの keep O C がよく問われます。C の位置には今回のように過去分詞がくることもありますし、形容詞がくることもあります。

(例) She always keeps her room clean.「彼女はいつも部屋をきれいにしている」
keep　O　C＝形容詞

和訳 ジェリーは自分の家に誰も入ってほしくないので、いつも玄関のドアにカギをかけている。

選択肢の和訳

1 動詞 lock「カギをかける」の過去形・過去分詞形
2 動詞 lock「カギをかける」の -ing 形
3 動詞 lock「カギをかける」の is ＋過去分詞形
4 動詞 lock「カギをかける」の to ＋動詞の原形

語句
☆ want 人 to 原形　人に～してもらいたい　□ anyone　誰でも
□ come into ～　～の中に入る　□ always　いつも
☆ keep O C　O を C にしておく　□ front door　玄関

(19) ▸ 英検頻出！ 不定詞を使った構文の問題！

レベル ★★★

解答 4

（映画を見よう）

A: Linda, let's watch the movie we rented.
B: Sorry, but I'm too sleepy ( ) it tonight. How about tomorrow?

（"too ～" とセットで使えるものは？）

解説 too sleepy「眠すぎる」に注目し、"too ～" とセットで使える **4** の to watch を選びます。"too ～ to 原形"「あまりに～すぎるので…できない」という不定詞を使った表現です。直訳は「…するには～すぎる」で、too sleepy to watch it tonight は「今晩その映画を見るには眠すぎる」→「あまりに眠すぎて今晩その映画を見ることができない」となるわけです。

和訳 *A:* リンダ、借りた映画を見ようよ。
B: ごめん、今晩それを見るには眠すぎるわ。明日にするのはどう？

選択肢の和訳

1 動詞 watch「見る」の in ＋ -ing 形
2 動詞 watch「見る」の by ＋ -ing 形
3 動詞 watch「見る」の to have ＋過去分詞形
4 動詞 watch「見る」の to ＋動詞の原形

語句 ☆rent 借りる・貸す □sleepy 眠い □tonight 今晩
☆How about ～？ ～はどうですか？

CHECK! 英検準2級で狙われる不定詞を使った重要表現

文法問題として不定詞を使った構文は頻出です。以下の表現をしっかりチェックしておきましょう。

□**It is 形容詞［名詞］(for 人) to 原形**「(人が)…するのは～だ」
※ It は仮主語なので訳さない
※ to 以下を真主語として「～すること」と訳す

□**too ～ (for 人) to 原形**「～すぎて(人は)…できない」
※ "～" には形容詞や副詞
※「(人が)…するには～すぎる」が直訳

□**～ enough (for 人) to 原形**「(人が)…するほど～だ」
※ "～" には形容詞や副詞
※ enough は形容詞や副詞を後ろから修飾

(20) ▸ 動詞 prefer の使い方がポイント！

レベル ★★★

解答 **2**

prefer の使い方がポイント

Jimmy prefers salty food (　) sweet food. When he gets home from school, he often eats potato chips.

解説 2の to が正解です。prefer A to B で「B より A が好きだ」です。than ではなく to を使って比較の対象を表すのがポイントです。この他 prefer to 原形 rather than {to} 原形「…するよりも～したい」という使い方も重要です（例：prefer to watch TV rather than {to} do my homework「宿題をするよりもテレビを見たい」）。

和訳 ジミーは甘い食べ物よりもしょっぱい食べ物のほうが好きだ。彼は学校から帰ると、よくポテトチップスを食べている。

選択肢の和訳

1 ～について
2 prefer A to B で「B より A が好きだ」
3 「一点」を表す前置詞
4 ～の中へ

語句 □salty　しょっぱい・塩辛い　□sweet　甘い　□get home　帰宅する
□potato chips　ポテトチップス

CHECK! toを使う比較表現

「〜よりも」はthanのイメージが強いですが、toを使って比較の対象を表す表現をここでチェックしておきましょう。

① 優劣

□be superior to 〜「〜より優れている」　□be inferior to 〜「〜より劣っている」

② 年齢

□be senior to 〜「〜より年上だ」　□be junior to 〜「〜より年下だ」

③ 好み

□prefer A to B「BよりAが好きだ」

④ その他

□prior to 〜「〜より前の」

(21) ▸ actuallyの後ろは重要！

レベル ★★★

解答 4

A: Lydia, you look like you've lost weight. Are you on a diet?
B: No. I've been doing kickboxing three times a week.
A: Oh wow. If you're taking so many classes, it must be very expensive.（かなりお金かかるよね）
B: Actually（actually「実は」）, it isn't.（お金がかかってない） I (**21**). I always watch free online lessons.（オンラインの無料レッスン）

解説 「かなりお金がかかるよね」→「実は（actually）お金がかかっていない」という流れです。空所の後ろの「いつも無料のオンラインレッスンを見ている」もヒントにし、**4** の practice at home「自宅で練習している」を選びます。it must be very expensive から「お金の話だ！」と **1** の pay $100 a week に飛びつかないようにしてください。

actually は要チェック
actually「実は」は、「実はね…」のように「意外にも・予想に反して」のニュアンスで使います。話の本題や新しい情報が後に続くことが多いので、英検ではとても重要です。

最近頻出の online
実際の世の中を反映した問題が増えてくるにつれ、英検でも online という単語をよく目にするようになりました。今回のように「オンラインの」という形容詞の使い方の他、apply online「オンラインで申し込む」、order ～ online「～をオンラインで注文する」のように副詞の使い方もあります（この後の **(25)** の問題では副詞として出てきます）。

和訳
A: リディア、やせたように見えるよ。ダイエットをしているの？
B: していないわ。週に３回キックボクシングをやっているの。
A: へえ、すごい。そんなにたくさんレッスンを受けていたら、とてもお金がかかるよね。
B: 実はかからないの。私は家で練習しているのよ。いつも無料のオンラインレッスンを見ているの。

選択肢の和訳
1 週に 100 ドル払っている　**2** 先週それをやめた
3 太りたいと思っていた　**4** 家で練習する

語句
☆look like sv　～するように見える　□lose weight　減量する
□be on a diet　ダイエットしている　□kickboxing　キックボクシング
□three times　３回　□a　～につき　☆must　～に違いない
☆expensive　高価な・高い　☆actually　実は・実際は　□always　いつも
□free　無料の　☆online　オンラインの

(22) ▸ both daysで受けられるものは？ レベル★★★

解答 2

A: I want to go to see a musical sometime soon. (**22**), Tom?

B: I'm going camping at Greenville Lake.

キャンプに行く予定　両日とも

A: Really? So, you'll be busy on both days.

B: Yeah, but I'll be free on Tuesday after work. Let's go then.

解説 *B* が「グリーンビル湖へキャンプに行く予定」と答えていることから、空所には「予定を尋ねる文」が入るとわかります。さらに、*A* の２回目の発話に be busy on both days「両日とも忙しい」とあることから、**2** の What will you do this weekend「あなたは今週末、何をする予定ですか？」が正解となります。**1** は on Monday、**4** は on Tuesday で、それぞれ both days で受けられないので×です。

和訳 *A:* 近いうちにミュージカルを見に行きたいと思っているの。今週末は何をする予定なの、トム？

B: グリーンビル湖にキャンプに行く予定なんだ。

A: 本当？　それならどちらの日も忙しいね。

B: そうなんだけど、火曜日は仕事の後は予定が空いているよ。そのときに行こうか。

選択肢の和訳

1　月曜日は暇なの？
2　今週末は何をする予定なの？
3　仕事の調子はどう？
4　火曜日はどこへ行く予定なの？

語句 □want to 原形　～したい　□musical　ミュージカル
□sometime soon　近いうちに　□go camping　キャンプに行く
☆really　本当に　☆both　両方の　□free　暇な・予定が空いている

(23) ▸ 直後の発話をヒントに解く！ レベル★★★

解答 2

A: Cindy, I'm excited about the picnic with our friends tomorrow. What are you going to bring?

君は何を持っていくの？

B: I think I'll (**23**).

君は料理が上手だからきっとおいしい

A: Oh, that sounds great. You're such a good cook, so I'm sure it'll be delicious.

B: You're too kind. I'll try my best.

解説 *A* の「君は何を持っていくの？」に対する応答を完成させる問題です。*A* の２回目の発話「君は料理が上手だから、きっとおいしいと思うな」から、「料理を作って持っていく」と考え、**2** の bake a cheesecake「チーズケーキを焼く」を選びます。**1** の some fried chicken も食べ物ですが、buy が×です。

> **I'm excited ～は「楽しみ～！」**
> excited は「わくわくして・興奮して」と訳されることが多いですが、「～を楽しみにしている」と言いたいときにも使えます。「楽しみなことがあってわくわくしている」イメージです。英検では感情表現はよく狙われるので注意してください。

和訳 *A:* シンディ、明日友だちと一緒に行くピクニックが楽しみなんだ。君は何を持って行くの？
B: チーズケーキを焼こうと思っているわ。
A: おお、それはいいね。君は料理が上手だから、きっとおいしいと思うな。
B: それはほめすぎよ。全力でやってみるわ。

選択肢の和訳
1 フライドチキンをいくらか買う　**2** チーズケーキを焼く
3 バドミントンのセットを持って行く　**4** 人が座れるマットを手に入れる

語句 ☆be excited about ～　～が楽しみだ・～にわくわくしている　□bring　持って行く
□sound　～のように聞こえる　□such　とても～な　□cook　料理人・コック
☆be sure {that} sv　～すると確信している　□delicious　とてもおいしい
□kind　親切な　☆try one's best　全力を尽くす

(24) ▸ 会話の流れをつかんで解く文脈問題　レベル ★★★

解答 3

衣料品店での会話

A: Welcome to Sally's Clothes Shop. Can I help you, ma'am?
B: I want to try on some shoes. I really like the ones in that poster on the wall.（ポスターの靴を気に入っている）
A: Do you mean the black ones on the right?（黒い靴ですか？）
B: No, I (**24**). I think they'll look good with my new dress.（違います）

解説「ポスターの靴を気に入っている」→「黒い靴ですか？」→「違います」という流れから、***B*** は「黒ではない靴を気に入っている」とわかります。色を答えている **3** の like the red ones「赤い靴を気に入っている」が正解です。ちなみに今回登場する ones はすべて shoes を表す代名詞です。

和訳 *A:* サリーズ洋服店へようこそ。何かお探しですか、お客様？
B: いくつか靴を試し履きしたいのですが。壁のポスターの靴をとても気に入っているんです。
A: 右側の黒い靴のことでしょうか？
B: いいえ、赤い靴です。新しいドレスに合うと思うんです。

選択肢の和訳

1 写真の靴を見なかった
2 自分のサイズに合わないと思う
3 赤い靴を気に入っている
4 黒いドレスがほしい

語句 ☆Welcome to ～．　～へようこそ。　□Can I help you?　何かお探しですか？
□ma'am　お客様・奥様　□want to 原形　～したい　□try on ～　～を試着する
☆really　本当に　□wall　壁　☆mean　意味する
□look good with ～　～に合う

(25) ▸ 会話問題頻出の「お取り寄せ」パターン！

レベル ★★★

解答 1

> ***A:*** I'm sorry, but we just sold the last pair.
>
> ***B:*** Oh, that's too bad. They look really nice.
>
> ***A:*** We can ask the salespeople at our other store if they have a pair. If they do, (**25**).
>
> ***B:*** Thanks, but I need them for a wedding next week. I'll look online to see if I can get a pair sooner.

もし別の店舗にあれば

来週の結婚式で必要

オンラインで確認してみる

解説 ***A***（店員）の「もし別の店舗にあれば（　）」に対し、***B***（客）は「来週の結婚式で必要」と答えていることから時間的な条件があるとわかるので、**1** の it'll take two weeks to arrive「お取り寄せするのに２週間かかります」が正解です。「２週間後だと結婚式に間に合わないのでオンラインで見てみる」という流れにも合います。

会話問題でよく出る see if ～「～かどうか確認する」

最後の発話で see if ～「～かどうか確認する（直訳は「～かどうか見てみる」）」が使われています。今回のように店員と客との会話では、店員、客の両方ともよく使う表現なのでしっかりおさえておきましょう。店員なら「在庫があるかどうか確認してみます」、客なら「オンラインで買えるかどうか確認してみます」のように使われます。see if ～の他に check if ～も同じ意味で、リスニングの会話問題でも重要です（67 ページ）。また、今回は ask 人 if ～「～かどうか 人 に尋ねる」でも「～かどうか」の if が使われています。

「お取り寄せ」パターン

英検では「店頭に品物がなく、お取り寄せします」という場面の会話がよく出ます。店員の「お取り寄せします」または「他の店舗にあるかどうか確認します」に対して、今回のように「オンラインで買います」といった流れが典型パターンです。

和訳 ***A:*** 申し訳ございませんが、最後の１足がちょうど売れてしまったんです。
B: あら、残念だわ。本当にすてきなのに。
A: 我々の他の店舗の販売員に在庫があるかどうか聞くことができます。もしあれば、お取り寄せするのに２週間かかります。

B: ありがとう、でも来週の結婚式に必要なんです。オンラインですぐに手に入るかどうか見てみます。

選択肢の和訳

1 お取り寄せするのに２週間かかります　**2** 送料が別で５ドルかかります
3 その靴のサイズは24です　**4** それらをご自宅へ配送します

語句 □just　ちょうど　□sell　売れる　□pair　ペア
☆That's too bad.　それは残念です。　□salespeople　販売員　□other　他の
☆take　時間がかかる　□need　必要とする　□wedding　結婚式
☆online　オンラインで　☆see if ～　～かどうか確かめる
☆soon　すぐに・まもなく

3 問題編 p.28 - p.29

A 全文訳

地域での活動

毎年、サラの町では大きなボランティアイベントが開催される。その町で暮らしているあらゆる年齢層の人々が、地元の公園をきれいにするために集まってくる。今年、サラはそのイベントに参加した。土曜日の朝早く、サラは他のボランティアたちとメモリアルパークに集まった。彼女は他の５人と一緒のチームだった。そのチームの仕事は公園の周囲のフェンスにペンキを塗ることであった。

彼女はボランティアの一人と話していると、彼女の町では多くのわくわくするようなイベントが開催されていることがわかった。たとえば、夏には公園でのコンサートがあり、冬にはファッションショーがある。町にはバスケットボールチームがあり、地元の体育館で毎月試合が行われることもわかった。サラはこれらの活動に興味を持つようになった。現在、彼女は地域の活動にもっと参加しようと思っている。

語句 第１段落

☆hold 開催する　□volunteer event ボランティアイベント　□age 世代
□get together 集まる　□clean up きれいにする　☆local 地元の・現地の
☆gather 集まる　□volunteer ボランティア　□other 他の
□paint 塗る　□fence 柵・フェンス　□around ～の周りの

第２段落

☆while sv ～している間　□talk to 人 人と話す　□one of ～ ～の中の一人
☆find out わかる　☆exciting わくわくするような　□for example たとえば
□concert コンサート　□fashion show ファッションショー　□also ～もまた
☆learn 学ぶ　□gym 体育館　□activity 活動　□plan 計画する
☆participate in ～ ～に参加する・～に加わる　□community 地域社会

(26) ▸ 直後の英文をヒントにして解く！　レベル ★★★

解答 1

解説

This year, Sarah (**26**). Early on Saturday morning, Sarah gathered at Memorial Park with the other volunteers.

他のボランティアと一緒に集合した

空所の次の文で「サラは他のボランティアたちとメモリアルパークに集まった」とあることから、「イベントに参加した」とわかるので、**1** の joined the event が正解です。その後も具体的にイベントの内容が説明されています。

選択肢の和訳

1 そのイベントに参加した　**2** 友だちと一緒に遊んだ
3 町役場を訪れた　**4** 天気を確認した

(27) ▸ 直後の英文をヒントに解く！

レベル ★★★

解答 3

解説

たとえば　具体例が続く

For example, they have summer concerts in the park and a fashion show in the winter. She also learned that her town has a basketball team, and there are games every month at a local gym. Sarah (**27**) these activities. Now, she is planning on participating in more activities in her community.

地域の活動にもっと参加する予定

空所の前まで、町で行われるさまざまなイベントについて具体的に述べられており、空所直後でthese activitiesとまとめられています（this+名詞 やthese+名詞 は直前の内容をまとめる働きがあります。61ページ）。さらに最後の文 she is planning on participating in more activities in her community「彼女は地域の活動にもっと参加する予定である」をヒントにし、**3**のbecame interested in ～「～に興味を持つようになった」を選ぶと文意が通ります。

選択肢の和訳

1 ～についてのニュースを見た　**2** ～を計画するのを楽しんだ
3 ～に興味を持つようになった　**4** ～にお金を払った

B 全文訳

より長く働く

人々は年をとると、長時間働くことがますます難しくなる。結果として、多くの人々が60歳から65歳の間に会社で働くのをやめる。これは退職と呼ばれるものである。しかしながら最近では、人々が退職し始める年齢が変化してきている。たとえば、アメリカ政府による調査では、65歳から69歳のますます多くの人々が働き続けているということを示している。1984年には、そのような人々の約18パーセントしか働き続けていなかった。しかし、2014年までには、これが32パーセント近くになったのだ。

多くの年配者が働くことを楽しみ、お金を稼ぎ続けたいと思っている。彼らは家族ともっと多くの時間を過ごし、趣味をし、そして医者に診てもらいに行きたいとも思っている。いくつかの会社では、従業員をより幸せにするために、「段階的退職」と呼ばれる新たな働き方を始めている。そのような会社では、労働者は勤務時間を減らし、自分自身のスケジュールを選ぶことが可能だ。これにより、年配の従業員は働きやすくなり、他のことをすることも可能なのである。

段階的退職は会社にとってもよい可能性がある。ハンドバッグを製造している会社のエルダは、その会社の段階的退職計画に参加している多くの年配の従業員をかかえている。このような従業員は会社に長くいるので、若い従業員に知識を共有することができるのだ。オーナーの一人であるスーザン・ノードマンは、これにより会社の商品がよくなり、現在、彼女(の会社)はより多くのハンドバッグを売ることができると言う。このことは、段階的退職が実際に、会社がより多くの収益を上げ、従業員をより幸せにするのに役立ちうるということも示しているのだ。

語句 第1段落

□get old　年をとる　☆more and more difficult　ますます難しく
□for long hours　長時間　☆as a result　結果として　☆company　会社
☆between A and B　AとBの間に　□retirement　退職・リタイア
☆however　しかしながら　☆nowadays　最近は　□change　変化する
☆for example　たとえば　☆government　政府　☆survey　調査
□only　ほんの～だけ　□about　約・およそ　□percent　パーセント
☆such　そのような　□still　まだ　☆almost　ほとんど

第2段落

□want to 原形　～したい　□keep -ing　～し続ける　☆earn　稼ぐ
☆spend　過ごす　□hobby　趣味　☆make O C　OをCにする
□worker　労働者　□style　スタイル・型　□phased-in　段階的な
□choose　選ぶ　□own　自分自身の　□schedule　スケジュール
☆way　方法・やり方　☆easily　簡単に

第3段落

☆produce　製造する　□handbag　ハンドバッグ
☆participate in ～　～に参加する　□plan　計画　□stay at ～　～に滞在する
☆share　共有する・わける　☆knowledge　知識　□staff　スタッフ
□one of ～　～の中の一人　□owner　オーナー　☆product　製品
□sell　売る　☆actually　実際に　☆help　役立つ

(28) ▸ 対比構造を読み取って解く！ レベル★★★

解答 4

解説

第1段落を図解すると以下のような対比構造が読み取れます。

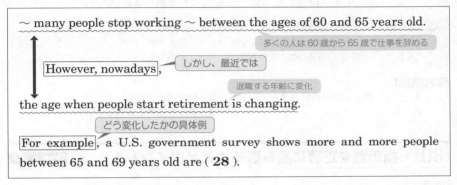

~ many people stop working ~ between the ages of 60 and 65 years old.
（多くの人は60歳から65歳で仕事を辞める）

↕

However, nowadays,（しかし、最近では）
the age when people start retirement is changing.（退職する年齢に変化）

For example（どう変化したかの具体例）, a U.S. government survey shows more and more people between 65 and 69 years old are (**28**).

「(従来は) 60歳～65歳で仕事を辞める」→「しかし (However) 最近 (nowadays)」→「退職する年齢層が変化している」という流れで、その具体例の部分に空所があるので、**4** の continuing to work「働き続けている」が正解となります。空所を含む文の後に、65歳～69歳で働いている人々が以前よりも増加していることが書かれておりうまくつながります。

選択肢の和訳

1 会社の近くに住んでいる　**2** 難しい仕事を探している
3 退職について尋ねている　**4** 働き続けている

(29) ▸ This way がポイント！ レベル★★★

解答 3

解説

In such companies, workers can work fewer hours（勤務時間を減らす） and choose their own schedule（自分のスケジュールを選べる）. This way（こうして）, older workers can easily work and (**29**).

空所を含む文の文頭にある This way「こうして (この方法によって)」に注目です。This の内容は直前の workers can work fewer hours「勤務時間を減らす」と choose their own schedule「自分のスケジュールを選べる」を受けているので、これらの内容を言い換えたものが This way の後ろにくると考えます。

workers can work fewer hours and choose their own schedule
↓ ↓
workers can easily work and (**29**)

空所に入るのは choose their own schedule「自分のスケジュールを選べる」を言い換えた、**3** の do other things as well「他のこともする」が適切です。

> **this way「こうして・このように」**
> 今回カギとなった this way は、本来 in this way「このような方法で」→「こうして・このように」で、前置詞の in が省略された形です。

選択肢の和訳

1 すぐに新しい従業員に会う
2 会社により長くいる
3 他のこともする
4 家族と仕事を共有する

(30) ▸ 指示語を正確に読み取ることがポイント！ レベル ★★★

解答 **2**

解説

指示語が何を受けているのかを確認しながら読むのがポイントです。

段階的退職計画に参加している従業員 ― 若い従業員に知識を共有

~, they can share their knowledge with younger staff.

~ this has made her company's products better,
and
~ sell more handbags.

商品の質が向上
&
商品が売れる

This shows that phased-in retirement can actually help companies (**30**) and also make their workers happier.

help … 原形「…が~するのに役立つ」

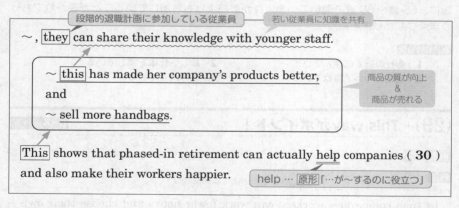

「段階的退職計画に参加している従業員が若い従業員と知識を共有」→「商品の質の向上&商品が売れる」→「会社が（　　）し、従業員を幸せにするのに役立つ」という流れです。「商品が売れる＝会社が儲かる」と考え、**2** の make more money「より多くの収益をあげる」が正解です。空所直前の help は “help O 原形” で「O が~するのに役立つ」という意味です。

指示語はヒントになる！

今回は指示語と言われる単語がたくさん出てきました。これらの内容を 1 つずつ明らかにすることで正確に問題が解けるようになります。また、長文の空所補充問題では指示語がポイントになることがよくあるんでしたね（51 ページ）。

選択肢の和訳

1 新しい従業員を見つける
2 より多くの収益をあげる
3 時間を節約する
4 より多くの必需品を買う

4 問題編 p.30 - p.33

A 全文訳

差出人：アン・シャトラー〈a-shutler9@pmail.com〉
宛先：ピート・シャトラー〈pshutler135@umail.edu〉
日付：10月3日
件名：冬休み

こんにちは、ピート
大学生活はどうですか？　あなたが先月帰ってきたとき、みんなあなたに会えて喜んでいました。(31) また、あなたが家にいる間、妹の科学の課題を手伝ってくれていたことに彼女はお礼を言っていましたよ。彼女の課題は、今日、学校の科学フェアで1位をとりました！　また、あなたが冬休みに3週間帰宅する予定であることを、彼女はとても楽しみにしています。
それはそうとして、あなたに、クリスマスの家族の予定について伝えようと思います。(32) 今年は、おばあちゃんとおじいちゃんが、クリスマス休暇にうちに泊まる予定です。彼らは例年はポーラおばさんのところへ行きますが、今年、彼女はハワイにいる息子さんを訪れる予定です。おばあちゃんとおじいちゃんは、あなたの部屋に数日間泊まる予定なので、あなたは妹と部屋を共有してください。
大晦日には家で盛大なパーティーをします。みんな招待しましたが、(33) おばあちゃんとおじいちゃんは12月27日にオハイオの家に戻る予定です。おばあちゃんが12月28日に病院の予約があるからです。おじいちゃんはちょっと悲しんでいますが、いずれにせよ深夜まで起きていることができないと言っています！　大学のテストがんばって、そして早い返事を待っています。
愛を込めて
母より

語句 第1段落

☆college　大学　□also　また　□help 人 with ～　人 の～を手伝う
□science　科学　□project　プロジェクト・課題　☆while sv　～している間
□win　勝ち取る・勝つ　□first place　1位　□fair　フェア・催し
☆excited　わくわくして・楽しみにして　□break　休み

第2段落

☆anyway　いずれにせよ・とにかく　□want to 原形　～したい　□plan　計画
□stay at ～　～に滞在する・泊まる　□holiday　休暇
☆usually　ふつう・たいてい　□aunt　おば　□place　場所　□visit　訪れる
□son　息子　□a few ～　2、3の～　☆share　共有する・わける

第3段落

□have a party　パーティーを開く　☆invite　招待する
☆appointment　（面会などの）約束・予約　□a little　少し
□stay awake　起きている　☆until　～まで　□midnight　深夜
□Good luck on ～.　～について頑張ってください。　□exam　試験
☆hear from ～　～から連絡がある　☆soon　すぐに
□Love,　愛を込めて（結びの言葉）

〈「誰➡誰」のメールかをチェック！〉

Ann Shutler ➡ Pete Shutler へのメール
Shutler という名字が同じ、さらに最後に Love, Mom とあることからアンは母親で、息子のピートに宛てたメールだとわかります。また、本文中で 1 人称 (I, my, me, mine) が出てきたらアンのこと、2 人称 (you など) が出てきたらピートのことだと思ってください。

〈設問先読み〉

(31) What did Pete do last month?
「ピートは先月、何をしましたか？」
➡ last month がキーワード！「先月のピートについて書かれている箇所」をチェック！ ピートはメールの受け手なので、2 人称で書かれている箇所 (特に前半) を中心に確認！
※「時を表す表現」は手がかりになりやすいので要チェックです。
英検の長文問題では、原則、本文の順序と設問の順序が一致します。

(32) For Christmas, Pete's grandparents will
「クリスマスに、ピートの祖父母は」
➡ Christmas と Pete's grandparents がキーワード。

(33) What will happen on December 27?
「12 月 27 日に何が起こりますか？」
➡ December 27 がキーワード！

(31) ▸「時の表現」last month に注目して解く！ レベル ★★★

解答 **2**

解説

第 1 段落 2 文目にキーワードの last month「先月」が出てきます。

キーワード

Everyone was happy to see you when you came home last month. Also, your sister said thank you for helping her with her science project while you were home.

帰宅した際、ピートに会えて皆嬉しかった

妹の科学の課題を手伝った

ピートがしたことは 2 人称 (you など) で書かれているはずです。2 文目「あなたが (you) 先月帰ってきたとき、みんなあなたに (you) 会えて喜んでいました」、3 文目「あなたが (you) 家にいる間、妹の科学の課題を手伝ってくれていたことに彼女はお礼を言っていました」とあるので、3 文目の内容に一致する **2** の He helped his sister with a project for school.「彼は、妹の学校の課題を手伝った」が正解です。help 人 with 事柄「人の～を手伝う」の形です (help の使い方は 62 ページ)。

projectは「(授業の) プロジェクト」→「課題」

冒頭のprojectは、「(授業の) プロジェクト」→「課題」の意味があります。英検では「課題」の意味でよく出てきます (40ページ)。

設問と選択肢の和訳

ピートは先月何をしましたか？

1 彼は、数週間、学校にいる妹を訪れた。 **2** 彼は、妹の学校の課題を手伝った。
3 彼は、3週間学校を休んだ。 **4** 彼は、科学の課題で賞をとった。

(32) ▸ 本題の合図Anywayに注目！

レベル ★★★

解答 **1**

解説

第2段落1文目と2文目に2つのキーワードが出てきます (本文のGrandma and Grandpaが、設問ではgrandparentsに置き換えられています)。さらに、「本題に入る合図」になるAnywayが使われています。

Anyway →本題の合図
キーワード

Anyway, I wanted to tell you about some family plans for Christmas.

キーワード
祖父母は家族の家に泊まる

This year Grandma and Grandpa will be staying at our house for the holiday. They usually go to Aunt Paula's place, but this year she'll be visiting her son in Hawaii. Grandma and Grandpa will be staying in your room for a few days, so you'll have to share a room with your sister.

2文目に「おばあちゃんとおじいちゃんが、クリスマス休暇にうちに泊まる予定です」とあり、この内容に一致する**1**のstay at Pete's family's house.「ピートの家族の家に泊まる」が正解となります。**2**はポーラおばさんの息子を訪れるのは祖父母ではなくポーラおばさん自身なので× (第2段落3文目に不一致)、**3**はポーラおばさんのところに行くのは例年の話であって、今年は違うので×、**4**は妹と部屋をシェアするのはピートなので×となります。

anywayは本題に入るときの合図！

第2段落に出てきたanyway「それはそうとして」は「本題に入る合図」になります。メール文では近況報告などから入ることが多いので、このような表現を用いて本題に入るわけです。anywayの他にもby the wayなど、「本題に入るときの合図になる表現」がいくつかあるので確認しておきましょう (57ページ)。そして本題 (Eメールの目的) は設問で狙われやすいので、ここを読み取れれば1問確実に取れるようになりますよ。

設問と選択肢の和訳

クリスマスに、ピートの祖父母は
1 ピートの家族の家に泊まる(予定だ)。
2 ハワイのポーラおばさんの息子を訪れる(予定だ)。
3 ポーラおばさんのところへ行く(予定だ)。
4 ピートの妹と部屋を共有する(予定だ)。

(33) ▸ 日付 (December 27) がポイント！ レベル ★★★

解答 2

解説

第3段落2文目にキーワードのDecember 27が出てきます。

> 祖父母はオハイオの家に帰る
>
> Everyone is invited, but Grandma and Grandpa will be going home to Ohio
>
> キーワード
>
> on December 27. That's because Grandma has a doctor's appointment on December 28.

この文のGrandma and Grandpa will be going home to Ohio「おばあちゃんとおじいちゃんはオハイオの家へ帰る予定だ」に一致する、**2** の Pete's grandparents will go back to Ohio.「ピートの祖父母がオハイオへ戻る」が正解です。おばあちゃんが医者に行くのは12月28日なので **1** は×です。

設問と選択肢の和訳

12月27日に何が起こりますか？
1 ピートのおばあちゃんが病院に行く。
2 ピートの祖父母がオハイオへ戻る。
3 ピートの家族がパーティーを開く。
4 ピートの大学ではテストがある。

B 全文訳

オーストラリア人の成功物語

1900 年代、オーストラリアの人口は急激に増え始めた。他の国々から多くの人がやってきたのだ。彼らは家庭を築き、新しい家を建てた。ほとんどの家族は自分たちで洗濯をしたので、彼らは自分の家に、濡れた服を干しておく場所が必要だった。(34) その解決策としては、洗濯物をつるして乾かすことができる、物干しひもと呼ばれるロープをどの庭でも長く直線に張ることであった。

最初の物干しひもはまっすぐのもので、それらを動かすことはできなかった。かなり場所をとったので、人々は、植えた植物や花々を見ることができなかった。(35) 多くの人々は、物干しひもは庭で見た目が悪いと感じていた。加えて、人々は重くて濡れた衣服を持って物干しひものところを行ったり来たり歩かなければならず、それは重労働であった。後に、人々が回転させることができるより小さな物干し装置が作られた。これらの新しいタイプの物干しは、より便利なものであり、庭であまり場所をとらなかった。

最も人気のある回転物干しは、ヒルズ・ホイストと呼ばれるものだ。それは 1945 年にランスロット・レオナード・ヒルという名前の自動車整備士によって作られた。ヒルのデザインは大きな成功を収めた。それは使いやすかったので、小さな庭のあるどの家庭もヒルズ・ホイストを欲しがった。(36) 1994 年までに 500 万台のヒルズ・ホイストが売れ、その国では最も人気のある物干しとなった。

ヒルズ・ホイストはオーストラリアでとても有名になったので、2009 年には切手に印刷された。(37) 最近、庭がついていないアパートに住んでいるオーストラリアの家族が増えている。結果として、現代的な都市において、ヒルズ・ホイストが使われることは少なくなっている。しかしながら、多くのオーストラリア人は、そのような物干しを見ると今でも自分たちの幼少期を思い出し、また、多くの人々が今もなお日常生活で使っている。

語句 第 1 段落

☆population 人口　□grow 増える・成長する　□quickly 速く・すぐに
□move 引っ越す　□country 国　□built 建てる　□laundry 洗濯
□by oneself ～自身で・自分で　□need 必要とする　□place 場所
□hang かける　□wet 濡れた　□clothes 服　☆solution 解決策
□rope ロープ　□dry 乾かす

第 2 段落

□straight まっすぐの　□take up ～をとる・～を占める　□space 場所・空間
□plant 名 植物 動 植える　□feel 感じる　□look ～のように見える
☆in addition 加えて・さらに　☆had to 原形 ～しなければならなかった
□walk up and down 歩いて行ったり来たりする　☆carry 運ぶ　□heavy 重い
□hard 大変な　□later 後に　☆device 装置　□spin around 回転する
☆convenient 便利な　□less より少ない

第 3 段落

☆popular 人気のある　□mechanic 機械工　□design デザイン
□success 成功　□use 使う　□million 100 万　□sell 売れる

第 4 段落

□famous 有名な　□print 印刷する　□postage stamp 切手
☆these days 最近　□apartment アパート　☆as a result 結果として
□few ～ ほとんど～ない　☆modern 現代の　☆however しかしながら
☆such そのような　☆still まだ　□bring back ～ ～を思い出させる
□memory 記憶　□childhood 子ども時代　□daily life 日常生活

〈設問先読み〉

(34) People use clotheslines to
「人々は～するために物干しを使っている」
➡ clotheslines がキーワード。第１段落を中心に、clotheslines を使う目的を読み取ります。

(35) What problem did people have with the first clotheslines?
「最初の物干しに関して人々はどんな問題を抱えていたか？」
➡ the first clothesline がキーワード！
※第２段落にキーワードが登場するので、この段落から「最初の物干しの問題」を読み取ります。

(36) What is true about Hills Hoists?
「ヒルズ・ホイストについて当てはまるものはどれですか？」
➡固有名詞 Hills Hoists がキーワード！
※固有名詞はキーワードになるので設問文に出てきたらしっかりチェックしましょう！　今回は第３段落に登場します。

(37) What happened to Hills Hoists?
「ヒルズ・ホイストに何が起こりましたか？」
➡ヒルズ・ホイストに起こった「変化」を読み取るのがポイント！

(34) ▸ the solution「解決策」→使用する「目的」と考える　レベル★★★

解答　**4**

解説

濡れた服をつるす場所が必要

Because most families did their laundry by themselves, they needed places to hang wet clothes at their homes. The solution was to make a long line with rope called a clothesline in every garden on which laundry could be hung to dry.

キーワード　解決策

第１段落４文目に they needed places to hang wet clothes at their homes「彼らは濡れた服を干しておく場所が必要だった」とあり、その次の文でキーワードの clothesline が出てきます。The solution was to make a long line with rope called a clothesline in every garden on which laundry could be hung to dry.「その解決策としては、洗濯物をつるして乾かすことができる、物干しひもと呼ばれるロープをどの庭でも長く直線に張ることであった」とあるので、この内容に一致する **4** の dry the laundry that they have washed「洗った洗濯物を乾かす」が正解です。the solution「解決策」ということは、clothesline を使う「目的」が書かれていると考えるわけです。

設問と選択肢の和訳

人々は～するために物干しを使っている
1　大きな庭を作るためのより広いスペースを確保する
2　どの国から来たのかを人々に示す
3　庭をきれいにしておくのに役立てる
4　洗った洗濯物を乾かす

(35) ▸「マイナス面」が列挙されているところに注目！　レベル★★★

解答　1

解説

第2段落冒頭にキーワードの The first clotheslines があります。

キーワード　動かせなかった　場所をとった

The first clotheslines were straight, and they could not be moved. They took up a lot of space, so people could not see the plants and flowers that they had planted. Many people felt that the clotheslines did not look good in their gardens. In addition, people had to walk up and down the clotheslines carrying heavy, wet clothes, which was hard work.

追加「さらに」　マイナス面を列挙

1文目「まっすぐで動かせなかった」、2文目「場所をとるので植物や花が見えなかった」と clotheslines のマイナス面が並べられています。3文目でも「多くの人々は、物干しひもは庭において見た目が悪いと感じていた」と述べられ、4文目も In addition「さらに」が使われ「人々は重くて濡れた衣服を持って物干しひものところを行ったり来たり歩かなければならず、それは重労働であった」とマイナス面が続きます。この内容をまとめた **1** の They did not look good and were not easy to use.「それらは見た目が悪く、使い勝手がよくなかった」が正解となります。選択肢の前半部分は第2段落3文目の内容、後半部分は4文目の内容に一致します。

いくつかの英文をまとめた選択肢が正解になることも！
読解問題では、今回のようにいくつかの英文内容をまとめた選択肢が正解になることがよくあるので、どの部分が対応しているのかをしっかりチェックしてください。

設問と選択肢の和訳

最初の物干しに関して人々はどんな問題を抱えていたか？
1　それらは見た目が悪く、使い勝手がよくなかった。
2　それらは人々の庭にある植物をだめにすることがよくあった。
3　それらは人々が運べるほど軽くなかった。
4　それらは速く回転して人々にけがをさせることがあった。

(36) ▸ キーワードがある第3段落の情報を整理して解く！ レベル★★★

解答 3

解説

第3段落1文目にキーワードのHills Hoistが登場します。

> キーワード
>
> ① The most popular spinning clothesline is called the Hills Hoist. ② It was made by a car mechanic named Lancelot Leonard Hill in 1945. Hill's design was a big success. ③ Every family with a small garden wanted a Hills Hoist because it was easy to use. ④ By 1994, 5 million Hills Hoists had been sold, making it the most popular clothesline in the country.

the Hills Hoistについて書かれている内容を整理すると次のようになります。

① 最も人気のある回転物干しである
② 1945年、ランスロット・レオナード・ヒルという名の自動車整備士によって作られた
③ 使いやすかったので、小さな庭のあるどの家庭もヒルズ・ホイストを欲しがった
④ 1994年までに500万台のヒルズ・ホイストが売れ、その国では最も人気のある物干しとなった

①と④の後半「その国では最も人気のある物干しとなった」に、**3**のThey were more popular than any other clothesline in Australia.「それらはオーストラリアで、他のどの物干しよりも人気があった」が一致します。本文ではthe most popularと最上級が使われていますが、選択肢ではmore popular than any other ～「他のどの～よりも人気だ」と比較級を使って言い換えています（比較級 than any other 名詞(単数形)「他のどの 名詞 より～だ」）。ちなみに**1**は「富を築いた」は○ですが、「自分の庭で売った」わけではないので×、**2**の「1994年にそれらを500万台売った」は本文の数字をそのまま使っているので紛らわしいですが、本文ではBy 1994「1994年までに」とあるのでin 1994「1994年に」の部分が×です。このbyは「～までに(期限)」を表しています。

設問と選択肢の和訳

ヒルズ・ホイストについて正しいものはどれですか？

1 ランスロット・レオナード・ヒルは自分の庭でヒルズ・ホイストを売ることで富を築いた。
2 ランスロット・レオナード・ヒルは1994年にそれらを500万台売った。
3 それらはオーストラリアで、他のどの物干しよりも人気があった。
4 それらは当初、自動車を修理する人々を助けるために作られた。

(37) ▸ These daysから「過去→現在」の変化を読み取る！ レベル★★★

解答 4

解説

最近→変化を予想！　庭のないアパートに住む

These days, more Australian families are living in apartments that do not have gardens. As a result, fewer Hills Hoists are used in modern cities.

結果として　使われることが少なくなった

最終段落２文目のThese days「最近」から、昔から現在にかけての「変化」を予想してください。「最近（These days）庭のないアパートに住んでいるオーストラリアの家族が増えた」→「結果として（As a result）、現代的な都市でヒルズ・ホイストが使われるのは少なくなった」という流れです。この内容に一致するのは**4**のPeople stopped using them when they started living in apartments.「人々がアパートに住み始めると、それらを使うのをやめた」です。

2は第４段落最終文の「そのような物干しを見ることで幼少期を思い出させる」に反するので×、**3**は本文に「切手と同じ値段で売られた」との記述はないので×です。

設問と選択肢の和訳

ヒルズ・ホイストに何が起こりましたか？

1 人々が都市に住み始めた後、それらを売りやすくなった。
2 多くのオーストラリア人は、それがどのような見た目か忘れてしまった。
3 それらは切手と同じ値段で売られていた。
4 人々がアパートに住み始めると、それらを使うのをやめた。

☑CHECK! 過去と現在の対比

今回はthese daysがポイントになりました。このような表現を見たら「昔はこうだったけど今は違う」という内容を予想してください。現在と過去の対比はよく起こり、設問でも狙われやすいので、目印になる表現をチェックしておきましょう。

過去を表す表現	現在を表す表現
□ ～ ago「～前に」	□ Now「今は」
□ In the past「昔は」	□ Today「今日（こんにち）は」
□ Traditionally「昔から・従来は」	□ These days「最近は」
□ Originally「もとは・初めは」	□ Nowadays「最近は」

5 問題編 p.34

解答例

レベル ★★★

I think so because it will be a good experience for their children. Parents can show children that there are many interesting things in museums. In addition, if parents take their children to museums, they can teach their children to be quiet in those places. It is a good chance for children to learn manners. (55 語)

解説

▶QUESTIONを正確に読み取り、構成・内容を考える！

Do you think parents should take their children to museums?
「親は子どもを博物館へ連れていくべきだと思いますか？」

➡「そうすべき」か「そうすべきでない」か、自分の立場を決めて内容を考えます。条件を踏まえ、次のような構成にあてはめて解答を作ってください。

〈構成の例〉

第１文…QUESTIONに対する「考え（意見）」
第２文・第３文…理由①＋理由①をサポートする文（具体例など）
第４文・第５文…理由②＋理由②をサポートする文（具体例など）
第６文…まとめ（英文の数は条件に含まれませんので最終的にはなくてもOKです）

第１文で「そうすべき」か「そうすべきでない」か自分の立場を明確にする文を作り、２文目以降で「その理由を２つ」まとめます。

上記の〈構成の例〉はあくまでも一例ですので、必ずしも６文構成にしなければならないわけではありません。内容によって臨機応変に変えてもOKです。

▸実際に英文を作る

【1 文目】

I think so because it will be a good experience for their children. 「それは子どもたちにとってよい経験になるので、私はそうすべきだと思います」

1 文目は、「**QUESTION** に対する考え」を作る方向で考えます。Do you think ～？の形で問われているので、疑問文を肯定文に直すイメージで、I think ～. の形で答えます。今回は、そのまま肯定文に直すと I think {that} parents should take their children to museums. となりますが、{that} 以下を so に置き換えて、I think so「そう思います」と答えています（「思わない」という立場なら、I do not think so「私はそう思いません」とすれば OK）。今回は I think so の後に、接続詞 because を使い、「よい経験になるから」という 1 つ目の理由を簡潔に述べています。このように「自分の考え（意見）」を示す文と、1 つ目の理由を述べる文を 1 つにまとめて表すこともできます。内容と語数の条件に合うように調整できるようにしておくことが大事です。

【2 文目】

（～することができる） Parents **can** show children that there are many interesting things in museums. 「親は子どもたちに、博物館には興味深いものがたくさんあると教えることができます」

助動詞 can「～することができる」を使い、具体的なメリットを述べています。「よい経験になる」→「（たとえば）～することができます」という流れで、1 つ目の理由を具体的にサポートしているわけです。can はライティングで便利な単語です。

> **show 人 that sv ～**
> 動詞 show は、show 人 物「人 に 物 を見せる・教える」の形でよく使われますが、物 の位置に that 節を続けることができます。さらに今回は that 節の中に there is 構文が入っている形です。show の他、tell「伝える」、teach「教える」なども同じ形をとることができます。

【3 文目・4 文目】

（2 つ目の「理由」を述べる合図）（～することができる） **In addition**, if parents take their children to museums, they can teach their children to be quiet in those places. It is a good chance for children to learn manners. 「さらに、親が子どもたちを博物館へ連れて行けば、子どもたちにそれらの場所では静かにすることを教えることができます。それは子どもたちがマナーを学ぶよい機会になります」

3 文目は 2 つ目の理由、4 文目は 2 つ目の理由をサポートする文になっています。

In addition「さらに・加えて」を使い、if parents take their children to museums, they can teach their children to be quiet in those places「もし親が子どもたちを博物館へ連れて行くなら、子どもたちにそれらの場所では静かにすることを教えることができます」と具体的に理由を述べています。4文目は、3文目で具体的に示した理由をIt is a good chance for children to learn manners.「それは子どもたちがマナーを学ぶよい機会になる」と述べ、「公共の場では静かにする」→「マナーを学ぶよい機会」と一般化してまとめているわけです。

show・tell・teachの使い分け

show、tell、teachはいずれも「教える」と訳されることが多いのですが、使いわけが重要です。

① show「見せる・示す・教える」
➡情報などを図やグラフなどを見せて教える

② tell「伝える・言う・教える」
➡情報などを口頭で[言葉で]教える

③ teach「教える」
➡勉強や技術、ルールなどを教える

mannersは「行儀・マナー」

mannerは本来「方法」で、「食事や振る舞いの方法」→「行儀・マナー」です。「行儀・マナー」には多くのことが含まれるので複数形にするのがふつうです。

今回は、最後にまとめの文が入っていませんでしたが、語数に余裕があるときは、もう一度自分の意見、立場を明確にする文を書いてまとめるのもOKです。

和訳 (問題) 親は子どもを博物館へ連れていくべきだと思いますか？
(解答例) それは子どもたちにとってよい経験になるので、私はそうすべきだと思います。親は子どもたちに博物館には興味深いものがたくさんあると教えることができます。さらに、もし親が子どもたちを博物館へ連れて行くなら、子どもたちにそれらの場所では静かにすることを教えることができます。それは子どもたちがマナーを学ぶよい機会になります。

語句 ☆experience 経験　☆show 人 that sv 人に～を教える・示す
☆in addition さらに・加えて　☆quiet 静かな　□place 場所
☆chance 機会　☆learn 学ぶ　□manners (複数形で) マナー

No. 1 ▸ What kind of music は「どんな種類の音楽」 CD1 57 レベル ★★★

解答 3

スクリプト

何かの「お店」の場面だとわかる！

★ Welcome to Strings and Things. What can I do for you today?
軽く「アン」　くっついて「キャナイ」　軽く「フ」

☆ I'm looking for a guitar for my son. He'll start taking lessons soon.
「ヒル」って感じ　「スターテイキン」って感じ　「レッスンスーン」って感じ

★ What kind of music is he interested in?
どんな種類の音楽に興味があるの？

☆ **1** Well, he practices every day.

➡「練習の頻度」は聞かれていないので×

☆ **2** Well, he has two guitars already.

➡「所有しているギターの本数」は聞かれていないので×

☆ **3** Well, he wants to play rock and roll.
軽く「エン」

解説

「疑問詞」→「疑問詞に対する応答」の基本パターンです。What kind of music「どんな種類の音楽」に対する応答として適切なのは、**3** の Well, he wants to play rock and roll.「ええと、彼はロックンロールを演奏したいと思っています」です。ちなみに冒頭の Welcome to ～. から何かの「お店」、さらに女性が「ギターを探している」とあるので楽器屋の場面だとわかります (Strings and Things の string は弦楽器の「弦」という意味があります)。場面ごとに特有の表現を覚えておくことで、正確かつスムーズに問題を解くことができるので 11 ページで確認しておきましょう。

基本パターンは確実に正解する！
今回のような「疑問詞」→「疑問詞に対する応答」の基本問題は第 1 部の問題で必ず出題されるので、合格のために確実に正解しておきたいところです。

和訳 ★ストリングス・アンド・シングズへようこそ。本日は、どんなご用件でしょうか？
☆息子のためにギターを探しているんです。彼はもうすぐレッスンを受け始めるんです。
★息子さんはどんな種類の音楽に興味をお持ちですか？

選択肢の和訳
☆ **1**　ええと、彼は毎日練習しています。

☆**2**　ええと、彼はすでに２本のギターを持っています。
☆**3**　ええと、彼はロックンロールを演奏したいと思っています。

語句 ☆Welcome to ～.　～へようこそ。
□What can I do for you?　どのようなご用件でしょうか？
□look for ～　～を探す　□son　息子　□take lessons　レッスンを受ける
☆soon　まもなく　☆what kind of ～　どんな種類の～
☆be interested in ～　～に興味を持つ

選択肢の語句
□practice　練習する　□already　すでに・もう　□want to 原形　～したい
□rock and roll　ロックンロール

No. 2 ▸「疑問詞When」→「時」を答える基本パターン　CD1 58　レベル★★★

解答 **2**

スクリプト

☆ Andy, where is your art project? I gave you a week to do it.
（一気に発音される）

★ Sorry, Ms. Kennedy. It's taking longer than I expected.
（「テイキン」って感じ　くっついて「ザナイ」）
（思ったより時間がかかっている）

☆ Well, when can you finish it?
（いつ仕上がりますか？　美術の課題）

★**1**　I've been working on it every day.
（軽く「ビン」　くっついて「オニットゥ」）
➡いつ仕上がるか答えていないので×

★**2**　I'll give it to you by tomorrow.
（「アィゥ」って感じ　軽く「イッ」）

★**3**　It's almost 10 pages long.
➡ページ数は関係ないので×

解説

「疑問詞」→「疑問詞に対する応答」の基本パターンです。when「いつ？」に対して、by tomorrow「明日までに」と答えている**2**が正解です。by はもともと「近接（～の近くに）」で、そこから「どんなに近づいてもOK（でもそれをすぎちゃダメ）」→「～までに」と「期限」の意味が生まれました。**1** は every day と「時」を答えていますが、「いつ仕上がる？」に対する応答として「毎日取り組んでいます」は不適切です。

和訳 ☆アンディ、あなたの美術の課題はどこにありますか？　それをするのに１週間あげたんですよ。

★ごめんなさい、ケネディ先生。思っていたよりも時間がかかっているんです。
☆それでは、いつなら仕上げられるんですか？

選択肢の和訳

★**1**　毎日それに取り組んでいます。
★**2**　明日までに提出します。
★**3**　ほぼ10ページの長さです。

語句 □art　美術　☑project　課題　☑take　時間がかかる
☑expect　予期する・想像する

選択肢の語句
☑work on ～　～に取り組む　☑almost　ほとんど

No. 3 ▸need 人 to ～は「人に～してもらう必要がある」 CD1 59 レベル★★★

解答 **2**

スクリプト

ボス（上司）を見なかった？
★Helen, have you seen the boss today?

仕事場にはいないわ。会議に行っている
☆No, Ms. Henderson is out of the office. She's at a conference.
「ジ」　くっついて「タ」

署名をもらう必要がある
★Oh no. I need her to sign this before Friday.
need 人 to 原形「人に～してもらう必要がある」

☆**1**　Well, I think she's in her office.

➡「会社にいない」という内容と矛盾するので×

☆**2**　Don't worry. She'll be here tomorrow.
「ドン」って感じ　軽く「シル」

☆**3**　Sorry, you have the wrong office.

➡オフィスを間違えているという話ではないので×

解説

「ボスを見なかった？」→「会議で不在」→「署名してもらう必要がある」→「(　)」という流れです。Don't worry. She'll be here tomorrow.「心配しないで。明日はここにいるよ」と安心させてあげている**2**が文脈に合います。

sign は「署名する」
英文中に sign が出てきますが「署名する」という意味です。その名詞は signature「署名」です。ちなみに、「(有名人の) サイン」は autograph を使います。

和訳 ★ヘレン、今日、ボスを見なかった？
☆いいえ、ヘンダーソンさんは会社にいないわ。会議に出席しているのよ。
★困ったなぁ。金曜日になるまでにこれに署名してもらう必要があるんだよ。

選択肢の和訳
☆1 ええと、彼女は会社にいると思うわ。
☆2 心配しないで。彼女は明日はここにいる予定よ。
☆3 ごめんなさい、あなたは会社を間違えているわ。

語句 □boss 上司 ☆be out of ～ ～にいない □office 会社・職場
☆conference 会議 □need 人 to 原形 人に～してもらう必要がある
☆sign 署名する・サインする

選択肢の語句
□worry 心配する □wrong 間違った

No. 4 ▸holdは「電話を切らずに待つ」

CD1 60 レベル★★★

解答 3

スクリプト

図書館の人との電話の場面

☆ Farmington Public Library.

雑誌を探している

★ Hello. I'm looking for a copy of the magazine *Sports Life*. I'd like to read the one from last month.

「～かどうか」 あるかどうか確認します。お待ちください。

☆ I'll see if we have it. Please hold.

「アイゥ」って感じ くっついて「スィーフ」

★1 Well, I have one at home.

➡探している人が「家にある」というのはおかしいので×

★2 No. I haven't been there.

軽く「ビン」

➡「お待ちください」に対する応答としてかみあわないので×

★3 Sure. I'll wait.

「アイゥ」って感じ

解説

探している雑誌があるか図書館に問い合わせている場面の会話です。女性の「あるかどうか確認します。お待ちください」に対する応答として、「待ちます」と答えている**3**の Sure. I'll wait. が正解です。

hold は「電話を切らずに待つ」

hold は「持つ」→「(持って)～のままにしておく」の意味ですが、電話の場面では hold on「電話のスイッチがオン(on)のままにしておく(hold)」→「電話を切らずに待つ」でよく使われます。この on は電話回線が接触してつながっている」イメージです。電話の会話などで意味が明らかな場合は、今回のように hold だけでも同じ意味で使われます。ちなみに次の **No.5** では hold を「持っている」の意味で使っています。

和訳 ☆ファーミントン公立図書館です。

★もしもし。『スポーツライフ』という雑誌を探しているのですが。先月号を読みたいんです。

☆あるかどうか確認しますね。そのままお待ちください。

選択肢の和訳

★1 ええと、家に1部あります。

★2 いいえ。私はそこへ行っていません。

★3 わかりました。待っています。

語句 □look for ～ ～を探す ☆copy (本の)部 □magazine 雑誌
□I'd I would の短縮形 ☆would like to 原形 ～したい
☆see if sv ～かどうか確かめる ☆hold (電話を)切らずに待つ

選択肢の語句

□at home 家で □wait 待つ

No. 5 ▸Not really は「そうでもない」の意味！ CD1 61 レベル★★★

解答 3

スクリプト

☆ What are you holding, John?　（hold は「持つ」の意味）

★ This? It's a Japanese-language textbook. I've been trying to teach myself to speak Japanese this year.　（くっついて「ラ」／自分で勉強している／軽く「ビン」「トライントゥ」って感じ）

☆ Japanese? Wow, that sounds really difficult.　（日本語ってすごく難しそう）

★1 Actually, I'll go there for two weeks.

➡ there で受けるものがないので×

★2 Well, I haven't even started yet.

➡「勉強している」という内容に矛盾するので×

★3 Not really, it's interesting.

解説

女性の「日本語ってすごく難しそう」に対して、**3** の Not really, it's interesting.「そうでもないよ、おもしろいよ」が文脈に合いますね。冒頭の What are you holding, John? の hold は「持つ」の意味で使われています。Not really「そうでもないよ」は、相手の発言をやんわりと否定したいときに便利です。

和訳 ☆何を持っているの、ジョン？
★これかい？　日本語の教科書だよ。今年は日本語を話せるようになるために独学で勉強しているんだ。
☆日本語ですって？　うわぁ、すごく難しそうね。

選択肢の和訳
★**1**　実は、2週間そこへ行くつもりだよ。
★**2**　いや、まだ始めてさえいないんだよ。
★**3**　そうでもないよ、おもしろいんだ。

語句 ☆hold　持つ　□textbook　テキスト・教科書　□try to 原形　～しようとする
□teach oneself　独学で勉強する　□sound　～のように聞こえる
☆really　本当に・すごく　□difficult　難しい

選択肢の語句
☆actually　実は　□even　～でさえ　□not ～ yet　まだ～ない
☆Not really.　そうでもないよ。

No. 6 ▸ interview は「面接」の意味が重要！ CD1 62 レベル★★★

解答 **1**

スクリプト

（レストランの面接はどうだった？）

★ Sylvia, how did your job interview at the restaurant go yesterday?

（うまくいったけどそこで働きたくない）

☆ It went well, but I don't think I want to work there.
（but：軽く「バッ」　want to：くっついて「ワントゥ」）

★ Why? Was the pay not very good?

（働きたくない「理由」を答えているものが正解）

☆**1**　No, I would have to work late every night.
（would have to work：一気に発音される）

☆**2**　No, I didn't do well on the interview.
（the：「ジ」）

➡「面接はうまくいった」という内容に矛盾するので×

☆**3** No, I thought the location was convenient.

➡「よい立地」は働きたくない理由にならないので×

解説

「仕事の面接」について話している場面です。「そこで働きたくない」と言う女性に対し、男性が「どうして？　給料がよくなかったの？」と尋ねているので、「働きたくない理由」を答えている **1** の No, I would have to work late every night.「毎晩遅くまで働かないといけないみたいなの」が正解です。

go は「行く」→「進行する」

go は「行く」という意味から「進行する」という意味でも使われます。go well「うまくいく」の形でよく使われ、女性の発話で It went well「うまくいった」と使われています。また冒頭の男性の発話の how did your job interview at the restaurant go yesterday? は「昨日のレストランでの仕事の面接はどのように進行した？」が直訳で、「面接はどうだった？」というニュアンスで使われています。

interview は「面接」

日本語では「ヒーローインタビュー」のようにスポーツ選手や有名人が相手のイメージですが、仕事などの「面接」の意味があり、英検や大学入試ではこの意味で使われることが圧倒的に多いです。名詞の他、「面接する」という動詞の使い方もあります。

和訳 ★シルビア、昨日のレストランの仕事の面接はどうだった？
☆うまくいったけど、そこで働きたくないかも。
★どうして？　給料があまりよくなかったの？

選択肢の和訳
☆**1**　いいえ、毎晩遅くまで働かないといけないみたいなの。
☆**2**　いいえ、面接がうまくいかなかったの。
☆**3**　いいえ、立地はいいと思ったの。

語句 ☆job interview　採用面接　☆go well　うまくいく　□want to 原形　～したい
☆pay　給料

選択肢の語句
☆have to 原形　～しなければならない　□late　遅くに
□location　立地・ロケーション　☆convenient　便利な

No. 7 ▸ allowの発音は「アラウ」！

CD1 63 レベル★★★

解答 2

スクリプト

「電話」の場面

☆ Hello. Amy Gibson speaking.
「スピーキンッ」って感じ

★ Hi, Ms. Gibson. It's Chris. Is Angela home?

アンジェラはいるけど今宿題をやっているところ

☆ She's here, but she's doing her homework right now. And she's not allowed
「ドゥーイン」って感じ 軽く「アン」 くっついて「タラウドゥ」

夜 10 時以降は電話に出ることが許されていない

to take calls after 10 at night.
「コーズ」って感じ 軽く「アッ」

★1 OK. I'll call her when she gets back.
「アイゥ」って感じ 「コーウ」って感じ
➡「家にいる」という内容に反するので×

★2 Oh. I'll talk to her at school tomorrow, then.
「アイゥ」って感じ 軽く「アッ」

～かどうか

★3 Well, I'll see if she's still there.
「アイゥ」って感じ 「シースティゥ」って感じ
➡「家にいる」という内容に反するので×

解説

女性の「夜の 10 時以降は電話に出るのを許されていない」から、**2** の Oh. I'll talk to her at school tomorrow, then.「そうなんですね。じゃあ、明日学校で彼女に話します」が正解です。

allow は使い方と「アラウ」という発音をおさえる！

she's not allowed to take calls after 10 at night で allow が受動態で使われています。もともと allow 人 to 原形「人 が～するのを許す」の形で、受動態は 人 is allowed to 原形「人 は～するのを許されている」です（英文は「彼女は 10 時以降は電話に出ることが許されていない」の意味）。さらに、リスニング問題では「アラウ」という発音を知っていないと反応できないので、あわせて確認しておいてください。

和訳 ☆もしもし。エイミー・ギブソンです。
★もしもし、ギブソンさん。クリスです。アンジェラは家にいますか？
☆いるけど今、宿題をやっているところなの。あと、夜の 10 時以降は電話に出ちゃいけないことになっているのよ。

選択肢の和訳

★1　わかりました。彼女が戻ってきたら電話をします。
★2　そうなんですね。じゃあ、明日学校で彼女に話します。
★3　じゃあ、彼女がそこにいるかどうか確認します。

語句　☆ 名前 speaking.　(電話で)～です。　□home　家に　☆right now　ちょうど今
□allow 人 to 原形　人 が～するのを許す　□take call　電話に出る

選択肢の語句

□get back　戻る　□talk to 人　人 に話しかける
☆see if sv　～かどうか確かめる　☆still　まだ

No. 8 ▸ way は「手段・方法」の意味！

CD1 64　レベル★★★

解答　1

スクリプト

知らない人同士の会話

☆ Excuse me. Does this bus go to the airport?
「ジ」

バスは空港へ行かない

★ No, it doesn't. This bus only goes to the downtown area.
軽く「イッ」

空港へ行く交通手段を尋ねている

☆ Oh no! What's the quickest way to the airport from here, then?
「ジ」

★1　Well, you can get a train at Central Station.

★2　Well, the airport is on the west side of the city.
「ジ」
➡空港の場所は聞かれていないので×

★3　Well, this bus isn't very crowded today.
➡そもそもバスは空港に着かないので×

解説

What's the quickest way to ～?「～へ最も早く行く方法は何ですか？」と交通手段を尋ねているので、a train と答えている **1** が正解です。

和訳　☆すみません。このバスは空港へ行きますか？
★いいえ、行きませんよ。このバスは繁華街にしか行きません。
☆そんな！　では、ここから空港へ一番早く行く方法は何ですか？

選択肢の和訳

★1　そうだねぇ、セントラル駅から電車に乗れますよ。
★2　そうだねぇ、空港は市の西側にありますよ。

★3　そうだねぇ、今日はこのバスはあまり混んでいませんよ。

語句 □airport　空港　□only　～のみ　☑downtown　繁華街　□area　地域・エリア　□quick　早い・素早い　☑way　方法

選択肢の語句
□get　～に乗る　□west　西　□side　側　☑crowded　混雑して

No. 9 ▸Would you like to ～?は「～したい?」　CD1 65　レベル★★★

解答 1

スクリプト

「親子の会話」だとわかる

★ Mom, my teacher asked me to read my essay in history class today.

☆ Oh, really? What was it about?
くっついて「ワズィッラバウト」

サッカーの歴史についての作文

★ The history of soccer. Would you like to see it?
それを見たい?

☆**1**　Yes. Please show it to me after dinner.
軽く「イッ」

☆**2**　Yes. Please cancel the study group for me.

➡作文と関係ないので×

☆**3**　Yes. Please take it to your teacher.
くっついて「ティキットゥ」

➡先生に持っていくかどうかは関係ないので×

解説

Would you like to see it?「それ(作文)を見たい?」に対して、Please show it to me after dinner.「夕食後に見せて」という **1** が正解です。

Would you like ～? の使い方

今回の会話にはWould you like to see it? が出てきました (Would you はくっついて「ウッジュ」という感じで発音されます)。would like は、want をていねいにしたイメージで、リスニングでもよく出てくるので、今回は疑問文の形で用いる would like を使った表現のバリエーションをチェックしておきましょう。

① Would you like to 原形?　「～したいですか?」
「～するのはどうですか?」

※ Do you want to 原形?「～したいですか?・～しませんか?」(69ページ) をていねいにした表現と、「(したいなら)～しませんか?」と「相手に提案」する使い方があります。

② Would you like 名詞?「～はいかがですか?」

※「〜がほしいですか？」→「(ほしいなら) いかがですか？」となります。

「作文」も essay

essay は「エッセー・随筆」と訳されることが多いですが、実際には論文よりも少し軽めの「小論文」や「作文」という意味でよく使われます。

和訳 ★お母さん、今日の歴史の授業で先生に、僕の作文を読んでくれって頼まれたんだ。
☆あら、本当？ それは何についてなの？
★サッカーの歴史だよ。見てみたい？

選択肢の和訳

☆1 ええ。夕飯の後に見せて。
☆2 ええ、私のために勉強会を中止して。
☆3 ええ、あなたの先生に持って行って。

語句 ☆ask 人 to 原形 人に〜するように頼む □essay 作文・エッセー
□history 歴史 □class 授業 ☆really 本当に
☆Would you like to 原形 〜？ あなたは〜したいですか？

選択肢の語句

☆cancel 中止する □study group 勉強会

No. 10 ▸「売り切れ」→「他を当たってみる」は典型パターン！ CD1 66 レベル★★★

解答 3

スクリプト

(何かの「お店」の場面だとわかる！)

★ Welcome to SuperStar Sportswear. How may I help you?

(〜かどうかと思いまして)

☆ Hi. I was wondering if you sell basketball shorts.

(「バスキボー」って感じ)

★ We do, ma'am, but we're sold out right now.

(今は売り切れ)

☆1 I see. I'll buy the cheaper ones, then.

(「アイゥ」って感じ)

➡「売り切れ」の内容に反するので×

☆2 I see. I'll take a pair in white, then.

➡「売り切れ」の内容に反するので×

☆3 I see. I'll try somewhere else, then.

(「アイゥ」って感じ)

解説

バスケットボール用のパンツを購入しようとしている場面です。店員のWe do, ma'am, but we're sold out right now.「お客様、取り扱っておりますが、今は品切れ中なんです」に対して、**3**のI'll try somewhere else「他のどこか(のお店)をあたってみます」が文脈に合います。

I was wondering if you ～? はていねいな依頼の表現

I wonder if ～は直訳「～かどうか(if) 不思議に思う(wonder)」→「～かなぁ」です。I wonderは形の上では「ひとりごと」なので、相手は返事を返さないといけないプレッシャーがないため、それだけていねいな表現になるんです。また、I was wondering if you could ～となると、「あなたが～できるだろうかと(if you could)と思っていた(was wondering)」→「～していただけませんでしょうか?」とさらにていねいに依頼する表現になります。

和訳 ★スーパースター・スポーツウェアへようこそ。何かお探しですか?

☆こんにちは。バスケットボール用のパンツはこちらで売られているかどうかと思いまして。

★お客様、お取り扱いはございますが、今は売り切れ中なんです。

選択肢の和訳

☆**1** わかりました。じゃあ、安いほうを買います。

☆**2** わかりました。じゃあ、白いものを買います。

☆**3** わかりました。じゃあ、他のお店をあたってみます。

語句

☆ Welcome to ～. ～へようこそ。 □ How may I help you? 何かお探しですか?

☆ I was wondering if ～. ～かどうかと思いまして。 □ sell 売る

□ shorts パンツ(半ズボン) ☆ ma'am お客様・奥様

□ be sold out 売り切れ中 ☆ right now ただいま

選択肢の語句

☆ I see. わかりました。 □ cheap 安い □ pair ペア・一組

□ in white 白色の □ else 他の

No. 11 ▸ Actuallyの後ろは要チェック！

CD1 68 レベル★★★

解答 4

スクリプト

どうしてそんなにスペイン語が得意なの？

☆ Ben, you got the highest score again. Why are you so good at Spanish?

Did you study in Spain, or did you have a tutor?

くっついて「ディジュ」

後ろに大事な内容がくる合図

スペイン語のテレビ番組をたくさん見る

★ Actually, I watch lots of TV shows on Spanish television. Then, I look up

ほとんど発音されない

くっついて「ルッカップ」

理解できない単語を辞書で調べる

the words I don't understand in a dictionary.

くっついて「インナ」

☆ I should try that.

「シュッ トライ」って感じ

★ Yeah. Just find a program that interests you. That way, it doesn't even

くっついて「ダ」

軽く「イッ」

feel like studying.

「スタディーン」って感じ

☆☆ **Question:** How did the boy get good at Spanish?

「ディッ」って感じ

「グッダ」って感じ

解説

〈選択肢先読み〉➡主語がすべてHe➡「男性の行動」がポイント！

質問は「少年はどのようにスペイン語が得意になったのですか？」です。少年は「スペイン語のテレビ番組をたくさん見る」、「わからない単語を辞書で調べる」と答えています。前半の内容に合う**4**のHe watched Spanish TV shows.「彼はスペイン語のテレビ番組を見た」が正解です。ちなみに**1**はSpanishやtutor、**2**はstudy、in Spain、**3**はdictionaryという会話に出てきた単語を使ったダミーです。

大事な内容を打ち明けるときに使うactually！

actuallyは「実は」という感じでこれから大事な内容を打ち明けるときなどに使われ、英検ではactuallyの後ろに、解答に絡む情報がよくきます。リスニングだけでなく、リーディングの問題でも要チェックの単語です（78ページ）。

疑問詞 how

Question に疑問詞 how が使われています。how は How are you? のように「どのような状態」という意味のイメージが強いかもしれませんが、もう 1 つ「どのように」と「方法」の意味があります。この「方法」の意味で使われる how は英検の Question でよく使われるのでしっかり覚えておいてください。英検のリスニングでは本文の内容ばかりに意識が向きがちですが、Question も正確に理解できるようにすることが大切です。

get good at ～「～が得意になる」

Question で get good at ～が使われています。be good at ～「～が得意だ」の be 動詞が get に変わった表現です。get は「～になる」と「変化」を表すので、「～が得意になる」という意味になります。

和訳 ☆ベン、また最高得点を取ったね。どうしてそんなにスペイン語が得意なの？　スペインに留学したか、それとも家庭教師がいたの？

★実は、スペイン語のテレビ番組をたくさん見ているんだ。見た後に、わからない単語は辞書で調べているよ。

☆私もやってみるわ。

★そうだね。興味がわく番組を見つけてみて。そうすれば勉強している感じさえしないよ。

☆☆質問：少年はどのようにスペイン語が得意になったのですか？

選択肢の和訳

1　彼は家庭教師にスペイン語を教わった。

2　彼はスペインに留学した。

3　彼は辞書を暗記した。

4　彼はスペイン語のテレビ番組を見た。

語句

- □high　高い
- □score　得点
- □be good at ～　～が得意だ
- □Spanish　スペイン語
- □tutor　家庭教師
- ☆actually　実際は・実は
- □lots of ～　たくさんの～
- □TV show　テレビ番組
- ☆look up ～　～を調べる
- □understand　理解する
- □dictionary　辞書
- ☆should　～するべきだ
- □find　見つける
- □program　番組
- □interest　～に興味を持たせる
- ☆way　方法・やり方
- □even　～でさえ
- □feel like -ing　～したい気分だ

選択肢の語句

- ☆abroad　海外へ・外国へ
- □memorize　暗記する

No. 12 ▸ 電話の会話は「用件」を聞き取るのがポイント　CD1 69　レベル ★★★

解答 2

スクリプト

（電話の呼び出し音とやりとりから「電話」の場面）

☆ Hello.

（金曜日に友人を招待する・君も来たい？）

★ Janice, it's Greg. I'm inviting some friends to my house on Friday night.

（inviting：「インヴァイティン」って感じ　to：軽く「トゥ」）

Do you want to come?

（want to：くっついて「ウォントゥ」）

☆ I'd love to! Should I bring anything?
くっついて「シュダイ」
よろこんで

★ No, that's OK. I'm making dinner, and another friend is bringing dessert
「メイキン」って感じ　くっついて「ダ」

and drinks. After we eat, we might watch a DVD.
軽く「アン」　「マイッ」って感じ　くっついて「チャ」

☆ Sounds great.

☆☆ **Question:** Why did the man call the woman?
「ディッ」って感じ　「コーウ」って感じ

解説

〈選択肢先読み〉➡ すべて「To+動詞の原形」で始まっている➡「目的」or「これからのこと」

質問は「男性はなぜ女性に電話をしたのですか？」なので「目的」が問われています。冒頭で「金曜日の夜に友だちを家に招待するんだ。君も来ない？」と誘っています。さらに、2回目の発話の「僕が夕食を作って、友人がデザートなどを持ってくる」から、**2** の To invite her to a dinner party.「彼女をディナーパーティーに招待するため」が正解となります。

Do you want to ～？は「勧誘」
直訳は「あなたは～したいですか？」となりますが、英語の世界では、相手を誘うときなどにも使えます。「～したい？」→「～しない？」という感じです。また、少していねいなニュアンスにするときは、Would you like to 原形？を使います（155ページ）。

和訳
☆もしもし。
★ジャニス、グレッグだよ。金曜日の夜、うちに何人か友だちを招待しているんだ。君も来ない？
☆ぜひ行きたいわ。何か持って行ったほうがいい？
★何もいらないよ。僕が夕食を作って、他の友だちがデザートや飲み物を持ってくることになっているんだ。食事をした後、DVDを見るかもしれない。
☆おもしろそうね。
☆☆質問：男性はなぜ女性に電話をしたのですか？

選択肢の和訳

1 彼女にレストランについて尋ねるため。
2 彼女をディナーパーティーに招待するため。
3 DVDを数枚借りるため。
4 デザートのレシピを手に入れるため。

語句
☆invite 人 to 場所　人 を 場所 へ招待する　□want to 原形　～したい
☆I'd love to.　よろこんで。　☆should　～するべきだ　□bring　持ってくる
□another　別の・他の　□dessert　デザート　□eat　食べる
☆might　～かもしれない

選択肢の語句

□ask 尋ねる ☆borrow 借りる □recipe レシピ

No. 13 ▸ Do you want to ～？は「勧誘」 CD1 70 レベル ★★★

解答 4

スクリプト

勧誘の表現 / 今晩、映画を借りて見ない？

★ Do you want to rent a movie tonight, Carrie?

くっついて「ワントゥ」 くっついて「タ」

うん、見よう。『ムーン・シティ』をすごく見たい

☆ Sure. I really want to see *Moon City*. I've heard it's exciting.

「リリー」って感じ くっついて「ワントゥ」 一気に発音される

★ OK. That's the one about monsters who live in a secret city on the moon, right?

くっついて「ワナバウト」 くっついて「ナ」

☆ Yeah. And Lucas Gates is in it. He's my favorite actor.

くっついて「イズィニット」 軽く「ヒズ」

☆☆ **Question:** What will the boy and girl do tonight?

解説

〈選択肢先読み〉➡ すべて「動詞の原形」で始まっている➡「未来の予定・行動」を聞き取る！

質問は「少年と少女は今晩何をする予定ですか？」です。「映画を借りて見ない？」→「いいね」という流れから、**4** の Watch a movie.「映画を見る」が正解となります。ちなみに **No. 12** に続き、今回も相手を誘うときの Do you want to ～? が使われていますね。

和訳 ★今晩、映画を借りて見ない、キャリー？
☆うん、見よう。『ムーン・シティ』をすごく見たいと思っているの。とてもおもしろいらしいよ。
★いいよ。月にある秘密都市に住んでいる怪物についての映画だよね？
☆そうよ。ルーカス・ゲイツが出ているの。彼は私の一番好きな俳優よ。
☆☆質問：少年と少女は今晩何をする予定ですか？

選択肢の和訳

1 怪物についての物語を読む。 **2** お互いに秘密を言う。
3 俳優に会う。 **4** 映画を見る。

語句 □want to 原形 ～したい □tonight 今晩 □Sure. もちろん。
☆really 本当に □hear 聞く □monster 怪物・モンスター
☆secret 秘密の □moon 月 □～, right? ～だよね？
☆favorite 大好きな・一番好きな □actor 俳優

選択肢の語句

□story　物語　☆each other　お互いに　□meet　会う

No. 14 ▸ リスニング頻出の「公開終了・中止」パターン　CD1 71　レベル★★★

解答　1

スクリプト

動物園の場面

☆ Welcome to the Paddington Zoo. Can I help you?

くっついて「キャナイ」

★ Hello. My daughter and I just walked around the zoo, but we didn't see

くっついて「ダイ」

the penguins. Have they moved to a new location?

「ムーヴトゥ」って感じ

後ろに大事な内容がくる合図　ペンギンハウスは閉鎖

☆ Actually, sir, the Penguin House is closed for repairs until next week.

残念！

★ Oh. That's too bad. They're our favorite animal.

☆☆ **Question:** Why is the man disappointed?

解説

〈選択肢先読み〉➡ "the Penguin House" や "the zoo" から「動物（園）の話？」くらいでOKです。

質問は「男性はなぜがっかりしているのですか？」です。女性のActuallyの後が大事です（158ページ）。the Penguin House is closed for repairs until next week「ペンギンハウスは来週まで修繕のため閉鎖しています」とあり、男性がOh. That's too bad.「そうなんだ。それは残念」と答えていることから、**1** のThe penguin House is not open.「ペンギンハウスが開いていないので」が正解となります。is closedが選択肢ではis not openに言い換えられています。

「気持ちの理由」が問われる

英検のリスニングでは「うれしい」「悲しい」「残念だ」「わくわくしている」などの感情（気持ち）の理由がよく狙われます。happy、gladなどの感情表現が出てきたら要チェックです。今回はThat's too bad.から「残念」という気持ちだとわかります。そして、その理由が問われたわけです。

「公開終了・中止」パターン

今回の動物園の他、美術館などの場面で「見たい展示が見れなくて残念だった」という話は頻出なので、頻出パターンとしておさえておきましょう。

和訳 ☆パディントン動物園へようこそ。何かお困りですか？
★こんにちは。娘と私で園内を歩き回ったのですが、ペンギンが見当たらなくて。新しい場所に移動してしまったのでしょうか？
☆実は、お客様、ペンギンハウスは来週まで修繕のために閉鎖されているんです。
★そうなんだ。それは残念ですね。ペンギンは僕たちが一番好きな動物なんです。
☆☆質問：男性はなぜがっかりしているのですか？

選択肢の和訳
1 ペンギンハウスが開いていないので。
2 ペンギンハウスは退屈だったので。
3 動物園は来週閉鎖されるので。
4 動物園にあまり多くの動物がいないので。

語句
☆Welcome to ～. ～へようこそ。 □Can I help you? 何かお困りですか？
□daughter 娘 □just たった今 □walk around ～ ～を歩き回る
□zoo 動物園 □penguin ペンギン ☆move to ～ ～へ移動する・引っ越す
□location 位置・場所 ☆actually 実際は・実は □close 閉鎖する
☆repair 修理 □until ～まで ☆That's too bad. それは残念だ。
☆favorite 大好きな・一番好きな ☆disappointed がっかりして

選択肢の語句
☆boring 退屈な

No. 15 ▸get readyは「準備する」

CD1 72 レベル★★★

解答 2

スクリプト

Dad（呼びかけ）→親子の会話　ハイキングにどんな服が必要？

☆ Dad, what clothes will I need for our hiking trip? I want to start getting ready.

（will：軽く「ウル」　hiking：「ハイキン」って感じ　want to：くっついて「ウォントゥ」　start：tの飲み込み　start getting ready：準備を始めたい）

★ The weather forecast said that it'll be cold all weekend.

（that：軽く「ザッ」　it'll be cold：一気に発音される）

☆ So I guess I should bring some warm hiking clothes and a jacket.

（hiking：「ハイキン」って感じ　and a：くっついて「ダ」）

★ You might want to bring your raincoat, too, just in case.

（want to：くっついて「ウォントゥ」）

☆☆ **Question:** What is the girl doing?

解説

〈選択肢先読み〉➡ すべて「動詞の -ing 形」で始まっている➡「誰かがしていること（したこと）」

質問は「その少女は何をしているところですか？」です。冒頭で、ハイキングで着る服について父親に尋ね、「準備を始めたい」と言っているので、**2** の Getting ready for a trip.「旅行の準備をしている」を選べば OK です。

呼びかけから人間関係をつかむ！

女性が冒頭で Dad「お父さん」と呼びかけていることから、今回は親子間での会話だとわかります。このように、呼びかけは早い段階で登場人物の人間関係を把握するためのヒントになります(32 ページ)。

You might want to 原形 は「ひかえめな提案」

設問には直接関係ありませんでしたが、男性の最後の発話に You might want to bring ～. と want が使われています。might は「もしかしたら～かもしれない」で、You might want to 原形. は、直訳「あなたはもしかしたら～したいと思うかもしれません」→「(そう思うなら)～してみてはいかがでしょうか」というひかえめな提案表現です。

和訳
☆お父さん、ハイキングにはどんな服が必要かな？　準備を始めたいの。
★天気予報によると、週末はずっと寒いみたいだよ。
☆それなら、暖かいハイキング用の服と上着を持って行ったほうがよさそうね。
★念のためレインコートも持っていったほうがいいかもしれないよ。
☆☆**質問**：その少女は何をしているところですか？

選択肢の和訳

1　上着を試着している。　**2**　旅行の準備をしている。
3　レインコートを買いに行っている。　**4**　ハイキング用の服を洗っている。

語句
☆clothes　服　□need　必要とする　□hiking　ハイキング　□trip　旅行
☆get ready　準備する　□weather forecast　天気予報　□cold　寒い
□weekend　週末　☆guess　推測する　☆should　～するべきだ
□bring　持ってくる　□warm　暖かい　□jacket　上着
☆might　～かもしれない　□You might want to 原形　～してみてはどうですか？
□raincoat　レインコート　☆just in case　念のため

No. 16 ▸ want to ～「～したい」はポイントになる　CD1 73　レベル ★★★

解答 3

スクリプト

Mom (呼びかけ) →親子の会話

★ Mom, can I have a friend over after lunch?
くっついて「キャナイ」

誰を呼びたいの？

☆ Who do you want to invite?
くっついて「ウォントゥ」

ビリーだよ。テレビゲームをしたいんだ。

★ Billy. We want to play some video games.
くっついて「ウォントゥ」　「ゲイムス」って感じ

☆ OK. Let me call his mother. Maybe she can drive him here, and I can take him home.

(Let：tの飲み込み　call：「コーウ」って感じ　and I：くっついて「ダイ」　can：軽く「クン」)

☆☆ **Question:** What does the boy want to do?

解説

〈選択肢先読み〉➡すべて「動詞の原形」で始まっている➡「未来の予定・行動」を聞き取る！

質問は「少年は何をしたいと思っていますか？」です。母親の「誰を呼びたいの？」に対し、Billy. We want to play some video games.「ビリーだよ。僕らはテレビゲームをしたいんだ」と答えていることから、**3** の Invite Billy to his house.「ビリーを自分の家に招待する」を選びます。**1** の Have lunch with Billy. は Have lunch の部分が×、**4** の Play video games with his mother. は、後半の with his mother が×です。

和訳 ★お母さん、昼食後に友だちを呼んでもいい？
☆誰を呼びたいの？
★ビリーだよ。僕らはテレビゲームをしたいんだ。
☆わかったわ。彼のお母さんに電話させて。彼女がビリーをうちに車で送ってくれるかもしれないし、帰りは私が彼を家に送っていけるわ。
☆☆**質問**：少年は何をしたいと思っていますか？

選択肢の和訳

1　ビリーと昼食をとる。
2　ビデオ店へ行く。
3　ビリーを自分の家に招待する。
4　お母さんとテレビゲームをする。

語句
☑ Can I 原形 ～？　～してもいいですか？
□ have 人 over　人 を客として迎える
□ want to 原形　～したい
☑ invite　招待する
□ video games　テレビゲーム
☑ let 人 原形　人 が～するのを許す
☑ maybe　おそらく
□ drive　車を運転する

No. 17 ▸ トラブル問題は当事者意識をもって聞く　CD1 74　レベル★★★

解答　2

スクリプト

（他人同士の会話）（料理を 30 分近くずっと待っている）

☆ Excuse me. I've been waiting for my food for nearly 30 minutes now. Is there a problem?

(I've：「アイフ」って感じ　been：軽く「ビン」　for：軽く「フ」)

★ I'm very sorry, ma'am. What did you order?

(What did you：「ワッディジュ」って感じ)

☆ A steak. Can you check with the chef, please?
くっついて「キャニュ」　くっついて「ウィザ」

★ Certainly. I'll be right back.

☆☆ **Question:** What is the woman's problem?

解説

〈選択肢先読み〉➡ "バラバラ" なので音声に集中！ 内容から「何かトラブル？」くらいに考えておけばOKです。

質問は「女性の問題は何ですか？」です。冒頭の「私は30分近く料理がくるのをずっと待っている」から、**2** の Her food has not arrived.「料理がまだ到着していない」が正解となります。会話の waiting for my food が選択肢では Her food has not arrived と言い換えられています。**1** は会話に登場する steak を使ったダミーで、味には触れられていないので×です。

現在完了進行形

冒頭の I've been waiting for my food for nearly 30 minutes now. には「現在完了進行形」が使われています。「（過去から始まって現在も）ずっと～している」という「継続」の意味を表すときに、この現在完了進行形が使われます。今回であれば「30分近くずっと料理を待っている」ということです。ちなみに been は「ビーン」ではなく軽く「ビン」と発音されます。

nearly は「あとちょっと」のニュアンス

冒頭の英文に使われている nearly は「ほとんど」と訳されることが多いのですが、「あとちょっと」というニュアンスをつかんでください（almost も同じイメージです）。今回は for nearly 30 minutes なので「あとちょっとで30分間」という意味で、30分はたっていないわけです。

和訳 ☆すみません。もう、30分近く料理を待っているのですが。何か問題があるのですか？
★誠に申し訳ございません、お客様。何をご注文されましたか？
☆ステーキです。シェフに確認していただけますか？
★かしこまりました。すぐに戻ってまいります。
☆☆質問：女性の問題は何ですか？

選択肢の和訳

1 ステーキの味がまずい。
2 料理がまだ到着していない。
3 ウェイターが間違った飲み物を持ってきた。
4 料理が高すぎる。

語句
□wait for ～　～を待つ　☆nearly　ほとんど　□problem　問題
□ma'am　お客様・奥様　☆order　注文する　□steak　ステーキ
☆Can you 原形 ～？　～してくれませんか？　□check　確認する
□chef　シェフ　☆Certainly.　かしこまりました。　□be right back　すぐに戻る

選択肢の語句

□taste　～な味がする　□bad　悪い・まずい　□arrive　到着する
□waiter　ウェイター　□bring　持ってくる　□wrong　間違った
☆expensive　高価な

No. 18 ▸ Could you ～?の「依頼表現」がポイント　CD1 75　レベル★★★

解答　**3**

スクリプト

Could you ～?= ていねいな依頼

☆ Excuse me, sir. Could you help me buy a train ticket? I'm an exchange student from Canada, and I've never bought one before.

（Could you：くっついて「クジュ」／切符を買うのを手伝ってくれませんか？／from：軽く「フム」／and I：くっついて「ダイ」／bought：「ボーッ」って感じ）

★ Sure, no problem. Where do you need to go to?

（need to：「ニートゥ」って感じ）

☆ I'm trying to get to Ikebukuro Station.

（get to：くっついて「ゲットゥ」）

切符の買い方を説明

★ OK. Well, first you find Ikebukuro on the map. See, it's right there, 240 yen. Now, put your money in the machine here, and your ticket will come out.

（right：「ウライッ」って感じ／put your：くっついて「プッチャ」）

☆☆ **Question:** What is the man doing for the girl?

解説

〈選択肢先読み〉➡すべて目的語が her ➡「女性に関すること」が問われている

質問は「男性は少女に何をしているところですか？」です。冒頭の「切符を買うのを手伝っていただけませんか？」がヒントです。さらに、後半で男性が切符の買い方を説明していることから、**3** の Helping her to buy a train ticket.「彼女が列車の切符を買うのを手伝っている」が正解となります。本文では help 人 原形、選択肢では help 人 to 原形 が使われています。どちらも「人 が～するのを手伝う」の意味です。**2** の Ikebukuro は会話に出てきた単語ですが、「池袋のレストラン」の話は登場していないので×です。

和訳　☆すみません。列車の切符を買うのを手伝っていただけませんか？　私はカナダからきた交換留学生で、今まで切符を買ったことがないんです。

★もちろん、いいですよ。どこへ行く必要があるんですか？
☆池袋へ行こうとしているんです。
★かしこまりました。それでは、まず地図で池袋を見つけます。見てください、そこです。240円ですね。では、券売機のここにお金を入れてください、そうすれば切符が出てきますよ。
☆☆質問：男性は少女に何をしているところですか？

選択肢の和訳

1 彼女にお金を貸してあげている。
2 彼女に池袋のレストランについて教えている。
3 彼女が列車の切符を買うのを手伝っている。
4 彼女を駅の事務室に連れて行っている。

語句
☆ Could you 原形 ～？ ～してくださいませんか？
☆ help 人 原形 人が～するのを手伝う　□ ticket 切符
□ exchange student 交換留学生　☆ never 一度も～ない
□ Sure. かしこまりました。　□ need to 原形 ～する必要がある
□ try to 原形 ～しようとする　□ get to ～ ～へ行く　□ first まず最初に
□ find 見つける　□ map 地図　□ right ちょうど　□ put ～ in ～を入れる
□ machine 機械　□ come out 出てくる

選択肢の語句
☆ let 人 原形 人が～するのを許す　□ borrow 借りる
☆ help 人 to 原形 人が～するのを手伝う
□ take 人 to 場所 人を場所へ連れて行く

No. 19 ▸ I want to ～→「したいこと」、I don't want to ～→「したくないこと」 CD1 76 レベル★★★

解答 1

スクリプト

★ Let's try this noodle shop, Jen.

☆ Why? Look at all the people. I don't want to wait a long time to eat.
（Look at all：「ルカオーウ」って感じ／don't want to wait：一気に発音される／食べるのに長時間待ちたくない）

★ Yeah, but if there are so many people waiting, that means the noodles must be really good. Plus, the line is moving quickly. It won't take long.
（waiting：「ウェイティン」って感じ／that：軽く「ザッ」／It won't：「イッウォン」って感じ）

☆ Oh, OK. I guess you're right.

☆☆ **Question:** What is one thing the woman says?

解説

〈選択肢先読み〉➡主語がすべて She ➡「女性の行動」がポイント！

質問は What is one thing ～？「内容に合うものはどれか？」のパターンで、「女性が言っていること」について問われています。麺類のお店に入るか話している場面で、女性が「私は食べるために長時間待ちたくない」と言っていることから、**1** の She does not want to wait a long time.「彼女は長時間待ちたくない」が正解となります。**3** は冒頭の Let's try ～. からまだ並んでいないとわかるので×です。

否定文に慣れておくことも大事！
今回の根拠になる英文は I don't want to wait ～. と否定文になっています。I want to ～は聞き取れても、I don't want to ～と否定文になると聞き取れなくなる人が意外と多いんです。don't want to の部分は「ドンワントゥ」のように発音されることが多く、今回の音声を何度も聞き込んでおきましょう。そして、「I want to ➡したいこと」、「I don't want to ➡したくないこと」と判断できるようにしておきましょう。

和訳 ★この麺類のお店に入ろうよ、ジェン。
☆どうして？　この大勢の人を見てよ。食べるのに長時間待ちたくないわ。
★そうだけど、そんなに多くの人が待っているなら、ここの麺料理が本当においしいに違いないということだよ。それに、行列は速く進んでいる。長くかからないさ。
☆そうね、わかったわ。あなたの言う通りかもしれないね。
☆☆質問：女性が言っていることの 1 つは何ですか？

選択肢の和訳
1　彼女は長時間待ちたくない。
2　彼女は麺料理を食べるのが好きではない。
3　彼女はあまりに長い時間、列に並んでいる。
4　彼女はそのラーメン店で食べようと思っていた。

語句 □noodle　麺　□want to 原形　～したい　□wait　待つ　□eat　食べる
☆mean　意味する　☆must　～に違いない　☆really　本当に　□plus　加えて
□move　動く　☆quickly　速く　□take　時間がかかる　☆guess　推測する
□right　正しい

選択肢の語句
□stand in line　列に並ぶ　□plan to 原形　～する計画を立てる

No. 20 ▸ I'd like to ～. に反応する！　CD1 77　レベル★★★

解答 4

スクリプト

スポーツ（テニス）クラブと電話

☆ Good afternoon. Eastlake Tennis Club.

★ Hi. I'd like some information about your tennis lessons.
「アバウ」って感じ

☆ Sure. We offer one-hour tennis lessons for all levels every day. We also
くっついて「ワナワ」　軽く「フォ」

have tennis rackets and balls for rent.
軽く「アン」

次の火曜日のレッスンを予約したい

★ I have a racket already, but I'd like to reserve a lesson for next Tuesday.
くっついて「ヴァ」

☆☆ **Question:** What does the man want to do?

解説

〈選択肢先読み〉➡すべて「動詞の原形」で始まっている➡「未来の予定・行動」を聞き取る！

質問は「男性は何をしたいと思っていますか？」です。男性が最後にI'd like to reserve a lesson for next Tuesday.「来週の火曜日のレッスンを予約したい」と言っていることから、**4** の Take a tennis lesson.「テニスのレッスンを受ける」を選べばOKです。**1** は、男性は「すでにラケットを持っている」と言っているので×、**2** は、男性はレッスンを教えるのではなく受ける側なので×です。

会話では基本的に短縮形が使われる！
正解の根拠になったI'd like to reserve ～. は、would like to 原形「～したい」が使われています。I would like to 原形. の場合、今回の英文のようにI'd like to 原形. と短縮形が使われるのがふつうです（会話では基本的に短縮形が使われると思ってください）。表現を知っていても短縮形が使われると、とたんに聞き取れなくなることあるので、音声に慣れておくことが大事です。

和訳 ☆こんにちは。イースト・レイク・テニスクラブです。
★こんにちは。そちらのテニスのレッスンについて教えていただきたいのですが。
☆かしこまりました。毎日全レベルを対象に1時間のテニスレッスンをご用意しております。テニスラケットとボールも貸し出しています。
★ラケットはもう持っているのですが、来週の火曜日のレッスンを予約したいです。
☆☆質問：男性は何をしたいと思っていますか？

選択肢の和訳

1 テニスラケットを借りる。　**2** テニスを教える。
3 テニスボールをいくつか買う。　**4** テニスのレッスンを受ける。

語句
□I'd　I wouldの短縮形　☆would like 名詞　～がほしい　☆information　情報
□Sure.　かしこまりました。　☆offer　提供する　□one-hour　1時間の
□level　レベル　□racket　ラケット　☆rent 名 貸出 動 賃貸する・賃借する
□already　すでに・もう　☆would like to 原形　～したい　☆reserve　予約する

No. 21 ▸ must「～しなければならない」は重要！ CD1 79 レベル★★★

解答 2

スクリプト

両親はゲームのやりすぎを心配している

★ Maribel plays games on her computer every day, and her parents are worried that she is playing them too much. Her father said that she must study for her classes for two hours before using her computer. Maribel is not happy, but her father hopes she will start studying harder.

（worried：dの飲み込み／that：軽く「ザッ」／them：軽く「ゼン」／that：軽く「ザッ」）

コンピューターを使う前に勉強しなければならない

（using：「ユーズイン」って感じ／will：「ウル」って感じ）

☆☆ **Question:** What must Maribel do to use the computer?

（What must：「ワッマス」って感じ）

解説

〈選択肢先読み〉➡すべて「動詞の原形」で始まっている➡「未来の予定・行動」を聞き取る！

質問は「マリベルはコンピューターを使うために何をしなければなりませんか？」です。「彼女の父親は、コンピューターを使う前に授業のために2時間勉強しなければならないと言った」とあるので、**2**のStudy for school.「学校の勉強をする」が正解となります。**3**は音声に登場するfor two hoursを使ったダミーで、Exerciseが×です。音声に登場する数字関連の表現が誤りの選択肢に使われることはよくあるので、数字だけに注目するのではなくしっかり内容を確認してください。

和訳 ★マリベルは毎日、コンピューターでゲームをしていて、両親は彼女がゲームをやりすぎていることを心配している。彼女の父親は、コンピューターを使う前に授業のために2時間勉強しなければならないと言った。マリベルは不満だが、彼女の父親は勉強にもっと一生懸命取り組んでほしいと思っている。

☆☆**質問**：マリベルはコンピューターを使うために何をしなければなりませんか？

選択肢の和訳

1 お父さんを手伝う。
2 学校の勉強をする。
3 2時間運動をする。
4 両親と一緒に時間を過ごす。

語句
□parents 両親　□worry 心配する・心配させる
☆must ～しなければならない　□class 授業　□use 使う
□hard 一生懸命・熱心に

選択肢の語句

□exercise　運動する　☆spend 時間　時間 を過ごす

No. 22 ▸Luckilyなどの副詞に注意して流れをつかむ！ CD1 80 レベル★★★

解答 1

スクリプト

☆ Tonia wanted to buy a new bicycle. Last year, she tried to save money (お金をためようとした)（tried to：「トライットゥ」って感じ） by keeping some of the money her parents gave her（「ゲイゥハー」って感じ） each month. However, it was not enough (十分ではない). Luckily（「ラクリー」って感じ）, her uncle said that（軽く「ザッ」） she could work in his garden every weekend (彼女は週末に、庭でおじさんの仕事を手伝うことができた). In return (お返しに), he gave her（「ゲイゥハー」って感じ） enough money to buy the new bicycle (新しい自転車を買うお金をくれた).

☆☆ **Question:** How did Tonia get a bicycle?（get a：くっついて「ダ」）

解説

〈選択肢先読み〉➡ She や Her から「女性の行動」を聞き取る！

質問は「トニアはどのようにして自転車を手に入れましたか？」です。「お金をためようとした」→「しかし(However)」→「十分ではなかった」→「運よく(Luckily)」→「彼女のおじさんが、毎週末に彼の庭で働いてもいいと言ってくれた」→「お返しに(In return)」→「おじさんが自転車を買うのに十分なお金をくれた」という流れをつかんでください。これを踏まえて、**1** の She worked for her uncle.「彼女はおじさんのために働いた」を選びます。Luckily「幸いにも・幸運にも」の後ろにはプラス内容が続きます。今回の Question に使われている How も「どのように(方法)」の意味です(159ページ)。

ポイントになる副詞や接続詞に反応する！

今回のように However「しかしながら」、Luckily「運よく」のような副詞に反応できると、流れを把握しやすくなります。but「しかし」や so「だから」などの接続詞も合わせておさえておきましょう。

和訳 ☆トニアは新しい自転車を買いたいと思っていた。昨年、彼女は毎月両親がくれるお小遣いの一部をとっておくことでお金をためようとした。しかしながら、それでは十分ではなかった。幸い、彼女のおじさんが、毎週末に彼の庭で働いてもいいと言ってくれた。お返しに、おじさんは新しい自転車を買うのに十分なお金を彼女に渡した。
☆☆質問：トニアはどのようにして自転車を手に入れましたか？

選択肢の和訳

1 彼女はおじさんのために働いた。 2 彼女は園芸店の仕事に就いた。
3 彼女のおじが古い自転車をくれた。 4 彼女の両親がもっとお金をくれた。

語句 □want to 原形 ～したい □try to 原形 ～しようとする
☆save money お金を節約する □keep とっておく □parents 両親
□each それぞれの ☆however しかしながら
□形容詞・副詞 enough to 原形 …するほど十分～だ ☆luckily 幸運にも
□uncle おじ □weekend 週末 ☆in return お返しに

選択肢の語句

□gardening store 園芸店

No. 23 ▸ラジオの「交通情報」も「命令文」が大事！ CD1 81 レベル ★★★

解答 4

スクリプト

ラジオ

★ This is the BEXR radio traffic report. Today, Bayside Street is closed for the Bay City Marathon. Please use Coast Avenue instead. If you are going to watch the marathon, take a train to Bay City Station instead of driving. There will be a lot more traffic than usual, and parking is limited.

マラソンを見に行くなら車ではなく列車を利用してください

「ゴウイントゥ」って感じ　くっついて「カ」　「ウル」って感じ　「パーキン」って感じ

☆☆ **Question:** How should people go to watch the Bay City Marathon?

解説

〈選択肢先読み〉➡すべて By -ing ➡疑問詞 How で始まる Question、内容から「交通関係」を予想！

質問は「人々はベイ・シティ・マラソンを見るためにどうやって行くのがよいですか？」です。If you are going to watch the marathon, take a train to Bay City Station instead of driving.「もしマラソンの観戦に行かれる場合は、車ではなく列車でベイ・シティ駅へお越しください」とあるので、**4** の By taking a train.「列車に乗って行く」が正解です。Question には今回も「方法」の how が使われていますが、今回は先読みで、選択肢の形から予想できますね。

「交通情報」パターン
「ラジオの交通情報」では今回のように「イベントがあるので道路が封鎖される・渋滞する」、「道路工事をしているので渋滞する」流れから、「どんな交通手段をとればよいか」が問われることが多いので、パターンとして知っておくと聞き取りやすくなりますよ。

instead や instead of ～をチェック！
英文に instead「代わりに」・instead of ～「～の代わりに」が出てきました。今回は「ベイサイド通り（の代わりに）」→「コースト大通り」、「車（の代わりに）」→「列車」という関係をつかんでください（54 ページ）。

アナウンスでは命令文が多用される！
アナウンスの問題では、「命令文」がポイントになることがとても多いんです。ふつうの命令文の他に、please がついたものなども頻出です（95 ページ）。今回は後半が命令文になっている If you are going to watch the marathon, take a train to Bay City Station instead of driving. がポイントになっていましたね。

和訳 ★こちらは BEXR ラジオ交通レポートです。本日、ベイ・シティ・マラソンのため、ベイサイド通りが閉鎖されています。代わりにコースト大通りをご利用ください。もしマラソンの観戦に行かれる場合は、車ではなく列車でベイ・シティ駅へお越しください。いつもよりも道路は混雑しており、駐車が制限されております。
☆☆質問：人々はベイ・シティ・マラソンを見るためにどうやって行くのがよいですか？

選択肢の和訳
1 バスに乗って行く。 **2** ベイサイド通りを車で行く。
3 コースト大通りを使って行く。 **4** 列車に乗って行く。

語句 □be closed 閉鎖されている □marathon マラソン □use 使う
□avenue 大通り ☆instead of ～ ～の代わりに □traffic 交通量
☆than usual いつもよりも □parking 駐車 □limit 制限する

選択肢の語句
□get on ～ ～に乗る □take a train 列車に乗る

No. 24 ▸ worry about も「感情表現」

CD1 82 レベル ★★★

解答 **1**

スクリプト

☆Miki will visit her uncle in Australia next month. She was looking forward to going to the beach with him for a weekend, but she was worried about her skin being damaged in the sun. Miki's uncle said

（in Australia：くっついて「ナ」／going to：「ゴウイントゥ」って感じ／but：しかし／she was worried about her skin being damaged in the sun：肌が太陽光によってダメージを受けるのを心配している／worried about：くっついて「ダ」／being：「ビーン」って感じ）

that she will be all right because he will give her a big umbrella to use
軽く「ザッ」「ウル」って感じ

on the beach.

☆☆ **Question:** What was Miki worried about?
くっついて「ダ」

解説

〈選択肢先読み〉➡ すべてバラバラ➡音声に集中

質問は「ミキは何を心配していましたか？」です。she was worried about her skin being damaged in the sun「太陽によって肌がダメージを受けるのを心配していた」とあるので、**1** の Her skin could be damaged by the sun.「彼女の肌が太陽によってダメージを受ける可能性がある」が正解となります。

be worried about に反応する！

リスニング問題では「感情表現」は設問によく絡みます。今回は she was worried about ～の was worried about に反応してください。「～を心配していた」ということは「気持ち」が読み取れ、今回の問題は「心配している内容（about 以下の内容）」が問われたわけです。「感情表現」というと happy や sad などの形容詞を思い浮かべがちですが、今回の worry about も重要です。

動名詞の意味上の主語

今回、答えの根拠となっている英文が少し複雑なのでここで確認しておきましょう。

but she was worried about her skin being damaged in the sun.
(she = S, was worried about = V, her skin = s', being = v', being damaged in the sun = about の目的語のカタマリ（動名詞句）)

前置詞 about の後ろに her skin being damaged in the sun という動名詞句がきています。her skin は動名詞の意味上の主語で、「her skin が being damaged する」という関係です。「肌（her skin）」は「ダメージを受ける（be damaged）」という受動の関係になるので、動名詞の部分も being damaged と受け身の形が使われているわけです。

和訳 ☆ミキは来月、オーストラリアにいるおじさんを訪ねるつもりだ。彼女は週末に、おじさんと一緒にビーチを訪れるのを楽しみにしていたが、太陽によって肌がダメージを受けるのを心配していた。ミキのおじさんは、ビーチで使える大きなかさを渡すから大丈夫だよと言った。

☆☆質問：ミキは何を心配していましたか？

選択肢の和訳

1 彼女の肌が太陽によってダメージを受ける可能性がある。
2 彼女のおじさんのかさがなくなるかもしれない。
3 週末に雨が降るかもしれない。
4 オーストラリアへ行くのは値段が高すぎるかもしれない。

語句
□visit 訪れる　□uncle おじ　☆look forward to -ing ～するのを楽しみにする
□beach ビーチ・浜辺　□weekend 週末　□worry 心配する・心配させる
□skin 肌　☆damage 傷つける　□sun 太陽　□all right 大丈夫
□umbrella かさ

選択肢の語句

☆could　～する可能性がある　□lose　なくす・失う　☆might　～かもしれない
☆expensive　高価な

No. 25 ▸ look like 名詞 は「～のように見える」 CD1 83 レベル★★★

解答 3

スクリプト

冒頭の food から「食べ物」とわかる

★①A famous food in the country of Azerbaijan is called shah pilaf. Shah pilaf is ②a rice dish cooked with fruits and nuts. ③All these ingredients are wrapped in a thin bread. ④The name means "king pilaf," because the dish looks like a crown that a king from Azerbaijan put on his head.

（of：軽く「アヴ」／and：軽く「アン」／All：「オーゥ」って感じ／in a：くっついて「イナ」／king：「キンッ」って感じ／because：「ビコズ」って感じ／like a：くっついて「カ」／that a：くっついて「ザッタ」／king：「キンッ」って感じ）

☆☆ **Question:** What is one thing we learn about the shah pilaf?

（learn about：くっついて「ナ」）

解説

〈選択肢先読み〉➡主語がすべて It ➡「人以外」と予想！

質問は What is one thing ～?「内容に合うものはどれか？」のパターンで、「シャー・ピラフ」について問われています。内容を整理すると次のようになります。

① アゼルバイジャンで有名な食べ物
② 果物やナッツと一緒に料理される米料理
③ すべての材料が薄いパンに包まれている
④ 王が頭につけていた冠のように見えることから「王様のピラフ」という意味がある

選択肢 **3** の It looks like a crown for a king.「それは王様の王冠のように見える」が④の内容に一致します。**1** は long pieces of bread が×（音声では thin）、**2** は「フルーツが入っている」とは言っているが、「フルーツにちなんで名づけられた」とは言っていないので×、**4** は「王によって作り出された」と言っていないので×です。

わからなくても慌てない！
仮に shah pilaf を聞いて「?」となってしまっても、冒頭の a famous food や途中で出てくる rice dish などを聞き取って「食べ物の名前なんだな」とわかれば答えを出すことは可能です。落ち着いて英文に集中してください。

和訳 ★アゼルバイジャンという国の、ある有名な食べ物はシャー・ピラフと呼ばれている。シャー・ピラフは果物とナッツと一緒に調理される米料理だ。こういったすべての材料は薄いパンで包まれている。その料理はアゼルバイジャンの王が頭に頂く王冠のような見た目をしているので、シャー・ピラフという名前は「王様のピラフ」を意味する。

☆☆質問：シャー・ピラフについてわかることの1つは何ですか？

選択肢の和訳

1 それは長いパンで作られている。
2 それはある種類の果物にちなんで名づけられている。
3 それは王様の王冠のように見える。
4 それは王様によって作られた。

語句 □famous 有名な □country 国 □Azerbaijan アゼルバイジャン
□rice お米 □dish 料理 □nut ナッツ ☑ingredient 材料
□wrap 包む ☑thin 薄い □bread パン ☑mean 意味する
□look like ～ ～のように見える □crown 王冠 □king 王様
□put on ～ ～を身につける □head 頭

選択肢の語句

□be made with ～ ～で作られている □piece of ～ ～のかけら
□be named after ～ ～にちなんで名づけられる □type of ～ ～のタイプ・種類
☑create 創り出す・創造する

No. 26 ▸ there や it の指示語に注意！ CD1 84 レベル★★★

解答 4

スクリプト

☆ Yoshio likes learning English. He is the best student in his class. Recently, he has become interested in South America. He learned that many people speak Spanish there, so he decided to study it, too. Yoshio enjoys learning it, but sometimes he confuses Spanish and English words.

（learning：「ラーニンッ」って感じ／has：軽く「アズ」／that：軽く「ザッ」／there → in South America／it → Spanish／decided to：くっついて「ディサイディットゥ」／it：軽く「イッ」／learning it：くっついて「ギットゥ」／sometimes：「サムタイムス」って感じ／and：軽く「アン」）

南米ではスペイン語を話す人が多くいるので、スペイン語を勉強すると決めた

☆☆ **Question:** What did Yoshio decide to do?

（decide to：くっついて「ディサイトゥ」）

解説

〈選択肢先読み〉➡すべて「動詞の原形」で始まっている➡「未来の予定・行動」を聞き取る！

質問は「ヨシオは何をすると決心しましたか？」です。「彼はスペイン語も勉強する決心をした」に一致する、**4** の Learn Spanish.「スペイン語を学ぶ」が正解です。

study it(=Spanish) が選択肢では learn Spanish に言い換えられています。今回は there や it などが出てきたので、何を受けるのかを整理しながら聞き取ることができるかもポイントです。

和訳 ☆ヨシオは英語を学ぶのが好きだ。彼はクラスで最も優秀な生徒である。最近、彼は南米に興味を持ち始めた。彼は多くの人々がそこでスペイン語を話すと知ったので、スペイン語も勉強する決心をした。ヨシオは勉強するのを楽しんでいるが、ときどきスペイン語と英語の単語を混同してしまうことがある。

☆☆質問：ヨシオは何をすると決心しましたか？

選択肢の和訳

1 アメリカ人に話しかける。
2 南米へ旅行に行く。
3 英語を学ぶのをやめる。
4 スペイン語を学ぶ。

語句
☆learn 学ぶ ☆recently 最近
□become interested in ～ ～に興味を持つようになる □South America 南米
□Spanish スペイン語 □decide to 原形 ～する決心をする
□sometimes ときどき ☆confuse 混乱させる

選択肢の語句
□speak to 人 人に話しかける □travel to ～ ～へ旅行する

No. 27 ▸ 同じ数字を使ったトリックに注意！ CD1 85 レベル ★★★

解答 2

スクリプト

アナウンス or ガイダンス

★Hello, everyone. Welcome to Superland Park. There are two kinds of tickets. With the Silver Ticket, you can enjoy all the rides in the amusement park. With the Gold Ticket, however, you do not have to wait to get on rides, and you get 10 percent off when you buy lunch. Thank you and have fun.

（the：「ジ」／get on：くっついて「ゲトン」／待たずに乗れる・昼食時に10パーセントオフになる／and you：くっついて「エンデュ」／Thank you：くっついて「サンキュ」）

☆☆ **Question:** What is one thing the announcement says about the Gold Ticket?

（the：軽く「ジ」／about the：くっついて「アバウザ」）

解説

〈選択肢先読み〉➡バラバラ➡音声に集中(数字関係は要注意!)

質問はWhat is one thing ～?「内容に合うものはどれか?」のパターンです。今回は「ゴールド・チケット」について問われています。5文目の「ゴールド・チケットでは、乗り物に乗るのにお待ちいただく必要はなく、昼食を食べる際も10パーセントオフになります」に一致する、**2**のPeople can get on rides quickly with it.「それを使えば、人々はすぐに乗り物に乗ることができる」が正解です。音声のdo not have to wait to get on ridesが選択肢ではget on rides quicklyと言い換えられています。ちなみに**3**は、音声に登場した10 percentが使われていますが、「昼食時に10パーセントオフ」になるのであって、選択肢にあるように「チケット代が10パーセント高い」わけではないので×です。同じ数字が使われていても、しっかり内容が合っているかどうか確認してください。

和訳 ★みなさん、こんにちは。スーパーランド・パークへようこそ。チケットは2種類ございます。シルバー・チケットを使うと、遊園地内のすべての乗り物をお楽しみいただくことができます。しかしながら、ゴールド・チケットでは、乗り物に乗るのにお待ちいただく必要はなく、昼食を食べる際も10パーセントオフになります。それではお楽しみください、ありがとうございました。

☆☆**質問**:ゴールド・チケットについてアナウンスが言っていることの1つは何ですか?

選択肢の和訳

1 それを使えば、公園内のすべての食べ物が無料になる。
2 それを使えば、すぐに乗り物に乗ることができる。
3 シルバー・チケットよりも10パーセント多く費用がかかる。
4 それを使うと1年間何度でも入場できる。

語句 ☆Welcome to ～. ～へようこそ。 □ticket チケット □ride 乗り物
□amusement park 遊園地 ☆however しかしながら
☆have to 原形 ～しなければならない □wait 待つ □get on ～ ～に乗る
□percent パーセント □have fun 楽しむ

選択肢の語句

☆free 無料の □quickly すばやく・早く ☆cost 費用がかかる
□enter 入る・入場する

No. 28 ▸ At first ～. However ～の対比構造をつかむ CD1 86 レベル ★★★

解答 **1**

スクリプト

☆ Pablo will finish high school soon. At first, he thought of going to college with his friends to study computer programming. However, Pablo likes being outdoors more than being in front of a computer, so he has decided to go to a different college. He plans to become an engineer who designs roads so that he can work outdoors in many different places.

（At first に反応／プログラミングを勉強するために友人と一緒に大学へ行こうと考えていた／一気に発音される／At first とセット／原因・理由, so 結果／「ビーン」って感じ／「ビーイン」って感じ／「ヒーズ」って感じ／コンピュータの前にいるより外にいるほうが好き／くっついて「ティサイティットゥ」／異なる大学へ行くと決めた／くっついて「プランツトゥ」／屋外で働けるように道路のエンジニアになろうと考えている）

☆☆ **Question:** Why will Pablo not go to the same college as his friends?

解説

〈選択肢先読み〉➡ He や His ➡「男性の行動」がポイント！

質問は「パブロはなぜ友人と同じ大学に進まないつもりなのですか？」です。今回はnot を使って否定の形で聞かれていることに注意してください。最後の「彼は屋外のさまざまな場所で働くことができるように道路を設計するエンジニアになろうと考えている」をヒントにして、**1** の He wants to work outdoors.「彼は外で働きたいと思っているから」を選べば OK です。また、今回は At first, ～. However ～. がセットで使われており、この対比構造をつかむことがポイントです（117 ページ）。

At first,
he thought of going to college with his friends to study computer programming.
「コンピューターープログラミングを学ぶために友人と一緒に大学へ進むことを考えていた」

↕ 対比

However,
Pablo likes being outdoors more than being in front of a computer, so he has decided to go to a different college.
「パブロはコンピューターの前にいるよりも外にいるほうが好きなので、彼は別の大学へ行く決心をした」

和訳 ☆パブロはもうじき高校を終える。最初は、コンピューターープログラミングを学ぶために友人と一緒に大学へ進むことを考えていた。しかし、パブロはコンピューターの前にいるよりも外にいるほうが好きなので、別の大学へ行く決心をした。彼は屋外のさまざまな場所で働くことができるように、道路を設計するエンジニアになろうと考えている。

☆☆質問：パブロはなぜ友人と同じ大学に進まないつもりなのですか？

選択肢の和訳

1 彼は外で働きたいと思っているから。
2 彼はコンピュータープログラミングを勉強することができなかったから。
3 彼の友人たちが彼の大学に入れなかったから。
4 彼の友人たちの大学が別の市にあるから。

語句 ☆soon まもなく・すぐに ☆at first 最初は □think of ～ ～を考える
□college 大学 □computer programming コンピュータープログラミング
☆however しかしながら □outdoors 屋外で・外で □in front of ～ ～の前に
□decide to 原形 ～する決心をする □different 異なった
□plan to 原形 ～する計画だ □engineer エンジニア
□design デザインする・設計する □road 道路 □place 場所

選択肢の語句

□want to 原形 ～したい □enter 入る □another 別の

No. 29 ▸notなどの否定語をしっかり聞きとる CD1 87 レベル★★★

解答 3

スクリプト

★ The mongoose is ①a strong animal. It is ②about the size of a cat, and it is
一気に発音される くっついて「アンティッティズ」
well known because ③it is not afraid of poisonous snakes. Mongooses
くっついて「ポイズナスネイク」
④can move very quickly, and they are not easily caught. Some mongooses
軽く「アン」
⑤hunt and kill snakes to eat them, so these mongooses and snakes are
軽く「アン」 くっついて「イーゼン」 軽く「アン」
natural enemies.

☆☆ **Question:** What is one thing we learn about the mongoose?
くっついて「ナ」

解説

〈選択肢先読み〉➡主語がすべてIt➡「人以外」と予想！

質問はWhat is one thing ～？「内容に合うものはどれか？」のパターンで、今回は「マングース」について問われています。内容を整理すると次の通りです。

① 強い動物
② ネコくらいのサイズ
③ 有毒なヘビを恐れない
④ とても素早く動き、簡単に捕まらない
⑤ ヘビを食べるために狩るので、ヘビの天敵である

3 の It is not afraid of snakes.「ヘビを恐れない」が③の内容に一致します。**1** の It does not move fast. や **2** の It is easy to catch. はそれぞれ否定と肯定を入れかえて作られたダミー、**4** は hunt を使ったダミーです。

和訳 ★マングースは強い動物である。ネコほどの大きさで、毒ヘビを恐れないことでよく知られている。マングースはとても素早く動き、簡単に捕まえることができない。マングースにはヘビを狩って殺して食べるものもいるので、こういったマングースとヘビは天敵なのである。

☆☆質問：マングースについてわかることの1つは何ですか？

選択肢の和訳

1 速く動かない。　　**2** 簡単に捕まる。
3 ヘビを恐れない。　　**4** 人々が動物を狩るのを助ける。

語句
□mongoose　マングース　□strong　強い　□size　サイズ・大きさ
☆be well known　よく知られている　□be afraid of ～　～を怖がる
□poisonous　有毒の　□snake　ヘビ　□move　動く　☆quickly　素早く
☆easily　簡単に　□catch　捕まえる　□hunt　狩りをする　□kill　殺す
□eat　食べる　□natural enemy　天敵

選択肢の語句
☆help 人 to 原形　人 が～するのを手伝う

No. 30 ▸「時の表現」Last weekに反応する　CD1 88　レベル★★★

解答 **4**

スクリプト

「時の表現」に反応

☆ Selena works at a restaurant in New York. Last week, when she was working at the cash register, she saw a friend from college named Roger. She had not seen him in many years. They talked for a while and made plans to meet at a café next week.

（at a：くっついて「アタ」／ at the：くっついて「アッザ」／ seen him：くっついて「スィニム」／ and：軽く「アン」／ at a：くっついて「タ」）

レジで仕事をしていたとき、大学時代の友人に会った

☆☆ **Question:** What happened to Selena last week?

解説

〈選択肢先読み〉➡主語がすべてShe➡「女性の行動」がポイント！

質問は「先週、セレーナに何が起こりましたか？」です。last weekに反応してください（「時の表現」は手がかりになりやすいのでしたね）。「彼女がレジで仕事をしていると、ロジャーという名の大学時代の友だちに会った」とあるので、**4**のShe met someone she knew.「彼女は知り合いに会った」が正解となります。a friendがsomeone she knewに言い換えられています。

> **英検では「時の表現」がヒントになる！**
> 今回のlast weekのように「時」を表す表現は、リスニングだけでなく長文でもヒントになりやすいので注意してください（96ページ）。

和訳 ☆セレーナはニューヨークのレストランで働いている。先週、彼女がレジで仕事をしていると、ロジャーという名の大学時代の友だちに会った。彼女は何年も彼に会っていなかった。彼女たちはしばらくの間おしゃべりをし、来週、カフェで会う予定を立てた。

☆☆**質問**：先週、セレーナに何が起こりましたか？

選択肢の和訳

1 彼女は新しいレストランで食事をした。
2 彼女は新しい仕事を始めた。
3 彼女はいくらかお金を稼いだ。
4 彼女は知り合いに会った。

語句 □cash register　レジ　☆college　大学　□named ～　～という名の
□many years　何年も　☆for a while　しばらく
□make plans to 原形　～する計画を立てる　□meet　会う

選択肢の語句

□eat　食べる　□someone　誰か

2020-1
Grade Pre-2

準2級

解答・解説編

一次試験

2020年度　第1回検定（2020年5月31日実施）

解答一覧

筆記

1 (1) 1　(2) 1　(3) 4　(4) 1　(5) 2　(6) 2　(7) 4　(8) 1　(9) 3　(10) 3
(11) 2　(12) 3　(13) 4　(14) 1　(15) 1　(16) 3　(17) 2　(18) 4　(19) 1　(20) 4

2 (21) 3　(22) 2　(23) 1　(24) 3　(25) 2

3 A (26) 1　(27) 3　　**3 B** (28) 2　(29) 3　(30) 3

4 A (31) 2　(32) 2　(33) 1　　**4 B** (34) 3　(35) 1　(36) 1　(37) 4

5 解答例は p.221 参照

リスニング

第1部 No. 1 3　No. 2 2　No. 3 2　No. 4 3　No. 5 1　No. 6 3　No. 7 1　No. 8 2　No. 9 1　No. 10 2

第2部 No. 11 2　No. 12 2　No. 13 3　No. 14 4　No. 15 4　No. 16 1　No. 17 4　No. 18 3　No. 19 1　No. 20 3

第3部 No. 21 4　No. 22 3　No. 23 1　No. 24 4　No. 25 2　No. 26 3　No. 27 1　No. 28 3　No. 29 4　No. 30 2

(1) ▸ 直後のfor a student presidentにつながる動詞を選ぶ！ レベル★★★

解答 1

for につながる動詞は？　生徒会長をどうする？

Each year, students at Bradley High School (　) for a student president. This year, they chose a girl named Sally Burton.

今年はサリー・バートンという名の女の子を選出した

解説 2文目の「今年は、生徒たちはサリー・バートンという名の女の子を選出した」をヒントにします。「毎年生徒会長をどうする？」と考え、**1** の vote「投票する」を選びます（vote for 人 で「人 に投票する」）。1文目の Each year「毎年」、2文目の This year「今年は」に注目して「毎年生徒会長を選ぶために投票する。今年はサリー・バートンという名の女の子を選出した」という流れもOKです。

和訳 毎年、ブラッドリー高校の生徒は生徒会長を投票で選んでいる。今年、生徒たちはサリー・バートンという名の女の子を選出した。

選択肢の和訳

1 投票する　**2** 詰め込む　**3** 救う・節約する　**4** 整頓する・手配する

語句 □student president　生徒会長　☆chose　動詞 choose の過去形
□named ～　～という名の

単語解説

□**vote「投票する」**…vote for 人 の for は「賛成」の意味で、「人 に投票をする（一票入れる）」です。また、動詞以外に、名詞 vote「票・投票」の意味もあります。

□**pack「詰め込む・荷造りする」**…名詞「パック・1包み」のイメージが強いですが、「詰め込む・荷造りする」という動詞の使い方も重要です。最近ではキャンプでも荷造りすることを「パッキング」といいます。

□**save「救う・節約する」**…単純に「～を救う」の他、英検では save money for ～「～のためにお金を節約する」という形でよく出てきます。

□**arrange「整頓する・手配する」**…「服をアレンジ」、「アレンジ料理」のイメージから「独自に変化させる」と思いがちですが、本来は「きちんと並べる」という意味で、「整頓する・手配する」と覚えてください。arrange for ～「～の手配をする」の形も重要です。

(2) ▸ dealは「扱う」→「商品を扱う」→「取引・契約」と覚える！ レベル★★★

解答 1

700ドルで購入　別の店では900ドル

Jason paid $700 for his new computer. The same computer was $900 in another store, so Jason thought he had gotten a good (　).

原因・理由, so 結果

解説 接続詞 so「だから」に注目です。「700 ドルで購入」→「別の店では 900 ドルだった」→「だから (so)」→「良い(　　)をしたと思った」という流れを踏まえ、**1** の deal「取引・契約」を選びます。a good deal は「よい取引［契約］」→「(お買い得の) 商品」となりました。

英検でカギになる「因果表現」
大問 1 の単語問題では今回の so「だから」の他、because sv「〜するので」などがヒントになることがよくあります。これらの「因果表現」は読解やリスニングでも大活躍するのでチェックしておきましょう (28 ページ)。

和訳 ジェイソンは新しいコンピューターを 700 ドルで購入した。別のお店では同じコンピューターが 900 ドルだったので、ジェイソンはお得な買い物をしたと思った。

選択肢の和訳
1 取引　**2** 跡・道　**3** 願い　**4** 流し

語句 ☆pay お金 for 〜　〜のためにお金を払う　☆same　同じ　□another　別の

単語解説
□ **deal「取引・お買い得品」**…「自動車ディーラー (dealer)」とは「車を扱う (販売する) 人」です。そこから動詞として deal with 〜「〜を扱う」の形でよく使われます (この with は「関連 (〜について)」です。さらに今回のように名詞で「取引・契約」の意味があり「取引するもの」→「(お買い得の) 商品」という意味でも使われます。
□ **track「跡・道」**…陸上競技場の「トラック」は「跡・道」で、「跡」→「跡を追う」という動詞の意味もあります。「(宅配業者での) 追跡番号」を tracking number といいます。
□ **wish「願い」**…「願う」という動詞の意味が有名ですが、名詞の使い方もあり、たとえば make a wish で「願い事をする」です。
□ **sink「流し」**…動詞で「沈める」という意味があります。台所の「流し」を日本語でも「シンク」といいますが、「皿を沈めておく場所」という意味です。

(3) ▸ wave「波」は風に「揺られて」できたもの！ レベル★★★

解答 4

サッカーの試合で日本の多くのファンは旗を

At the soccer game, many fans from Japan (　　) Japanese flags in the air. There was red and white everywhere in the stadium.

解説 空所前後の内容から「サッカーの試合で多くの日本のファンが旗をどうした？」と考え、**4** の waved「振った」を選びます。2 文目の「スタジアムのいたるところが赤と白になっていた (観客席が赤と白で染まっているイメージ)」にもつながります。

和訳 そのサッカーの試合では、日本からの多くのファンが日本の国旗を振った。スタジアムのいたるところが赤と白に染まった。

選択肢の和訳

1 trade「貿易する」の過去形　　2 step「踏む・歩く」の過去形
3 explain「説明する」の過去形　　4 wave「振る・揺らす」の過去形

語句 □fan　ファン　□flag　旗　□in the air　空中で［に］
□everywhere　いたるところに　□stadium　スタジアム・競技場

単語解説

□**trade「交換する・貿易する」**…スポーツの世界での「トレード」とは「チーム間で選手を交換する」ことです。昔の交易は物々交換だったので、そこから「貿易する」となりました。

□**step「踏む・歩く」**…階段などの「ステップ（踏み台）」だけでなく、「踏み台に踏み出す一歩」→「踏む・歩く」という動詞の意味も重要です。

□**explain「説明する」**…plain はもともと「平らにする」という意味で、わかりにくいものを平らにしてわかりやすくすることから「説明する」という意味になりました。

□**wave「振る・揺らす」**…海などの「波」の意味は有名ですが、「（波のように）揺らす・振る」という動詞の意味もあるんです。

(4) ▸ value「価値」の形容詞形が valuable　レベル★★★

解答 1

主格の関係代名詞

The necklace [that was stolen from the jewelry store] was very (　　). It was worth $70,000.

7万ドルの価値

解説 2文目の It(=the necklace) was worth $70,000.「ネックレスは7万ドルの価値があった」から、1 の valuable「高価な・貴重な」を選び、「盗まれたネックレスはとても価値の高いものだった」とします。ちなみに1文目の that は関係代名詞で、the jewelry store までが関係代名詞節となり先行詞の The necklace を修飾し、長い主語のカタマリを作っています（The necklace that was stolen from the jewelry store で「宝石店から盗まれたネックレス」の意味）。

worth「価値がある」は前置詞と考える

worth は辞書によっては「形容詞」と表記されますが、「前置詞」と考えたほうが簡単です。前置詞なので後ろは「名詞・動名詞」がきます。S is worth 名詞 [-ing]「S は～の価値がある」の形で使われ、今回は後ろに $70,000 がきているので「7万ドルの価値がある」という意味になります。

和訳 その宝石店から盗まれたネックレスはとても価値の高いものだった。それは 70,000 ドルの価値があった。

選択肢の和訳

1 高価な・貴重な　　2 無罪の・純粋な
3 個人的な　　4 詳しい・なじみのある

語句 □necklace　ネックレス　　☆stolen　動詞 steal「盗む」の過去分詞形
□jewelry　宝石類　　☆worth ～　～の価値がある

単語解説

□**valuable「高価な・貴重な」**…名詞 value「価値」の形容詞形が valuable です。ちなみにスポーツ界でよく聞く MVP とは most valuable player「（試合で）最も価値を発揮した選手」→「最優秀選手」という意味です。

□**innocent「無罪の・純粋な」**…本来は「害のない」で、そこから「無罪の・純粋な」となりました。

□**private「個人的な」**…英会話の「プライベートレッスン」とは「個人レッスン」のことです。英語の発音は「プライヴァット」という感じです。

□**familiar「詳しい・なじみのある」**…「家族（family）のようによく知っている」→「詳しい」です。be familiar with ～「～に詳しい」の形が重要です。

(5) ▸ foreverは「間（for）常に（ever）」→「常に続く間」→「永遠に」 レベル★★★

解答 **2**

A: How long has Lisa been living in Germany?
B: About 10 years, and she just bought a house there. I think she will stay there (　).
約10年間住んでいて、家を購入した

解説 *B*の「（ドイツに）約10年間住んでいて、そこに家を購入した」がヒントです。「家を購入」→「ずっとそこに住む」と考え、**2**の forever「永遠に」を選び、I think she will stay there forever.「彼女がそこにずっといると私は思う」とすればOKです。

和訳 *A:* リサはどのくらいの間ドイツに住んでいるの？
B: 約10年で、彼女はそこに家を買ったんだ。彼女はずっとそこにいると思う。

選択肢の和訳

1　別々に　　**2**　永遠に　　**3**　大声で　　**4**　屋外で

語句 ☆how long　どのくらいの間（期間）　　□Germany　ドイツ

単語解説

□**separately「別々に」**…陸上の短距離離走など走路がわけられているコースを「セパレートコース」といいます（「別々にわけられたコース」という意味です）。

□**forever「永遠に」**…「間（for）常に（ever）」→「常に続く間」→「永遠に」となりました。

□**loudly「大声で」**…英語のネットスラング（絵文字の役割）で、lol という記号があります。laugh out loud「大声で笑う」のことです。日本語のネットスラング「w」に相当します。この loud よりもかしこまった単語が loudly です。

□**outdoors「屋外で」**…「ドア（door）の外（out）で」→「屋外で」となりました。反意語の indoors「屋内で」とセットで覚えてください。どちらも1語で副詞です。

(6) ▸ strangeは「見知らぬ」→stranger「知らない人」 レベル★★★

解答 **2**

> フレンドリー　　電車やバスでとなりの人に話しかけることがある
>
> Timmy is very friendly, and he sometimes talks to people sitting next to him on the train or bus. However, his mother told him to stop talking to (　).
>
> しかし　　tell 人 to 原形「人 に～するように言う」

解説 1文目で「フレンドリーでとなりの人に話しかける」とティミーについて説明されています。However「しかし」に注目して、「母は誰に話しかけるのをやめるよう彼に言ったのか？」を考えます。空所は1文目のpeople sitting next to him on the train or busの言い換えが入ると予想し、**2**のstrangers「見知らぬ人」を選びます。

英検のカギになる「重要表現」

英検では「因果表現」(28ページ)の他に、「逆接(主に前後で反対の内容になる)」を表すhoweverやbut(111ページ)、「～だけれども」の意味のthoughやalthoughがヒントになることがよくあるので、これらを見たら前後関係をしっかり確認してください。

会話で使うstranger

正解になったstrangerは、英会話でも重要で、道を聞かれて「わからない」場合にI'm a stranger here.「この辺りはよく知らないんです」のように使います。直訳「私はここでは見知らぬ人なんです」→「この辺りはよく知らないんです」となります。

和訳 ティミーはとても親しみやすく、電車やバスでとなりに座っている人に話しかけることがある。しかし、お母さんは彼に、知らない人には話しかけるのをやめるように言った。

選択肢の和訳

1 human「人・人間」の複数形　　**2** stranger「見知らぬ人」の複数形
3 ruler「支配者・定規」の複数形　　**4** patient「患者」の複数形

語句
☆friendly　親しみやすい　□sometimes　ときどき
□talk to 人　人 に話しかける　□sit　座る　☆next to ～　～のとなりに
☆however　しかしながら　☆tell 人 to 原形　人 に～するように言う
□stop -ing　～するのをやめる

単語解説

□**human「人・人間」**…humanにはmanというつづりがありますが、複数形にするときはhumenではなくhumansとなります。

□**stranger「見知らぬ人」**…strangeは本来「見知らぬ」で、そこから「奇妙な」となりました。「人」を表すerがついたのがstranger「見知らぬ人」です。

□**ruler「支配者・定規」**…ruleは動詞で「支配する」の意味があり、「支配する(rule)人(er)」→「支配者」、「ルールにしたがって長さを測るもの」→「定規」です。

□**patient「患者」**…本来は形容詞「我慢強い」で、「我慢強くしなきゃいけない人」→「患者」となりました。セットで「我慢強い患者」と覚えましょう。

(7) ▸「オペ(手術)」とはoperationのこと！

レベル ★★★

解答 4

> *A:* Kim, what's wrong with your leg?
>
> *B:* I broke it when I was skiing, so I had an ( ) at the hospital last week.
>
> スキーで足を骨折した　原因・理由, so 結果　病院で何をしていた？

解説 直後の at the hospital に注目し **4** の operation「手術」を選びます。「スキーをしたときに足を骨折した」→「だから(so)」→「病院で手術を受けた」という流れも通ります。

和訳 *A:* キム、足をどうしたの？
B: スキーをしているときに骨折してしまって、先週、病院で手術を受けたの。

選択肢の和訳
1 エスカレーター　**2** 入口　**3** 起源　**4** 手術

語句 ☆What's wrong with ～？　～はどうしたの？　□hospital　病院

単語解説
- □ **escalator「エスカレーター」**…発音は「エスカレイタ」で、「エ」を強く発音します。リスニングの会話問題でよく出てくる単語です。
- □ **entrance「入口」**…動詞 enter「入る」の名詞形です。日本語でも「入口」のことをそのまま「エントランス」といったりしますね。
- □ **origin「起源」**…形容詞形の original「最初の・オリジナルの」は聞いたことがあるでしょう。「最初からあるもの」という意味で、その名詞形が origin「起源」です。
- □ **operation「手術」**…日本語で「手術」のことを「オペ」といいますが、英語の operation を略した言い方なんです。

(8) ▸ geoは「土地」→ geographyは「地理」！

レベル ★★★

解答 1

> 好きな授業は何？
>
> *A:* What's your favorite class this year, Ellie?
>
> *B:* I really like ( ). We're learning the names of different countries and cities around the world.
>
> 世界中のいろんな国や都市の名前を学んでいる

解説「何の授業が好き？」に対する応答を完成させる問題です。空所直後の「世界中のいろいろな国や都市の名前を学んでいる」から、好きな科目は **1** の geography「地理」だとわかります。

和訳 *A:* 今年、一番好きな授業は何、エリー？
B: 地理が大好きだわ。世界中のさまざまな国や都市の名前を学んでいるの。

選択肢の和訳

1 地理　**2** 化学　**3** 文学　**4** 経済学

語句 ☆favorite 一番好きな・お気に入りの　☆really 本当に・すごく　☆learn 学ぶ
□different 異なっている　□around the world 世界中の

単語解説

□**geography「地理」**…geo は「土地」、graphy は「(グラフで) 説明する」イメージで、「地球の表面を記述すること」→「地理」となりました。

□**chemistry「化学(反応)」**…chemistry は化学の教科書に書いてあるかもしれませんね。「人と人の化学反応」→「よい相性」という意味でも使われる単語です。

□**literature「文学」**…本来「読み書きできる (literate) ようにする学問」で、そこから「文学」となりました。

□**economics「経済学」**…「経済」のことを economy といい、「～学」という意味の ics がついて economics「経済学」です。

CHECK! 英検で狙われる科目・学問関係の主な単語

□physics「物理(学)」	□chemistry「化学」	□biology「生物(学)」
□accounting「会計学」	□statistics「統計学」	□geometry「幾何学」
□engineering「工学」	□ecology「生態学」	□astronomy「天文学」
□geography「地理」	□ethics「倫理(学)」	□psychology「心理学」
□politics and economy「政治経済」		□literature「文学」
□philosophy「哲学」	□sociology「社会学」	□anthropology「人類学」
□politics「政治学」	□history「歴史学」	□archaeology「考古学」

(9) ▸ into とセットで使える動詞は？　レベル ★★★

解答 **3**

Charlotte volunteered at a marathon. Her job was to (　) water into cups and hand the cups to the runners.

マラソンのボランティアをした
into とセットで使える動詞は？
仕事は「水をどうすること？」と考える

解説 1 文目「マラソンのボランティアをした」から、「彼女の (ボランティアでの) 仕事は何をすることか？」を考えます。空所後の前置詞 into とセットで使える動詞、**3** の pour「注ぐ」を選びます。pour A into B「A を B に注ぐ」で、今回は pour water into cups「水をカップに注ぐ」です。

and がつなぐものを見抜く

2 文目の構造は第 2 文型 (SVC) で、名詞的用法の不定詞「～すること」が補語 (C) になっています。そして、接続詞 and で不定詞のカタマリがつながれている構造です。何をつないでいるかを確認するには、and の直後に注目します。直後の動詞 hand に注目し、and の前で同じ要素を探します。動詞 pour を見つけて pour water into cups と hand the cups to the

runners がつながれていると判断します。

Her job was to ┌ pour water into cups
S V C（1つ目）
and
└ hand the cups to the runners.
C（2つ目）

和訳 シャーロットはマラソンでボランティアをした。彼女の仕事は、カップに水を入れ、ランナーにカップを手渡すことだった。

選択肢の和訳

1 カギをかける　**2** 盗む　**3** 注ぐ　**4** 失敗する

語句 □volunteer　ボランティアをする　□marathon　マラソン　□job　仕事
☆hand 物 to 人　人 に 物 を渡す

単語解説

□ **lock「カギをかける」**…カギをかけることを日本語でも「ロックする」といいますね。

□ **steal「盗む」**…野球の「スチール」は「盗塁」のことです。steal の音の響きから「スッとものを取る」イメージです。**(4)** に出てきたように受動態 be stolen の形で使われることが多い動詞です。

□ **pour「注ぐ」**…発音から「ポー（ア）と注ぐ」と覚えてください。よく into とセットで使う単語です。

□ **fail「失敗する」**…"fail to 原形" の形で「～しそこなう・～しない」という使い方が重要です。

(10) ▸ considerの後ろは動名詞 (-ing)！

レベル ★★★

解答 **3**

-ing（動名詞）　しかし

Jennifer ( ) moving to a new apartment in the city. However, in the end, she decided to keep living in the same apartment.

同じ部屋に住み続けると決めた

解説 空所直後に動名詞 moving があるので、動名詞を目的語にとる動詞を考え、**3** の considered「考えた」を選びます。また、however「しかし」に注目し、2 文目の「結局（in the end）同じ部屋に住み続けると決めた」の逆を考え、「引越しを検討していた」となるように considered を選ぶこともできます。

動名詞をとる動詞をチェック！

今回の問題は「後ろに動名詞（-ing）をとる動詞」がポイントでした。準 2 級では本当によく狙われるのでチェックしておきましょう。「反復・中断・逃避」のイメージがある動詞は後ろに -ing をとるので、それぞれ整理して確認してください（43 ページ）。

和訳 ジェニファーはその市の新しい部屋に引っ越すことを考えていた。しかし、結局、同じ部屋に住み続けると決めた。

選択肢の和訳

1 release「解放する」の過去形　**2** solve「解決する」の過去形
3 consider「考える」の過去形　**4** promote「促進する・昇進させる」の過去形

語句 ☆move　引っ越す　□apartment　アパート　☆however　しかしながら
☆in the end　結局　□decide to 原形　～する決心をする
☆keep -ing　～し続ける　☆same　同じ

単語解説

□**release「解放する」**…「新曲をリリースする」とは、「新曲を世の中に公開・解放する」ということです。

□**solve「解決する」**…solve a problem「問題を解決する」のように problem と一緒に使われることが多い動詞です。単語問題でよく選択肢に並ぶ単語で第３回・第２回の試験でも登場しましたね(34、113 ページ)。

□**consider「考える」**…「頭の中で何度も考える」というニュアンスの単語です。今回の英文のように consider -ing「～することをよく考える」の形が重要です。

□**promote「促進する・昇進させる」**…本来は「前へ(pro) 動かす(mote=motor・move)」です。名詞形の promotion は「プロモーションビデオ(販売を促進するための動画)」で使われています。

(11) ▸ 後ろに“名詞＋形容詞”が続く動詞は？　レベル★★★

解答 2

ask 人 not to 原形「人 に～しないように頼む」

Pete asked Jan not to tell anyone in the office that he was getting married, but she could not (　) the news secret. She told one person, and soon everyone knew.

結婚のことを誰にも言わないように
空所の後ろは「名詞＋形容詞」
皆が知ることになった

解説 空所の直後は、the news(名詞)、secret(形容詞)と続いているので、“動詞 O C”の形をとる動詞を考え、**2** の keep を選びます(keep O C で「O を C にしておく」)。「結婚のことを誰にも言わないように頼んだ」→「しかし(but)」→「秘密にしておくことができなかった」→「皆が知ることになった」という流れにも合いますね。

不定詞の内容を否定するときは“not to 原形”

1 文目に ask 人 not to 原形「人 に～しないように頼む」が使われています。もともとは ask 人 to 原形「人 に～するように頼む」ですが、不定詞の内容を否定して「～しないように」と言いたいときは not を“to 原形”の直前に置きます。

文法的視点を持つことで正確性アップと時間短縮に！

英検では今回のように単語問題に見えて意外と文法的視点から解ける問題が多くあります。文法的視点を持って解くことは、正確に答えを出すだけでなく、時間の短縮にもつながります。

和訳 ピートは、自分が結婚する予定であることを会社の誰にも言わないようにジャンに頼んだが、彼女はそれを秘密にしておくことができなかった。彼女はひとりに言ってしまい、すぐに皆が知るところとなった。

選択肢の和訳

1 開ける　**2** keep OC で「O を C にしておく」　**3** 選ぶ　**4** 送る

語句 ☆ask 人 not to 原形　人 に～しないように頼む　□anyone　誰にも
□office　会社・事務所　☆get married　結婚する　☆secret　秘密の・内緒の
□person　人　☆soon　すぐに

単語解説

□ **open「開ける」**…動詞の他に形容詞「開いている」の使い方もあるので注意です。He left the window open.「彼は窓を開けたままにした」(open は形容詞)のように使います。

□ **keep「保つ」**…keep O C「O を C にしておく」以外に、keep {on} -ing「～し続ける」の形も重要です。keep の使い方は英検でも本当によく狙われます。

□ **choose「選ぶ」**…名詞 choice「選択」で、「買い物でよいチョイスをする」ということがあります。choice の動詞形が choose です。不規則変化するので choose-chose-chosen という活用も確認しておきましょう。

□ **send「送る」**…"send 人 物"、または "send 物 to 人" で「人 に 物 を送る」の形で使います。

CHECK! 後ろに「名詞 + 形容詞」をとる動詞(第5文型)

□make O C「O を C にする」　□keep O C「O を C にしておく」
□leave O C「O を C のままにする」　□find O C「O が C だとわかる」
※ 動詞によっては、C に形容詞以外(原形、現在分詞、過去分詞)がくることもあります。

(12) ▸ 昔はそうだったが今は違う no longer　レベル ★★★

解答 3

Brenda's company just hired two new college graduates. Brenda is happy because she is (　) the youngest employee in the company.

(新卒を2名採用)
(because の直後は「原因・理由」)

解説「ブレンダの会社は新卒を2名採用」という内容を踏まえ、**3** の no longer「もはや～ない」を選びます。「もう社内で最も年下の従業員ではないのでうれしい」とブレンダがうれしく思う理由を完成させれば OK です。

和訳 ブレンダの会社はつい最近新卒を2名採用した。ブレンダは会社においてもう最年少の社員ではないのでうれしく思っている。

選択肢の和訳

1 すぐに・同時に　**2** もし可能なら　**3** もはや～ない　**4** 簡単に

語句 ☆company　会社　☆hire　雇う・採用する　□graduate　卒業生
☆employee　従業員・社員

熟語解説

□ **at once「すぐに・同時に」**…once は「一度・1 回」で「その 1 回（once）の一点で（at）」→「すぐに・同時に」となりました。

□ **if possible「もし可能なら」**…直訳のままですね。英検では会話問題やリスニングでもよく出る表現です。

□ **no longer「もはや〜ない」**…「より長く（longer）まったく〜ない（no）」→「これ以上〜ない」→「もはや〜ない」となります。「昔はそうだったが今は違う」というニュアンスで使います。

□ **with ease「簡単に」**…ease は名詞「容易さ」で、with ease「容易さ（ease）を持って（with）」→「簡単に」となります。"with ＋ 抽象名詞" で「副詞」の働きをします。つまり with ease=easily です。

(13) ▸ shortは「不足して」の意味　レベル ★★★

解答 **4**

ask 人 to 原形「人 に〜するように頼む」　because の直後は「原因・理由」

Tony asked his sister to lend him $10 because he was (　) of money.

10 ドル貸すように頼んだ

解説 because に注目して、「10 ドル貸すように頼んだ理由」を考えます。**4** の short を選び、be short of 〜「〜が不足している」という表現を完成させます。because he was short of money で「彼はお金が不足していたので」となります。

short は本来「基準に足りていない」の意味
本来「基準に足りていない」で、「長さの基準に足りていない」→「短い」、「予算の基準に足りていない」→「不足して」となります。

和訳 トニーはお金が不足していたので、自分の姉に 10 ドル貸してくれるように頼んだ。

選択肢の和訳

1 重い　**2** 深い　**3** 寒い　**4** 不足した

語句 ☆ask 人 to 原形　人 に〜するように頼む　☆lend 人 物　人 に 物 を貸す

(14) ▸ fall asleepは直訳から覚える！　レベル ★★★

解答 **1**

When Diane got home after a long day at work, she tried to watch a movie. She was so tired that she (　) in the middle of it.

so 〜 that sv「とても〜なので sv する」

解説 2 文目で so 〜 that sv「とても〜なので sv する」が使われています。「彼女はとても疲れたのでどうした？」と考え、**1** の fell asleep「眠りに落ちた」を選びます。

ちなみに the middle of it の it は 1 文目の movie で、「映画の中間 (middle) で」→「映画の途中で」です。

和訳 ダイアンは仕事での長い 1 日を終えて帰宅し、映画を見ようとした。彼女はとても疲れていたのでその映画の途中で寝入ってしまった。

選択肢の和訳

1 fall asleep「寝入る」の過去形　　2 take turns「交代する」の過去形
3 stand out「目立つ」の過去形　　4 hang up「(電話を) 切る」の過去形

語句 □get home 帰宅する　□a long day 長い 1 日　□try to 原形 ～しようとする
☆so ～ that sv とても…なので sv する　□in the middle of ～ ～の途中で

熟語解説

□**fall asleep「寝入る」**…「眠りの状態に (asleep) 落ちる (fall)」→「寝入る」です。日本語でも無意識に寝てしまうことを「寝落ちする」といいますね。

□**take turns「交代する」**…turn には名詞で「順番」の意味があり、「順番 (turns) をとる (take)」→「交代する」となりました。turns と複数形になることにも注意です。

□**stand out「目立つ」**…「外に突き出て (out) 立つ (stand)」→「目立つ」です。人混みの中で、周囲より頭 1 つ突き出して、遠くからでも目立っているイメージです。

□**hang up「(電話を) 切る」**…「受話器を上のほうに持って行って (up) ぶらさげる (hang)」→「電話を切る」となりました。昔、電話の受話器を、電話機本体に掛ける (hang) ことで電話を切っていたことに由来する表現です。その名残りで現在でも電話を切るときに使われています。

(15) ▸ over は「覆うように越える」イメージ！　レベル ★★★

解答 1

It takes 人 時間 to 原形「人が～するのに時間がかかる」

When David's dog died suddenly, it took David a long time to get (　　) the shock. Finally, he began to feel better.

突然デイビッドのイヌが死んだとき　　get とセットの熟語は？

解説「デイビッドがショックからどうすることに時間がかかった？」と考え、**1** の over を選んで get over ～「～を乗り越える・克服する」という熟語を完成させます。

和訳 デイビッドのイヌが突然死んでしまったとき、デイビッドがショックから立ち直るのにかなりの時間がかかった。やっと彼は気が楽になり始めた。

選択肢の和訳

1 get over で「乗り越える・克服する」　　2 get in で「(車などに) 乗り込む」
3 ～より下に　　4 ～の間で [に]

語句 □die 死ぬ　☆suddenly 突然　□take (時間が) かかる　□shock ショック
□begin to 原形 ～し始める　☆feel better 気分がよくなる

熟語解説

□**get over ～「～を乗り越える」**…over はもともと「覆う」イメージで、そこから「覆うように越える」→「(困難などを)乗り越える」と覚えてください。

□ **get in「(車などに)乗り込む」**…in は「包囲」の意味で、「車などの乗り物の中に(in)移動する(get)」→「(車など)に乗る」です。

(16) ▸ byは「～の近く」の意味！

レベル ★★★

解答 3

デリックが遅い

彼に電話してみる

A: Derrick is late.

B: I know. He should have been here (　　). I'll call him on his cell phone.

解説 *A* の「デリックが遅れている」がヒントです。He should have been here は「彼はここにいるはずなのに」(“should have 過去分詞”で「～したはずだったのに(しなかった)」の意味)で、この内容に合う **3** の by now「今ごろ」が正解です。

和訳 *A:* デリックは遅いなぁ。

B: そうだね。今ごろここにいるはずなんだけど。彼の携帯に電話してみるよ。

選択肢の和訳

1 支配下で　**2** ときどき　**3** 今ごろ・そろそろ　**4** お返しに

語句 □ late　遅い　☆ should have 過去分詞　～したはずだったのに

□ call　電話をかける　□ cell phone　携帯電話

熟語解説

□ **under control「支配下で」**…under は over の反対で「(覆われて)下にある」→「～に支配されている最中」です。「制御されている(control)最中(under)」→「支配下で」となりました。

□ **at times「ときどき」**…at は「時の一点」を表します。さらに at times と複数形になっていることに注目して、「(一回ではなく)複数回」→「ときどき・たまに」と覚えてください。

□ **by now「今ごろ・そろそろ」**…by は「近接(～の近く)」で、そこから「どんなに近づいても OK(でもそれをすぎちゃダメ)」→「(遅くても)～までには」と「期限」の意味が生まれました。「現在(now)までには(by)」→「今ごろ・そろそろ」です。

□ **in return「お返しに」**…in は「形式(～の形式で)」、return は名詞「お返し」の意味で、「お返し(return)という形式で(in)」→「お返しに」となりました。

(17) ▸ fullは「満タン」のイメージ！

レベル ★★★

解答 2

箱はクッキーでどうなっている？

The box was (　　) cookies, so Carol took some. She hoped that her mother would not notice that there were fewer cookies.

解説「その箱はクッキーでどうなっていた？」と考え、**2** の full of を選びます。be full of 〜で「〜でいっぱいだ」です。直後の so Carol took some「だからキャロルはいくつか取った」という流れにも合います。

> **文脈チェックも重要！**
> 英検の問題の中には今回のように空所の前後を読むだけで解ける問題もありますが、必ず英文全体に目を通し文脈上問題がないかチェックし、確実に得点できるようにしましょう。

和訳 その箱はクッキーでいっぱいだったので、キャロルはいくつか取った。彼女はお母さんが、クッキーが減っているのに気づかなければいいなと思っていた。

選択肢の和訳

1 be pleased with 〜で「〜に喜んでいる」
2 be full of 〜で「〜でいっぱいだ」
3 be absent from 〜で「〜を欠席する」
4 be based on 〜で「〜に基づいている」

語句 ☆notice 気づく

熟語解説

□ **be pleased with 〜「〜に喜んでいる」**…please は本来「喜ばせる」で、受動態 be pleased で「喜ばされる」→「喜んでいる」となりました。with は「関連（〜について）」の意味です。
□ **be full of 〜「〜でいっぱいだ」**…full は「満タン」のイメージで、of は「材料（〜で）」を表します。
□ **be absent from 〜「〜を欠席する」**…この from は「分離（〜から離れて）」の意味です。absent「欠席の」は、本来いるべき場所から分離しているということです。
□ **be based on 〜「〜に基づいている」**…on は「接触」から「土台（〜に基づいて）」の意味に発展しました。そこから「〜を土台にして」→「〜に基づいている」と覚えてください。

(18) ▸ 英検頻出の -ing を使った慣用表現　レベル★★★

解答 4

A: Brian, do you want to come to the gym with me tonight?
B: Sorry, but I can't go. I'm busy (　) my history report.

busy を使った表現を考える

解説 直前の busy に注目し、**4** の writing を選び、be busy -ing「〜するのに忙しい」を完成させます。

和訳 *A:* ブライアン、今晩僕と一緒にジムへ行かない？
B: ごめん、行けないんだ。歴史のレポートを書くのに忙しいんだ。

選択肢の和訳

1 動詞 write「書く」の will ＋動詞の原形
2 動詞 write「書く」の過去形

3　動詞 write「書く」の過去分詞形
4　動詞 write「書く」の -ing 形

語句 □gym　ジム・体育館　□tonight　今夜　□history　歴史
☆report　レポート・報告書

CHECK! -ing を使った慣用表現

-ing を使った慣用表現は英検でもよく狙われるのでチェックしておきましょう。もともと in という前置詞がありましたが、現在では省略した形で使われるのがほとんどです。

□be busy {in} -ing「～するのに忙しい」
□spend 時間 {in} -ing「～して 時間 を過ごす」
□end up {in} -ing「結局～することになる」
□have some difficulty {in} -ing「～するのに苦労する」

(19) ▸ some と others はセット！　レベル ★★★

解答 1

some とセットで使う表現は？　一方で

Some students liked to study in a group, while (　　) preferred to study alone.

解説 1 の others が正解です。Some ～. Others …. 「～する人もいれば…する人もいる」のようによくセットで使われます。前半は「グループで勉強するのが好きな人もいる」、後半は「ひとりで勉強するのが好きな人もいる」という意味です。

英文の構造をチェック！

今回は while を使った対比構造になっているのでここで確認しておきましょう。「対比」の考え方は長文問題でも役立ちますよ。

Some students liked to study in a group,
while　（対比）
others preferred to study alone.
（liked の言い換え）

和訳 グループで勉強するのが好きな生徒もいたが、一方でひとりで勉強するのを好む生徒もいた。

語句 ☆in a group　グループで（in は「形式」の意味）　☆prefer to 原形　～するのを好む
□alone　ひとりで

(20) ▸ 不定詞を使った重要構文の問題　レベル★★★

解答 4

文の形から「仮主語構文」を予想

A: Thank you very much, Stuart. It was kind of you (　) me home.
B: No problem. I'll stop the car in front of your apartment building.

解説 直前の It was kind of you に注目し、「仮主語構文」と考えて、真主語を表す **4** の to drive を選べば OK です。It was kind of you to drive me home. は「私を自宅へ車で送ってくれるなんてあなたは親切だ」となります。不定詞を使った構文は英検準２級でも頻出なので、よく狙われるものをチェックしておきましょう（121 ページ）。

意味上の主語で of を使う場合
仮主語構文は "It is 形容詞［名詞］ for 人 to 原形" の形をよく目にしますが、今回の kind のように「人の性質・性格を表す形容詞」が 形容詞 の位置で使われると、意味上の主語は for ではなく of で表します。

CHECK! 「人の性格・性質」を表す主な形容詞

□careless「不注意な」　□foolish「愚かな」　□stupid「愚かな」
□selfish「わがままな」　□kind「親切な」　□good「優しい」
□nice「優しい」　□honest「正直な」　□clever「賢い」
□wise「賢い」

It's[That's] kind of you to 原形 ～. の訳し方
直訳は「～してくれるなんてあなたは親切ですね」ですが、文脈によっては「～してくれてどうもありがとう」のように Thank you for ～. と同じように訳すとハマる場合もあります。
(例) A: If you have any problems, call me anytime.
B: It's very kind of you.
A: 困ったことがあったら、いつでも電話をください。
B: ご親切にどうもありがとうございます。

和訳 *A:* どうもありがとう、スチュアート。車で家へ送ってくれるなんてあなたは親切ね。
B: 問題ないよ。君のアパートの前に車を止めるね。

選択肢の和訳
1 動詞 drive「運転する」の過去形
2 動詞 drive「運転する」の have ＋過去分詞形
3 動詞 drive「運転する」の原形
4 動詞 drive「運転する」の to ＋動詞の原形

語句 ☆in front of ～　～の前に　□apartment　アパート

(21) ▸ 数字（値段）に注目しながら解く！

レベル ★★★

解答 **3**

A: Excuse me. I'd like to sell my computer game. I heard that this store buys old ones.

B: Let me check our computer to see the price. All right, we can pay you $5 for it.（5ドルで買い取ります）

A: Really? Is that all? I paid $75 for it when the game was new.（新品のときは75ドルだった）

B: I'm sorry, but (**21**). It isn't popular anymore, so people won't pay a lot for it.（もはや人気がない）（高額で買う人はいない）

解説 ゲームを中古店に売りにきている場面の会話です。空所直前の「5ドルで買い取ります」→「新品のときは75ドルだった」というやり取りから空所には買い取り価格が安い理由が入ると考え、**3** の it's an old game「それは古いゲームです」を選びます。空所直後の「もう人気の商品ではない」にもつながります。

和訳 *A:* すみません。コンピューターゲームを売りたいのですが。こちらのお店では古いゲームを買い取ってくれると聞きました。

B: 買い取り価格を確認するためにコンピューターをチェックさせてください。そうですね、5ドルで買い取らせていただくことができます。

A: 本当ですか？　それだけですか？　そのゲームが新しかったとき、75ドルしたんですよ。

B: 申し訳ございませんが、古いゲームですので。もう人気の商品ではないので、そのゲームを高額で買う人がいないんですよ。

選択肢の和訳

1 当店はゲームを買いません
2 そのゲームは故障しています
3 それは古いゲームです
4 私はクーポンをあなたに送れません

語句

□I'd　I would の短縮形　☆I'd like to 原形　～したい
□heard　hear「聞く」の過去形　☆Let me check ～.　～を確認させてください。
□price　値段　☆pay 人 お金 for ～　～のために 人 に お金 を払う
☆really　本当に　□popular　人気のある　☆not ～ anymore　もはや～ない

選択肢の語句

□be broken　壊れている　□send 人 物　人 に 物 を送る　□coupon　クーポン

(22) ▸ in that case「それならば」に注目して解く！ レベル★★★

解答 **2**

> レストランでの会話
>
> **A:** Welcome to Cowboy's Great Steaks. May I take your order?
>
> **B:** We'd like to order one Great Steak Set. My wife and I are not very hungry, so we will share it.
>
> butの後ろは重要　1人最低1つ食事を注文しないといけない
>
> **A:** I'm sorry, but every person at the table must order at least one meal.
>
> **B:** Oh. In that case, (**22**).
>
> それならば

解説 that case が指す ***A*** の「お席にいらっしゃるお客様はどちら様も最低 1 品はお食事をご注文いただかなければならないんです」という内容から、食事を追加で注文している **2** の we'll order the Chicken Set, too「チキンセットも注文します」が正解です。**1** や **3** は「食事 (meal)」ではないので×です。

和訳 *A:* ようこそカウボーイズ・グレート・ステークスへ。ご注文を伺ってもよろしいでしょうか？
B: グレート・ステーキセットを 1 つお願いしたいのですが。妻と私はそんなにおなかが減っていないので、シェアしようと思っています。
A: 申し訳ございませんが、お席にいらっしゃるお客様はどちら様も最低 1 品はお食事をご注文いただかなければならないんです。
B: ああ。そういうことなら、チキンセットも注文します。

選択肢の和訳

1 いくらかソースが必要です
2 チキンセットも注文します
3 彼女は紅茶も 1 杯ほしいと思っています
4 彼女は私のフライを食べます

語句 ☆Welcome to ～.　～へようこそ。　☆May I 原形 ～?　～してもいいですか？
☆take order　注文をとる　□we'd　we would の短縮形
☆would like to 原形　～したい　☆order　注文する　□wife　妻
□hungry　おなかがすいた　☆share　わけ合う・共有する　□person　人
□must　～しなければならない　☆at least　少なくとも　☆meal　食事

選択肢の語句

□sauce　ソース　□a cup of ～　1 杯の～　□fry　揚げ物

(23) ▸ 複数のヒントから解く文脈問題 レベル★★★

解答 1

(新しい部活に入るって聞いたよ)

A: I heard you're going to join a new team when you start high school, John. (**23**)?

(まだ決めていないんだ)

B: I haven't decided yet. There are many different ones that I want to play.

(ラグビーはどう？)

A: Why don't you try rugby?

B: I'm afraid that I'll get hurt, but it does sound like fun.

解説「新しい部活に入るって聞いた」につながる発言を選びます。**1** の What sport will you play?「あなたは何のスポーツをするつもりなの？」を選ぶと、続く「まだ決めていないんだ」→「ラグビーはどう？」にもつながります。Which sport を見て **3** を選びそうになりますが、これからのことを聞いている流れなので、現在進行形 (are watching now) が×です (watching now は内容的にも合いません)。

和訳 *A:* 高校に入ったら新しい部活 (運動部) に入る予定って聞いたわよ、ジョン。何のスポーツをするの？
B: まだ決めていないんだ。やってみたいのがたくさんあるんだよ。
A: ラグビーをやってみるのはどう？
B: けがをするのは怖いけど、確かにおもしろそうだね。

選択肢の和訳

1 あなたは何のスポーツをするの
2 あなたは今日、何の試合をするの
3 あなたは今、どのスポーツを見ているの
4 あなたはどちらの試合に行きたいの

語句
□heard　hear「聞く」の過去形　□join　加わる　□decide　決心する・決める
□different　異なった　☆Why don't you 原形 ～？　～するのはどうですか？
□try　試す　□rugby　ラグビー　□be afraid that sv　～するのが怖い
☆get hurt　けがをする　□does　確かに・本当に (強調)
□sound like ～　～のようだ

選択肢の語句
□match　試合

(24) ▸ 直後のヒントも見落とさない！ レベル★★★

解答 **3**

明日のニュージーランドへの旅行の準備はできた？

A: Are you ready for our trip to New Zealand tomorrow, honey?

持ち物を決めているところ

B: Not yet. I'm still trying to decide what to take. What's the weather going to be like there?

かなり寒い＆雪

A: Let me check. My phone says that it'll be quite cold and snowy.

B: I see. (**24**), but it's so big and takes up a lot of space.

とても大きいから場所をとる

解説 冒頭のやりとりから旅行の持ち物を準備中に現地の天気について確認している場面だとわかります。*A*の「かなり寒くて雪になる」、空所直後の「大きくて場所をとる」をヒントにします。選択肢の中で「寒くて雪の天気に必要で、大きくてかさばるもの」は「セーター」と考え、**3**のI'll have to take a sweater「私はセーターを持っていかなければならないだろう」を選びます。**4**の「エアコン」は持っていくものではないので×です。

和訳 *A:* 明日のニュージーランドへの旅行の準備は終わった、あなた？
B: まだだよ。まだ何を持っていくか決めているところなんだ。現地の天気はどんな感じかな？
A: 確認してみるわ。私の携帯によるとかなり寒くて雪になるそうよ。
B: わかった。セーターを持っていかないといけないみたいだけど、とても大きくて、かなり場所をとっちゃうなぁ。

選択肢の和訳

1 私はもう1枚Tシャツを見つけなければならない
2 私は携帯電話の充電器を持っていく必要がある
3 私はセーターを持っていかなければならない
4 私はエアコンのスイッチを入れる必要がある

語句
☆be ready for ～　～の準備をする　□trip　旅行　☆honey　あなた・君
□Not yet.　まだしていません。　□still　まだ　□try to 原形　～しようとする
□weather　天気　□like　～のような　☆Let me check.　確認させてください。
□phone　電話　☆quite　かなり・とても　□cold　寒い　□snowy　雪の
☆I see.　わかりました。　□so　とても　□space　スペース・空間

選択肢の語句
□another　別の・もう1つの　□need to 原形　～する必要がある
□phone charger　充電器　□sweater　セーター　☆turn on ～　～をつける
□air conditioner　エアコン

(25) ▸ 2問連続で直後をヒントに解く！ レベル★★★

解答 **2**

> ***A:*** Is your bag big enough?
> ***B:*** I don't think so. Can I (**25**)?　（Can I 原形?「～してもいいですか？」）
> （私の（バッグ）はすでにいっぱい）
> ***A:*** Sorry, mine is already full. Maybe you should take another bag.
> ***B:*** OK. I'll bring my backpack.

解説 空所直後の***A***の「ごめん、私のはもういっぱい」をヒントに**2**の put some things in your bag「君のバッグにいくつか物を入れる」を選びます。Can I 原形 ～？は「(私が)～してもいいですか？」と相手に許可を求める表現なので、「いくつかの物を君のバッグに入れてもいい？」という意味になり、会話がつながります。

和訳 *A:* あなたのバッグは十分大きいじゃない？
B: そんなことないよ。いくつかの物を君のバッグに入れてもいい？
A: ごめん、私のはもういっぱいよ。もう１つバッグを持っていくべきかもしれないわね。
B: わかった。リュックサックを持っていくよ。

選択肢の和訳

1 君のコートを借りる　　**2** 君のバッグにいくつか物を入れる
3 新しいスーツケースを買う　　**4** 君の車でそこへ行く

語句 □enough　十分に　☆Can I 原形 ～？　～してもいいですか？
□already　すでに・もう　□full　いっぱいの　☆maybe　おそらく
☆should　～するべきだ　□backpack　リュックサック

選択肢の語句
☆borrow　借りる　□coat　コート　□put ～ in　～を入れる
□suitcase　スーツケース　□drive　運転する

3 問題編 p.46 - p.47

A 全文訳

ペットを飼うこと

ミシェルは２年間小さな家でひとり暮らしをしている。彼女はときどき、少し寂しく感じることがあるので、ペットを飼うことを考えていた。昨年、彼女のおとなりさんのイヌが５匹の子犬をもうけ、彼は子犬たちに住む場所を提供してくれる（子犬たちの飼い主になってくれる）人を探していた。ミシェルはおとなりさんの家に子犬を見に行った。彼女は小さくて茶色い子犬を本当に気に入って、アルバートと名づけると決めた。数週間後、アルバートは十分大きくなり、彼女はその子を家に連れ帰った。その後、彼女は彼を散歩に連れて行ったり、週末には公園で彼と遊んだりするのをとても楽しんだ。

しかし、後にミシェルは、ペットの世話をすることはとても大変だということがわかった。彼女は、何をすればいいのかわからないことや、どのように彼を手助けすればいいのかわからないことがあった。彼女はすぐにペット雑誌を読み始めた。雑誌には必要としている情報がたくさんあったので、とても役に立つと彼女は思った。ミシェルはこれをすること（雑誌を読むこと）で、よいイヌの飼い主になるのに役立てばいいと思っている。

語句 第１段落

- □small 小さな □live in ～ by oneself ～でひとり暮らしをする
- □felt feel「感じる」の過去形 □a little 少し □lonely 寂しい
- □pet ペット ☆neighbor 隣人 □puppy 子犬 □look for ～ ～を探す
- ☆really 本当に □brown 茶色の □decide to 原形 ～する決心をする
- □name O C O を C と名づける □～ later ～後に ☆enough 十分に
- □take ～ for a walk ～を散歩に連れて行く □play with ～ ～と遊ぶ
- □weekend 週末

第２段落

- ☆however しかしながら □later 後で ☆realize わかる・認識する
- ☆look after ～ ～の世話をする □often よく・しばしば
- ☆what to 原形 何を～すればいいか ☆how to 原形 どのように～すればいいか
- ☆soon すぐに・まもなく □helpful 役に立つ □information 情報
- □need 必要とする □hope that sv ～するのを望む □owner 所有者・飼い主

(26) ▸ 空所の前後にヒントがある文脈問題 レベル ★★★

解答 1

解説

「飼うと決めた」とわかる

She really liked a small, brown one, and she decided to name him Albert.

アルバートが（飼うのに）十分大きくなると

A few weeks later, when Albert was old enough, she (**26**). After that, she

前の一文の内容

really enjoyed taking him for walks and playing with him at parks on the weekends.

散歩をしたり週末に公園で一緒に遊んだりするのを楽しんだ

第1段落5文目「子犬を気に入ってアルバートと名づけると決めた」から、「飼う」ことを決めたとわかります。さらに、空所の前に when Albert was old enough から、「(飼うのに) 十分大きくなると、彼女はどうした？」と考えます。After that の that は空所を含む前の一文の内容と考え、さらに「彼女は彼を散歩に連れて行ったり、週末には公園で彼と遊んだりするのをとても楽しんだ」という流れを踏まえ、**1** の brought him home「家に連れて帰った」を選べば OK です。

選択肢の和訳

1 その子（子犬）を家に連れて帰った　**2** おとなりさんに会った
3 その子（子犬）について書いた　**4** 買い物に行った

(27) ▸ 指示語のヒントを見逃さない！　レベル ★★★

解答 **3**

解説

ペットの世話がどれだけ大変かわかった

However, Michelle later realized how hard it was to look after a pet. She often did not know what to do or how to help him. She soon started (**27**).

必要とする情報がたくさんあってとても役に立つ

She thinks they are very helpful because they have a lot of information she needs.

they で受けるものが空所に入ると予想

第2段落冒頭で「ペットの世話をするのがどれほど大変かわかった」とあり、空所の後ろに、She thinks they are very helpful because they have a lot of information she needs.「それらには彼女が必要としている情報がたくさんあったので、それらはとても役に立つと彼女は思った」とあるので、they（複数）で受けるものが空所に入るとわかります（この時点で **2** と **4** は they で受けられるものがないので×）。さらに「情報があって役に立つものは？」と考え、**3** の reading pet magazines「ペット雑誌を読むこと」を選びます。they は複数形の名詞 magazines を受けています。

選択肢の和訳

1 その子（子犬）におもちゃをたくさん与えること
2 犬小屋を建てること
3 ペット雑誌を読むこと
4 その子（子犬）を毎日洗うこと

B 全文訳

水面下の国立公園

アメリカにはドライトートゥガス国立公園と呼ばれる特別な公園がある。公園にはいくつかの小さな島々があるが、262平方キロメートルある公園の99パーセントが海面下にある。そこには世界で最も大きなサンゴ礁の1つがあり、珍しいサメやカメなどの動物がたくさん生息して、そこで子を産んでいる。国立公園として、ドライトートゥガスには3つの目標がある。1つ目は、人々に独特な環境を見る機会を与えることである。2つ目は、その地域の動物や植物を保護すること、そして3つ目はこれらの動物や植物を研究する場所を科学者たちに提供することである。

毎年、およそ63,000人がその公園を訪れる。しかしながら、その公園は行くのが大変なのである。道路がないので、人々は飛行機やフェリー、ボートでアクセスしなければならないのだ。フェリーやボートは、海底に重たい錨を落とす際、サンゴや水面下の環境に被害を与える可能性がある。したがって公園には、その代わりに人々がボートを結びつけることができる特別な木製のプラットホームがある。いったん公園に着くと、訪問者らは水泳やシュノーケリング、スキューバダイビングなどのアクティビティを楽しむことができる。

公園に住んでいる唯一の人間はレンジャーたちで、そこで環境の保全と研究をしている。彼らは人々が釣り禁止エリアで釣りをしたり、動物を殺したりしないようにしている。彼らはまた、科学者たちがその環境を研究するのを手助けしたりしている。レンジャーたちは、鳥や魚がどのように生活しているかを観察するために、鳥や魚にタグをつけたり、サンゴ礁についてのたくさんの情報を記録したりする。これらのことについてより多く学ぶことによって、レンジャーや科学者たちは、この独特な環境を将来のために保護したいと思っている。

語句 第1段落

☆special 特別な　□national park 国立公園　☆although sv ～するけれども
□island 島　□percent パーセント
□～-square-kilometer ～平方キロメートルの　□under ～の下に
□ocean 海・大洋　☆one of the [最上級]+[複数名詞] 最も～な[名詞]の1つ
□large 大きい　□rare 珍しい　□type タイプ・型　□shark サメ
□turtle ウミガメ　□have a baby 子どもを産む　□as ～ ～として
☆chance 機会・チャンス　☆unique 独特の　☆environment 環境
☆protect 保護する　□plant 植物　□area 地域・エリア
□scientist 科学者　□place 場所　□study 研究する

第2段落

☆however しかしながら　□road 道路　□must ～しなければならない
□access 近づく　□plane 飛行機　□ferry フェリー　□boat ボート
☆damage 損害を与える・傷つける　□coral サンゴ
□underwater 水面下の・水中の　□drop 落とす　□heavy 重い
☆therefore したがって　□wood 木造の　□platform プラットホーム・足場
□tie 結ぶ　☆instead 代わりに　☆once sv いったん～すると
□visitor 訪問者　□activity 活動　☆like ～のような
□snorkeling シュノーケリング　□scuba diving スキューバダイビング

第3段落

☆only ～のみ　□ranger レンジャー（管理者・自然保護官）
☆stop [人] from -ing [人]が～するのをやめさせる　□wrong 間違った
□kill 殺す　□also ～もまた　□put A on B AをBにつける
□tag タグ・付け札　☆record 記録する　☆learn 学ぶ

(28) ▸ first, second, thirdに注目！

レベル ★★★

解答 2

解説

As a national park, Dry Tortugas (**28**). First, it gives people the chance to see a unique environment. Second, it protects the animals and plants in the area, and third, it gives scientists a place to study these animals and plants.

空所直後からの first「1つ目に」、second「2つ目に」、third「3つ目に」は、ドライトートゥガスの何が述べられているかを考えます。
【1つ目】…人々に独特の環境を見る機会を与えること
【2つ目】…その地域の動物や植物を保護すること
【3つ目】…これらの動物や植物を研究する場所を研究者たちに提供すること
この3つの内容に合う、**2** の has three goals「3つの目標がある」が正解です。**1** の supports three types of people は、2つ目の内容が「人」についてではないので×です。

goal は「目標」
正解の選択肢で使われている goal は、もちろんスポーツの「ゴール」の意味もありますが、「最後にあるゴール」→「目標・目的地」という意味で使われることもあります。ちなみに英語の発音は「ゴウル」です。

選択肢の和訳

1 3種類の人々を支援する
2 3つの目標がある
3 多くの現地の動物を助ける
4 多くのお金を必要とする

(29) ▸ 直後の1文がヒント

レベル ★★★

解答 3

解説

Every year, about 63,000 people visit the park. However, the park is (**29**). There are no roads, so people must access it by plane, ferry, or boat.

（毎年約63,000人が訪れる）（しかし）（道路がなく、飛行機、フェリー、ボートで行かなければならない）

「毎年約63,000人が公園を訪れる」→「しかし（However）」→「その公園は（　　）」という流れです。空所の後の「道路がないので、人々は飛行機、フェリーまたはボートでアクセスしなければならないのだ」をヒントに、**3** の hard to get to「行くのが難しい」を選びます。

選択肢の和訳

1 水辺から遠くにある　　2 大都市の近くにある
3 行くのが難しい　　4 見るのが簡単

(30) ▸ 直前の内容をヒントに解く！　レベル★★★

解答 3

解説

> The only people living in the park are rangers, who protect and study the environment there. They stop people from fishing in the wrong areas or killing animals.（人々に禁止エリアでの釣りや動物を殺すことをさせないようにする） They also help scientists to study the environment. Rangers put tags on birds and fish to see how they live（鳥や魚の生態を観察するためにタグをつける）, and they record lots of information about the coral reef（サンゴ礁について記録する）. By learning (30), rangers and scientists hope to protect this unique environment for the future.

空所を含む文は「(　　) を学ぶことによって、レンジャーや科学者たちは、この独特な環境を将来に向けて保護したいと思っている」です。第3段落では空所を含む文の前までに「レンジャーたちが取り組んでいること」が書かれており、これらを these things でまとめた **3** の more about these things「これらのことについてより多くのこと」を選べば文意が通ります。**1** と **4** は環境に関係ないので×、**2** の「釣り」は環境保護にならないので×です。

選択肢の和訳

1 どこで観光客を見つけられるか　　2 どのように釣りをすればいいか
3 これらのことについてより多くのこと　　4 訪問者たちについてより少ないこと

A 全文訳

差出人：ケリー・ネルソン〈k-nelson@housemail.com〉
宛先：コバヤシ フミコ〈f-kobayashi@readmail.co.jp〉
日付：5月31日
件名：ありがとうございました！

こんにちは、コバヤシさん

(31) この前の夏は、私のホストマザーになってくれてありがとうございました。日本への旅行は本当に楽しかったです。あなたの娘さんのアヤと一緒に京都を訪れたのが本当に楽しかったです。とてもきれいな町ですよね。また、コバヤシさんの生け花の展示に連れて行ってくれてありがとうございました。この夏、アヤがニューヨークに来て、私のところに滞在して英語を勉強してくれたらいいなと思います！

私はとても日本が恋しくて、私が過ごしたすばらしい時間について自分のウェブサイトに書いています。実は、(32) 私の高校の日本語の先生が、私の日本での滞在についてクラスのみんなに話すように頼んできました。彼女は、私に今度の金曜日に発表して、クラスに写真を見せてほしいと思っています。私は着物を着ている自分の写真を見せる予定です。

(33) コバヤシさんをクラスのみんなに紹介してもよろしいでしょうか。私の発表の最初にクラスのみんなと5分間のビデオチャットをしていただけませんか？ 私の授業はここニューヨークで午前9時なので、日本は夕方の早い時間になります。可能かどうか私にお知らせいただけますか？ 難しい場合は大丈夫です。近々あなたとお話できるのを願っています。

それではまた。

ケリー

語句 第1段落

- □Thank you for ～． ～をありがとう。 ☆really 本当に □trip 旅行
- □fun 楽しみ □daughter 娘 ☆such a [形容詞] [名詞] とても～な [名詞]
- □take [人] to [場所] [人] を [場所] へ連れて行く
- □flower arrangement show 生け花の展示 □come and [動詞] ～しに来る
- □stay with [人] [人] のところに滞在する・泊まる

第2段落

- □miss ～がなくてさびしく思う・恋しい □website ウェブサイト
- ☆ask [人] to [原形] [人] に～するように頼む □stay 滞在
- ☆want [人] to [原形] [人] に～してもらいたい
- ☆give a presentation プレゼン[発表]をする ☆share 共有する
- □photo 写真 ☆wear 着る

第3段落

- ☆I was wondering if I ～． ～してもよろしいでしょうか
- ☆Could you [原形] ～？ ～していただけますか？ □five-minute 5分間の
- □video chat ビデオチャット □at the beginning of ～ ～の最初に
- □presentation プレゼンテーション・発表 □class 授業 □would ～だろう
- ☆Please let me know ～ 私に～を知らせてください □if not もしできないなら
- □talk to [人] [人] と話をする □soon まもなく
- □All the best, ごきげんよう（結びの挨拶）

〈「誰➡誰」のメールをチェック！〉

Kelly Nelson ➡ Fumiko Kobayashi へのメール
今回は外国人と日本人のやりとりだとわかります。こういった場合は「仕事関係」か「ホームステイ」が話題になることが多いです（今回はホームステイですね）。
また、本文中で1人称（I, my, me, mine）が出てきたらケリー・ネルソン、2人称（you など）が出てきたらコバヤシ フミコのことだと思ってください。

〈設問先読み〉

(31) What did Kelly do last summer?
「この前の夏にケリーは何をしましたか？」
➡ last summer がキーワード！「この前の夏にケリーがしたことが書かれている箇所」をチェック！ ケリーはメールの書き手なので、1人称で書かれている箇所（特に前半）を中心に確認！
※「時の表現」は手がかりになりやすいので要チェックです。
英検の長文問題では、原則、本文の順序と設問の順序が一致します。

(32) What did Kelly's teacher ask her to do?
「ケリーの先生は彼女に何をお願いしましたか？」
➡ Kelly's teacher がキーワード！ 「ケリーの先生がケリーにお願いしている箇所」をチェックします。メールの書き手である Kelly は1人称で表されるため、my teacher のように出てくることを予想しておきましょう。
※ ask が使われる設問は定番ですが、「誰から誰へのお願い」なのかをしっかりと把握することが大事です。
※ ask が使われた設問では「依頼の表現」がカギになるので確認しておきましょう（58ページ）。今回の問題ではそのまま ask が使われている英文が根拠になります（珍しいケースです）。

(33) Kelly asks Mrs. Kobayashi
「ケリーはコバヤシさんに～をお願いしている」
➡ 2問連続で ask が使われた設問です。今回は「ケリー（メールの書き手）からコバヤシさん（受け手）へのお願い」です。メールの書き手がお願いしている場合、命令文や Could you ～？ など「依頼の表現」が出てきたら要チェックです。

(31) ▸「時の表現」last summerに注目して解く！ レベル★★★

解答 2

解説

冒頭にキーワードの last summer が出てきます。

> ホストマザーになってくれてありがとう　キーワード
>
> Thank you for being my host mother last summer. I really enjoyed my trip
>
> 日本への旅行を本当に楽しんだ
>
> to Japan. I had so much fun visiting Kyoto with your daughter, Aya.

1文目に「この前の夏はホストマザーになってくれてありがとうございました」とあり、続く2文目にI really enjoyed my trip to Japan.「私は日本への旅行を本当に楽しみました」とあることから、**2** の She stayed with a host family in Japan.「彼女は日本のホストファミリーのところに滞在した」が正解となります。3文目には「京都へ行った」という内容がありますが、「アヤと行った」のであって、「コバヤシさんと行った」わけではないので **1** は×です。

設問と選択肢の和訳

この前の夏にケリーは何をしましたか？

1 彼女はコバヤシさんと京都へ行った。
2 彼女は日本のホストファミリーのところに滞在した。
3 彼女は生け花のレッスンを受けた。
4 彼女はアヤが英語を勉強するのを手伝った。

(32) ▸ 本題の合図In factに注目！ レベル★★★

解答 2

解説

第2段落2文目にIn fact「実は」があり、キーワードのmy Japanese teacherが出てきます。in factはメール問題で本題に入るときの合図になるんでしたね(57ページ)。

> I really miss Japan a lot, and I've been writing on my website about the
>
> 本題に入る合図　キーワード
>
> great time that I had. In fact, my Japanese teacher at my high school has
>
> 先生にクラスで日本での滞在について話すよう頼まれた　発表をしてほしい
>
> asked me to tell the class about my stay in Japan. She wants me to give a presentation next Friday and show the class my photos.

「私の日本語の先生は日本での滞在についてクラスのみんなに話すように頼んだ」、「私に発表をしてもらいたい」とあるので、この内容に一致する **2** の Give a presentation about her trip.「彼女の旅行について発表する」が正解となります。tell the class about my stay in Japan が選択肢で give a presentation about her trip に言い換えられています。**1** の Give her class some presents.「クラスにいくつかプレゼントをあげる」は本文に出てきた presentation に似た単語を使ったダミーで×です。

設問と選択肢の和訳

ケリーの先生は彼女に何をお願いしましたか？

1 クラスにいくつかプレゼントをあげる。
2 彼女の旅行について発表をする。
3 クラスのウェブサイトに写真を何枚か掲載する。
4 彼女の日本語の授業で着物を着る。

(33) ▸ askを使った質問は「依頼表現」がポイント！ レベル★★★

解答 **1**

解説

第3段落1文目の I was wondering if I ～「～してもよろしいでしょうか」、2文目の Could you ～？「～していただけませんか？」という「依頼の表現」に注目です。

～してもよろしいでしょうか　あなたを私のクラスに紹介してもいいですか？

I was wondering if I could introduce you to my class. Could you do a five-minute video chat with my class at the beginning of my presentation?

依頼の表現　ビデオチャットをしてくれませんか？

それぞれ「私はあなたをクラスのみんなに紹介してもいいですか？」、「私の発表の最初にクラスのみんなと5分間のビデオチャットをしていただけませんか？」と依頼しているので、この内容に合う **1** の to talk to her Japanese class「日本語のクラスの人々に話す」が正解です。本文の do a video chat が選択肢では talk に言い換えられています。

設問と選択肢の和訳

ケリーはコバヤシさんに

1 日本語のクラスの人々と話すのを（お願いしている）。
2 彼女のスピーチの練習を手伝うのを（お願いしている）。
3 彼女がどのように発表を始めるべきかを（尋ねている）。
4 いつ彼女がニューヨークに来ることができるか（尋ねている）。

B 全文訳

女性の航空パイロット

飛行機を操縦することは骨の折れる仕事だ。(34) 長時間（労働）であることやストレスのために、パイロットになりたいと思う人は多くない。特に、女性パイロットを見つけることは難しい。多くの分野で働く女性の数が増えている昨今でさえ、女性パイロットの数は少ない。実際、2016年には、世界の航空会社のパイロットのおよそ５パーセントしか女性はいなかった。多くの航空会社は現在、女性パイロットの数を増やそうとしている。

調査によると、(35) 毎年ますます多くの人々が飛行機で移動をしている。近い将来には、約70億人が毎年飛行機で移動すると思われている。したがって、(35) 航空会社はより多くのパイロットを雇用しようとしている。しかし、新しいパイロットを見つけるのは簡単ではない。訓練費用は高く、パイロットはたいてい労働時間が長く、長い間家から離れなければならないことが多い。このせいで、パイロットになることに興味を持つ人はほとんどいないのだ。

より多くのパイロットを確保する方法の１つは、より多くの女性を雇用することだ。イギリスのある大手航空会社はより多くの女性にその仕事（パイロット職）に応募してもらいたいと思っており、パイロットを雇用するためのウェブサイトに女性の写真をより多く掲載している。(36) また、ベトナムのある航空会社は柔軟な勤務スケジュールを作り出そうとしており、子どもがいる女性パイロットのために、保育を提供している。この会社は仕事と家庭を両立させたいという女性を支援することができるのを望んでいる。

しかし、女性パイロットにはもう１つの課題がある。乗客の中には女性パイロットを信用しない人がいるのだ。それはつまり、女性パイロットには別の重要な役割、つまり人々の物の見方を変えるという課題があるのだ。たとえば、台湾のパイロットであるソフィア・クオが言うには、乗客たちは、女性がパイロットであることに驚いているように見えることがよくあるが、少しずつ、彼女を見ることに慣れてきているそうだ。アメリカ人パイロットのキム・ノアクスは、(37) 若い女の子が搭乗する際、彼女らもまたパイロットになれることに気づくと言う。彼女はいつか、より多くの女の子がパイロットになるのを夢見ることを望んでいる。

語句 第１段落

- □plane　飛行機　☆challenging　骨の折れる・きつい　□job　仕事
- ☆because of ～　～のせいで・～のために　□stress　ストレス
- □want to 原形　～したい　□pilot　パイロット　☆in particular　とりわけ・特に
- □hard　難しい・大変だ　□find　見つける　□female　女性の　□field　分野
- ☆these days　最近　□low　低い・少ない　☆in fact　実際に
- □airline　航空会社　□try to 原形　～しようとする　□increase　増加する

第２段落

- ☆according to ～　～によると　☆research　調査
- □more and more　ますます多くの　□travel　旅行する・移動する
- □It is believed that sv　～だと信じられている　□in the near future　近い将来
- □about　約・およそ　□billion　10億　□each year　毎年
- ☆therefore　したがって　☆hire　雇用する　☆however　しかしながら
- □training　訓練・研修　☆cost　費用がかかる　□usually　ふつう・たいてい
- □often　よく・しばしば　□away from ～　～から離れて
- □few ～　ほとんど～ない　□be interested in ～　～に興味がある

第３段落

- □way　方法　☆apply for ～　～に申し込む　☆major　主要な
- □website　ウェブサイト　□also　～もまた　☆create　創り出す

☆flexible　柔軟な　□work schedule　勤務スケジュール　☆offer　提供する
☆childcare　保育　□be able to 原形　～することができる　□support　支援する

第４段落

□another　もう１つの・別の　□challenge　課題・壁　☆though　しかし（副詞）
□passenger　乗客　□trust　信頼する　☆mean　意味する
□important　重要な・大切な　☆role　役割　☆for example　たとえば
□view　見方　□seem　～のように見える　□surprised　驚いて
□slowly　ゆっくりと　□get used to -ing　～することに慣れる　□ride　乗る
☆realize　わかる・認識する　□dream of ～　～を夢を見る

〈設問先読み〉

(34) What is true about flying planes as a job?
「仕事として飛行機を飛ばすことについて当てはまるのはどれか？」
➡第１段落を中心に書かれていることと選択肢を検討します。

(35) What is one problem airlines have?
「航空会社が抱えている問題の１つは何か？」
➡航空会社にとっての問題点（マイナス内容）が出てきたら反応してください。

(36) One airline in Vietnam
「ベトナムのある航空会社は」
➡固有名詞 Vietnam がキーワード！
※ 固有名詞は内容を絞り込むうえで、キーワードになります。今回は an airline in Vietnam が第３段落に登場します。

(37) What is one role that female pilots have?
「女性パイロットが担っている役割の１つは何か？」
➡「女性パイロットの役割（role）」をチェック！　role というキーワードが第４段落に出てきます。

(34) ▸ not many people ～「～する人は多くない」がポイント！　レベル★★★

解答　**3**

解説

第１段落冒頭に Flying a plane is a challenging job.「飛行機を操縦することは骨の折れる仕事だ」とあるので、第１段落を中心に内容を検討します。

> Flying a plane is a challenging job. Because of the long hours and stress, not many people want to become pilots.

パイロットになりたがる人はそんなに多くない

２文目の「長時間であることやストレスのためにパイロットになりたがる人はそんなに多くない」という内容に、**3** の There are not many people who are interested in doing it.「それをしたいと思っている人々は多くない」が一致します。**2** は「５パーセント」という数字が出てきますが、本文の5文目に「世界の航空会社のパイロットのうちたった約5パーセントだけが女性」とあり、選択肢は「5パーセントがパイロット」なので×です。また**4**は、本文に出てきた2016という年号を使っていますが、内容が合わないので×です。

challengingの意味

challengeの「やりがい」という意味からchallengingは「やりがいのある」という意味です。日本語でも「チャレンジングな仕事」といいますが、「チャレンジングな仕事」は「大変な仕事」でもあり、そこから「骨の折れる・きつい」という意味もあります。

設問と選択肢の和訳

仕事として飛行機を操縦することについて当てはまるのはどれか？

1 ますます多くの男性がそれをしたいと思うようになっている。
2 人々の約5パーセントのみがそれを行う技術を持っている。
3 それをしたいと思っている人々は多くない。
4 それをやりたいと思っている女性の数は2016年に増加した。

(35) ▸「マイナス内容」が書かれているところをチェック！ レベル★★★

解答 **1**

解説

「航空会社が抱える問題」については第2段落に書かれています。

> 飛行機での旅行者は毎年増加
>
> According to research, every year more and more people are traveling by plane. It is believed that in the near future, about 7 billion people will travel by plane each year. Therefore, airlines are trying to hire more pilots. However, it is not easy to find new pilots.
>
> したがって / 多くのパイロットを雇用しようとしている / しかし / 新しいパイロットを見つけるのは簡単ではない

1文目に「飛行機での旅行者は毎年増加」とあり、3文目から「したがって航空会社はより多くのパイロットを雇用しようとしている」→「しかし（However）」→「新しいパイロットを見つけるのは簡単ではない」と続きます。この内容に合う**1**のThey need more pilots because more people travel by plane.「飛行機で移動する人々がより多くなるので、より多くのパイロットを必要としている」が正解となります。

設問と選択肢の和訳

航空会社が抱えている問題の1つは何か？

1 飛行機で移動する人々がより多くなるので、より多くのパイロットを必要としている。
2 新しいお客さんを見つける簡単な方法がない。
3 パイロットが操縦する飛行機を作るのに長い時間がかかる。
4 経験豊富なパイロットを雇用するのにあまりにも多くの費用がかかる。

(36) ▸ 固有名詞はキーワードになる！

レベル ★★★

解答 1

解説

第3段落3文目に an airline in Vietnam「ベトナムの航空会社」が出てきます。

キーワード　ベトナムの航空会社の取り組み

Also, an airline in Vietnam is trying to create flexible work schedules and offering childcare for female pilots who have children. They hope to be able to support women who want to work and have families.

仕事と家庭を両立したいという女性を支援したい

3文目に「ベトナムのある航空会社は柔軟な勤務スケジュールを作り出し、子どもがいる女性パイロットのために、保育を提供している」とあり、続く4文目は「仕事と家庭を両立したいという女性を支援したい」という内容なので、これらの内容に一致する**1**の is trying to make it easier for women with children to work as pilots.「子どものいる女性がパイロットとして働きやすくしようとしている」が正解です。**2**の「女性パイロットの写真を使用している」というのは、イギリスの航空会社のことなので×です（第3段落2文目）。

設問と選択肢の和訳

ベトナムのある航空会社は

1 子どものいる女性がパイロットとして働きやすくしようとしている。
2 女性パイロットを雇用するために、ウェブサイトに女性パイロットの写真を使用している。
3 子どものいる家族が飛行機で移動するのをより簡単にしてきた。
4 パイロットになりたいと思っている女性により少ないお金を払っている。

(37) ▸ role は「役割」の意味

レベル ★★★

解答 4

解説

第4段落3文目にキーワードの role「役割」が出てきます。その後に For example があり、具体例が続きます。

キーワード

That means that female pilots have another important role—changing people's views. For example, Sophia Kuo, a pilot in Taiwan, says that

具体例①

passengers often seem surprised that a woman is their pilot, but slowly people are getting used to seeing her. Kim Noakes, an American pilot,

20年度第1回　一次試験　筆記　短文　会話　長文　ライティング　リスニング　二次試験　面接

具体例②

says that when young girls ride on her planes, they realize that they, too, can become pilots. She hopes that one day more girls will dream of being pilots.

3文目に「女性パイロットは別の重要な役割、つまり人々の物の見方を変えるという役割があるのだ」とあり、次のFor example「たとえば」以降に具体的な内容が書かれています。

【具体例①】
乗客たちは、女性がパイロットであることに驚いていることがよくあるが、少しずつ彼女を見ることに慣れてきている。
【具体例②】
若い女の子が搭乗する際、彼女らもまたパイロットになることができると気づく。

2つ目の具体例の内容に**4**のThey help passengers to see that women can be pilots.「彼女たちは、乗客が女性がパイロットになることができるということを理解するのを促進する」が一致します。**3**のThey show passengers views from the plane. でviewが使われていますが、このviewは「眺め」の意味です。本文第4段落3文目のchanging people's view「人々の見方を変える」のviewは「見方・考え方」の意味なので注意してください。

多義語 view

元々「景色」という意味です。ホテルなどで使われる「オーシャンビュー」とは「部屋から海の景色が見える」という意味です。その「景色」→「眺め」、さらに「(ある問題に対しての)眺め」→「見方・意見」と発展しました。また、動詞では「見る」という意味で、view A as B「AをBと見なす(思う)」の形が重要です。
① 景色・眺め
② 見方・意見
③ 見る(動詞)

設問と選択肢の和訳

女性パイロットが担っている役割の1つは何か？
1 彼女たちは乗客に新しい情報を共有する。
2 彼女たちは飛行機の操縦の仕方を若い女の子たちに教える。
3 彼女たちは飛行機からの眺めを乗客たちに見せる。
4 彼女たちは、乗客が女性がパイロットになることができるということを理解するのを促進する。

5　問題編 p.52

解答例　　　　レベル ★★★

I think it is important for people to eat breakfast every day. First, people can study or work better if they eat breakfast. Without breakfast, they often feel too tired to do anything in the morning. Second, breakfast can be a good chance for people to communicate. They can share information at the beginning of each day. (57 語)

解説

▶QUESTIONを正確に読み取り、構成・内容を考える！

Do you think it is important for people to eat breakfast every day?
「人々が毎日朝食を食べることは重要だと思いますか？」

➡「重要だと思う」か「思わない」か、自分の立場を決めて内容を考えます。
条件を踏まえ、次のような構成にあてはめて解答を作ってください。

〈構成の例〉

第1文…**QUESTION**に対する「考え(意見)」
第2文・第3文…理由①＋理由①をサポートする文(具体例など)
第4文・第5文…理由②＋理由②をサポートする文(具体例など)
第6文…まとめ(英文の数は条件に含まれませんので最終的にはなくてもOKです)

第1文で「重要だと思う」か「思わない」か自分の立場を明確にする文を作り、2文目以降で「その理由を2つ」まとめます。

👉 上記の〈構成の例〉はあくまでも一例ですので、必ずしも6文構成にしなければならないわけではありません。内容によって臨機応変に変えてもOKです。

▸実際に英文を作る

【1文目】

I think it is important for people to eat breakfast every day.
「人々が毎日朝食を食べることは重要だと私は思います」

1文目は、「**QUESTION** に対する考え」を作る方向で考えます。Do you think ～？の形で問われているので、疑問文を肯定文に直すイメージで、I think ～. の形で答えます。今回は、そのまま肯定文に直すとI think {that} it is important for people to eat breakfast every day. となります。「思わない」という立場なら、I do not think ～.「私は～と思いません」の形で答えればOKです。

【2文目・3文目】

1つ目の「理由」を述べる合図！

First, people can study or work better if they eat breakfast. Without breakfast, they often feel too tired to do anything in the morning.
「まず、朝食を食べると勉強や仕事がはかどります。朝食なしでは、午前中、とても疲れを感じて何もできなくなってしまうことがよくあります」

理由を列挙するときに用いるfirst「最初に」を使って、1つ目の理由people can study or work better if they eat breakfast「朝食を食べると勉強や仕事がはかどります」と述べています。ここではcan「～することができる」を使い、できることを「具体的に」述べています。さらに3文目で、Without breakfast「朝食なしでは」と「食べない場合のデメリット」を述べることで2文目の理由を補足しているわけです。they often feel too tired to do anything in the morningでは、too ～ to 原形「～すぎて…できない」が使われ、「午前中、とても疲れを感じて何もできなくなってしまうことがよくあります」という意味です。

too ～ to 原形 構文「～すぎて…できない」
too ～ to 原形 の直訳は「…するには～すぎる」です（tooは「～すぎる」）。そこから「～すぎて…できない」と否定的に訳すようになりました。

【4文目・5文目】

2つ目の「理由」を述べる合図！

Second, breakfast can be a good chance for people to communicate. They can share information at the beginning of each day.
「2つ目に、朝食は人々がコミュニケーションをとるのによい機会になる可能性があります。人々は一日の初めに情報を共有することができます」

4文目に2つ目の理由、5文目は2つ目の理由をサポートする文になっています。

second「2つ目に」を使い、breakfast can be a good chance for people to communicate「人々がコミュニケーションをとるのによい機会になる可能性がある」と述べています。このcanは「可能性」で「(ひょっとしたら)ありえる」という意味です(ちなみに2文目では「可能(～することができる)」の意味で使われています)。また、chance「機会」は、形容詞的用法の不定詞とともに使われることが多く、a chance to 原形「～する機会」の形が重要です(for peopleは意味上の主語)。
そして5文目でat the beginning of each day「それぞれの日の初めに」と状況を限定することで「具体的」な内容を続けています。
今回は最後にまとめの文が入っていませんでしたが、語数に余裕があるときは、もう一度自分の意見、立場を明確にする文を書いてまとめるのもOKです。

和訳 (問題)人々が毎日朝食を食べることは重要だと思いますか？
(解答例)私は、人々が毎日朝食を食べることは重要だと思います。まず、朝食を食べると勉強や仕事がはかどります。朝食なしでは、午前中、とても疲れを感じて何もできなくなってしまうことがよくあります。2つ目に、朝食は人々がコミュニケーションをとるのによい機会になる可能性があります。人々は一日の初めに情報を共有することができます。

語句
- □important 重要な
- ☆first まず・第一に
- ☆if ～ もし～なら
- ☆without ～なしで
- □often よく・しばしば
- □feel 感じる
- ☆too ～ to 原形 ～すぎて…できない
- □tired 疲れた
- ☆second 第二に・2つ目に
- ☆chance 機会
- □communicate コミュニケーションをとる
- ☆share 共有する
- ☆information 情報
- □at the beginning of ～ ～の初めに
- □each それぞれの

No. 1 ▸「配達先を間違える」のはパターン問題！ CD2 24 レベル★★★

解答 3

スクリプト

★ Hello. Can I help you?
くっついて「キャナイ」

ご注文のピザをお持ちしました　サンダース様ですよね？

☆ Yes, sir. I've got the pizza that you ordered. You're Mr. Sanders, right?
くっついて「ガッザ」　軽く「ザッ」

サンダースさんはおとなりです

★ No. Mr. Sanders lives next door in the red house over there.
くっついて「ネクストドーァ」　「ザー」って感じ

☆ 1　Oh! Sorry, sir. I couldn't find your house.

➡この男性の家を探していたわけではないので×

☆ 2　Oh! Sorry, sir. I'll bring you your pizza.
「アイゥ」って感じ

➡この男性はピザを注文していないので×

☆ 3　Oh! Sorry, sir. I'll go there, then.
「アイゥ」って感じ

解説

ピザを届けに来た場面の会話です。男性の「サンダースさんはおとなりです」から、届け先を間違えたとわかるので、**3** の Oh! Sorry, sir. I'll go there, then.「あら！　申し訳ございません。ではそちらへ行きます」が正解となります。

和訳 ★こんにちは。何かご用でしょうか？
☆はい、お客様。ご注文いただいたピザをお持ちしました。サンダース様ですよね？
★いいえ。サンダースさんは向こうのおとなりの赤い家に住んでいますよ。

選択肢の和訳

☆ **1**　あら！　申し訳ございません。あなたの家を見つけることができませんでした。
☆ **2**　あら！　申し訳ございません。ピザをお持ちします。
☆ **3**　あら！　申し訳ございません。それではそちらへ行きますね。

語句 ☆Can I help you?　何かご用でしょうか？　□sir　お客様・だんな様
□pizza　ピザ　☆order　注文する　□～, right?　～ですよね？
□live next door　となりに住んでいる

選択肢の語句

□find　見つける　□bring 人 物　人 に 物 を持って来る

No. 2 ▸ couldは「可能性」の意味をおさえておく　CD2 25　レベル ★★★

解答 **2**

スクリプト

☆ I didn't know you could sing so well!

★ Thanks. I love singing. I go to singing lessons twice a week.
「スィンギン」って感じ

いつか有名な歌手になれるかもね

☆ Wow! You could be a famous singer someday!
「クッビ」って感じ

★1　OK, you can sing the next song.　➡歌が好きなのは男性なので×
「スィンザッ」って感じ

★2　No, I just like singing for fun.

★3　Well, I don't like music.　➡ I love singing. と言っているので×
「ドンッ」って感じ

解説

「いつか有名な歌手になれるかもね」に対する応答として適切なのは、**2** の No, I just like singing for fun.「いやいや、好きで歌っているだけだよ」です。

could は「可能性」

could は **No. 1** の **1** や今回の女性の最初の発話で使われたように「～することができた」のイメージが強いかもしれませんが、「可能性」の意味で「(ひょっとしたら) ～することがありえる」という意味があります (この意味が could のメインだと思ってください)。今回の You could be a famous singer someday! は「いつか有名な歌手になる可能性があるね」という意味なんです。

和訳
☆あなたがそんなに上手に歌えるのを知らなかったわ。
★ありがとう。歌うのが大好きなんだ。週に２回歌のレッスンに行っているんだよ。
☆うわぁ！　いつか有名な歌手になれるかもね。

選択肢の和訳
★1　うん、君が次の曲を歌っていいよ。
★2　いやいや、好きで歌っているだけだよ。
★3　うーん、僕は音楽が好きではないんだ。

語句
□well　上手に　□love　大好きである　□lesson　レッスン　□twice　２回
□a　～につき　□could　(ひょっとしたら) ～することがありえる
☆famous　有名な　□someday　いつか

選択肢の語句
□next　次の　□just　単に　□fun　楽しみ

No. 3 ▸ trafficは「交通量」の意味

CD2 26 レベル ★★★

解答 **2**

スクリプト

タクシーに乗る場面

★ Thanks for using FastTaxi. Where can I take you?
軽く「ウェア」 くっついて「キャナイ」

☆ I have a meeting at the State Tower, downtown.
「ミーティン」って感じ 軽く「アッ」 「ステイタゥワ」って感じ

交通量が多いので時間がかかります

★ Well, there's a lot of traffic, so it might take a while.
「ウェゥ」って感じ 「マイテイカウァイゥ」って感じ

☆ **1** That's all right. I'll try the bus, then.
「アイゥ」って感じ
➡バスに乗っても問題は解決しないので×

☆ **2** That's all right. I'm not in a hurry.
「ナティナ」って感じ

☆ **3** That's all right. Here's $10.
➡運賃の支払いの場面ではないので×

解説

運転手の「交通量が多いので、少し時間がかかるかもしれません」に対する応答として適切なのは、**2** の That's all right. I'm not in a hurry.「大丈夫です。急いでいませんので」です。

That's all right.「大丈夫」
選択肢に出てくる That's all right. は「大丈夫です」の意味です。今回の使い方の他に、ミスした相手が I'm sorry. のように言うのに対し、「いいって、いいって」という感じで使うこともできます。ちなみに似た表現で That's right. というのがありますが、この right は「正しい」という意味です。相手が言ったことに対して、直訳「それは正しいです」→「その通り」という意味で使うので、That's all right. としっかり区別してください。

traffic は「交通量」
traffic は「交通量」の意味があり、「交通量が多い・少ない」というときに使う単語です。準2級のリスニングでもよく見かけるのでここで表現を整理しておきます。heavy や little などの形容詞の使い方にも注意してください。
① There's a lot of[little] traffic.「交通量が多い［少ない］」
② The traffic is heavy[light].「交通量が多い［少ない］」
③ The street is busy.「通りは交通量が多い」
※ busy には「人や車が多い」という意味があり、そこから「交通量が多い」という意味で使われます。

和訳 ★ファストタクシーをご利用いただきありがとうございます。どちらへ向かいましょうか？
☆町の中心部にあるステイトタワーで会議があるんです。
★う～ん、とても渋滞しているので、ちょっと時間がかかるかもしれません。

選択肢の和訳

☆1　大丈夫です。じゃあ、バスに乗ってみます。
☆2　大丈夫です。急いでいないので。
☆3　大丈夫です。はい、10 ドルです。

語句 ☐ Thanks for -ing.　～してくれてありがとう。　☐ take　連れて行く
☐ meeting　会議　☐ downtown　町の中心街　☐ traffic　交通・交通量
☐ might　～かもしれない　☐ while　少しの時間

選択肢の語句
☐ That's all right.　大丈夫です。　☐ in a hurry　急いで
☐ Here is ～.　ここに～があります。

No. 4 ▸「疑問詞 When」→「時」を答える基本パターン　CD2 27　レベル ★★★

解答 **3**

スクリプト

Could you ～？(ていねいな依頼)　スピーチ原稿をチェックしてくださいませんか？

☆ Mr. Taylor. Could you check what I wrote for the speech contest?
「ワライ」って感じ

授業があるので後でね

★ Sure, Yuka. But I'll have to check it later—I have to teach a class now.
「アィゥ」って感じ　「タ」　tの飲み込み　「ハフタ」って感じ

☆ OK. When should I come back?
くっついて「ダイ」

いつ戻ってくればいいですか？

★1　Well, I'm free right now.
「ウライッナウ」って感じ
➡「授業があるので」という発言に矛盾するので×

★2　I've already finished checking it.
「チェッキンニット」って感じ
➡これから見てもらうので×

★3　I can meet you here at two o'clock.
くっついて「チュー」　軽く「アッ」

解説

「疑問詞」→「疑問詞に対する応答」の基本パターンです。「授業があるので後でね」→「いつ戻ってくればいいですか？」という流れを踏まえ、I can meet you here at two o'clock.「2 時にここで会うことができますよ」と「時」を答えている **3** が正解です。

関係代名詞 what

冒頭の発話に関係代名詞のwhatが出てきます。関係代名詞のwhatは①名詞節(名詞のカタマリ)を作り、② whatの後ろは不完全な文で、③「こと・もの」と訳すのがポイントです。今回は動詞checkの後ろに関係代名詞whatのカタマリがきています(what I wrote for the speech contest「スピーチコンテストのために私が書いたもの」)。英検準2級のリスニング問題で関係代名詞whatが出てくることはあまりないので戸惑ったかもしれませんが、“what ～”が動詞の目的語になっているときは関係代名詞の可能性を疑ってください。今回の英文を聞き込んで反応できるようにしておきましょう。

和訳 ☆テイラー先生。スピーチコンテストのために私が書いたものを確認していただけますか?
★もちろんいいよ、ユカ。でも、後でチェックしなければならないんだ―今から授業をしないといけないから。
☆わかりました。いつ戻ってくればいいですか?

選択肢の和訳

★1 ええと、ちょうど今、手が空いています。
★2 すでにそれを確認し終えました。
★3 2時にここで会うことができますよ。

語句 ☆Could you 原形 ～? ～していただけますか? □check 確認する
□speech contest スピーチコンテスト □Sure. もちろんいいですよ。
☆have to 原形 ～しなければならない □later 後で ☆should ～するべきだ
□come back 戻る・再び訪れる

選択肢の語句

□free 暇な ☆right now ちょうど今 □already すでに

No. 5 ▸ How should I cut them?は「切り方」を聞いている! CD2 28 レベル★★★

解答 1

スクリプト

☆ Can I help you make dinner, Dad? 〔親子の会話だとわかる〕
くっついて「キャナイ」

★ Sure. Could you cut those carrots for me? 〔ニンジンを切ってくれる?〕
くっついて「クッジュ」「カッゾウズ」って感じ

☆ OK. How should I cut them? 〔どのように切ればいい?〕
「シュダイカッゼン」と一気に発音される

★1 Into long, thin pieces, please.

★2 Heat them in the oven, please.
「ヒーゼン」って感じ 「ジ」「アウン」

★3 Before dinner, please.

(★2・★3) ➡「切り方」を説明していないので×

解説

2問連続で「疑問詞」→「疑問詞に対する答え」の基本パターンです。How should I cut them?「どのように(ニンジンを)切ればいい?」に対して、切り方を説明している **1** の Into long, thin pieces, please.「細長く切って」が正解です。

cut A into B「AをBに切る」
cut は cut A into B「AをBに切る」の形で使われ、今回は女性の How should I cut them? に対して、Into long, thin pieces, please. と答えている **1** が正解になっています。"into B" の部分が How になって疑問文になっており、"into B" の形で答えているわけです。

和訳 ☆夕食を作るのを手伝ってもいい、お父さん?
★もちろんいいよ。このニンジンを切ってくれる?
☆わかった。どんなふうに切ればいい?

選択肢の和訳

★ **1** 細長く切って。
★ **2** オーブンでそれを温めて。
★ **3** 夕食の前にお願い。

語句 ☆Can I 原形 ～? ～してもいいですか?　☆help 人 原形 人が～するのを手伝う
□Sure. もちろんいいよ。　☆Could you 原形 ～? ～していただけますか?
□cut 切る　□carrot ニンジン　☆should ～するべきだ

選択肢の語句

☆thin 薄い　□piece ピース・かけら　□heat 温める　□oven オーブン

No. 6 ▸How longにはfor ～やsince ～で答える CD2 29 レベル★★★

解答 **3**

スクリプト

何年も会ってないね!

☆Dave? Dave Chandler? I haven't seen you in years!

「スィン」って感じ

久しぶり!

★Oh, hi! Julie Evans! It has been a long time.

軽く「ビン」

どのくらい経ったかな?

☆Yes. How long has it been?

「ハズィッビン」って感じ

★**1** OK. Let's meet at 12 p.m.

軽く「アッ」

➡これから会う時刻は関係ないので×

★**2** Yeah. It was nice seeing you yesterday.

くっついて「スィーニュ」

➡昨日会ったわけではないので×

★3　Hmm. I don't think we've met since high school.

解説

「疑問詞」→「疑問詞の答え」の基本パターンです（3問連続）。女性のHow long has it been?「どのくらい経ったかな？」に対する応答として、**3**のHmm. I don't think we've met since high school.「う～んと。高校のとき以来会ってないと思うよ」が適切です。how longに対してはfor ～（期間）やsince ～（起点）を使った答え方が一般的です。

会話表現 How long has it been?
本来はIt has been+[時間]「[時間]が経つ」で、「時間」の部分を疑問詞How longに変えて疑問文にしたものです。

和訳 ☆デイブ？　デイブ・チャンドラー？　何年ぶりかしら！
★わぁ、こんにちは！　ジュリー・エヴァンズじゃないか！　久しぶりだね。
☆そうだね。（最後に会ってから）どれくらいになるかな？

選択肢の和訳
★1　わかった。お昼の12時に会おう。
★2　そうだね。昨日君に会えてよかったよ。
★3　う～んと。高校のとき以来会ってないと思うよ。

語句 ☆I haven't seen you.　久しぶりですね。　☆It has been a long time.　久しぶりですね。
☆how long　どのくらいの間

選択肢の語句
□meet　会う　□Hmm　う～ん　☆since　～以来

No. 7　▸ Do you want me to ～？は「私が～しましょうか？」　CD2 30　レベル★★★

解答　1

スクリプト

（会社の人との電話での会話）

☆ Hello, XYZ Corporation. This is Joan speaking.

（カギを忘れてオフィスに入れない）

★ Hi Joan. It's Ed. I can't get into the office. I forgot my key card.
（the：「ジ」　forgot：「フォガッ」って感じ）

☆ Do you want me to come down and open the door?

（ドアを開けに行こうか？）

★1　Yeah. I'm standing outside.
（standing：「スタンディン」って感じ）

★2 Well, I can give him the message.
「ウェゥ」って感じ 「ヒン」って感じ
➡ him が誰を指すか不明なので×

★3 Hmm, I'll be going home early today.
「アィゥ」って感じ
➡「中に入りたい」という内容とは無関係なので×

解説

冒頭のやりとりから同僚の会話だとわかります。「カギを忘れてオフィスに入れない」→「ドアを開けに行こうか？」という流れを踏まえて、**1** の I'm standing outside.「外で立っている」を選べば OK です。

人間関係をしっかりつかむ

冒頭の Hello, XYZ Corporation. This is Joan speaking.「こんにちは、XYZ コーポレーションです。ジョアンがお受けしています」から取引先の人との会話だと思った人が多いと思いますが、英検のリスニングでは、今回のように同僚（同じ会社の人間）の場合もよくあります。最初のやりとりで人間関係を正確につかめるように英文に集中してください。

Do you want me to 原形?

want 人 to 原形「人 に～してもらいたい」は、疑問文で Do you want me to 原形? となり、直訳「あなたは私に～してもらいたいですか？」→「私が～しましょうか？」と相手に申し出る表現として使われます。日常会話では Shall I 原形?「(私が) ～しましょうか？」よりもよく使われる表現です (Shall I 原形? を日常会話で使うこともありますが、少しかしこまった場面で使われることが多いです)。

和訳 ☆こんにちは、XYZ コーポレーションです。ジョアンがお受けしています。
★やあ、ジョアン。エドだよ。会社に入れないんだ。カードキーを忘れてしまって。
☆降りて行ってドアを開けようか？

選択肢の和訳

★1 うん。外に立っているね。
★2 ええと、彼にメッセージを伝えてもいいよ。
★3 う～ん、今日は早く帰宅する予定なんだ。

語句
☆corporation 会社・企業　☆This is ～ speaking. （電話で）こちらは～です。
□get into ～ ～の中に入る　□office 会社・事務所　☆forget 忘れる
□key card カードキー　☆want 人 to 原形 人 に～してもらいたい
□come down 降りる

選択肢の語句

□outside 外に［で］　□well ええと（つなぎ言葉）　□message メッセージ
□hmm う～ん

No. 8 ‣see if ～は「～かどうか確認する」 CD2 31 レベル★★★

解答 2

スクリプト

☆ Oh no, it's raining. I thought it was going to be sunny today.
（雨が降っている／to be：「トゥビ」って感じ）

★ I know. The weather report was wrong again.

☆ Well, I really don't want to cancel our picnic.
（ピクニックを中止したくない／Well：「ウェゥ」って感じ／to：軽く「トゥ」）

★1 OK, at least it's not raining now.
（not raining now：「ナッレイニンナウ」って感じ）
➡「雨が降っている」という内容に矛盾するので×

★2 OK. Let's wait and see if the weather changes.
（see if ～「～かどうか確かめる」／see if：くっついて「スィーフ」）

★3 OK. I'll check yesterday's weather report.
（I'll：「アィゥ」って感じ）
➡ピクニックにかかわるのは昨日ではなく今日の天気なので×

解説

「(雨が降っているけど) ピクニックを中止したくない」という流れに合うのは、**2** の OK. Let's wait and see if the weather changes.「わかった。待って天気が変わるかどうか様子を見よう」です。

「～かどうか」の if

2 は動詞 see の目的語に if sv が使われています。このように名詞節を作る if は「～かどうか」の意味で、お店の場面でよく登場し、店員が「在庫があるかどうか調べてみます」というときに使われるのでしっかりおさえておいてください(67ページ)。ちなみに発音は see と if がつながって「スィーフ」のように聞こえます。

否定文に慣れておく！

女性の最後の発話に Well, I really don't want to cancel our picnic. が出てきます。want to 原形 の否定文ですが、否定文になると、とたんに聞き取れなくなる人が意外と多いのでしたね。「I don't want to ➡したくないこと」と即断できるように音声を聞き込んでおきましょう(169ページ)。

和訳 ☆やだ、雨が降っているわ。今日は晴れると思ってたのに。
★そうだね。天気予報がまたはずれたね。
☆うーん、本当にピクニックを中止にしたくないんだけど。

選択肢の和訳

★1 わかった、いま雨が降っていないだけまだましだよ。
★2 わかった。待って、天気が変わるかどうか様子を見よう。
★3 わかった。昨日の天気予報を確認してみるよ。

語句 □sunny 晴れの □weather report 天気予報 □wrong 間違っている
☑again 再び ☑really 本当に □want to 原形 ～したい
☑cancel 中止する

選択肢の語句
☑at least 少なくとも・～だけましだよ □wait 待つ
☑see if ～ ～かどうか確かめる □weather 天気 □change 変わる
□check 確認する

No. 9 ▸used to ～は「以前は～していた」 CD2 32 レベル★★★

解答 **1**

スクリプト

ハンバーガーショップでの会話

☆ Welcome to Bob's Burger Shack. Are you ready to order?

本題に入る合図　仕事を探しています

★ Hi. Actually, I saw the sign in the window. I'm looking for a job.

調理の経験はありますか？

☆ Oh, OK. Do you have any cooking experience?

used to ～「～していた」(過去の習慣)

★1 Well, I used to cook part time in high school.
「ユースト」って感じ 「パータイム」って感じ
★2 Yeah, I know some good waiters.
★3 No, hamburgers are my favorite.
➡調理の経験を答えていないので×

解説

Are you ready to order?「ご注文はお決まりですか？」から、注文に関するやりとりが展開されると思いきや、男性のI'm looking for a job.「仕事を探しているんです」から「求人」の話だとわかります。店員の「調理の経験はありますか？」に対して、「調理の経験」を答えている**1**のWell, I used to cook part time in high school.「高校生のときに調理のアルバイトをしていました」が正解です。

used to ～「(以前は)～していた」
used to ～は「過去の習慣」を表しており、「(今は違うけど以前は)～していた」という意味で、過去と現在の「対比」を作るので長文でも要チェックの表現です。

part time は「アルバイトで」
1 の選択肢の part time は「アルバイトで」という副詞です。「仕事全体の中の一部分の時間帯(part time)だけ働く」→「アルバイト」というイメージです(ちなみに「アルバイト」はドイツ語 Arbeit「労働」に由来する言葉です)。

和訳 ☆ようこそボブズ・バーガー・シャックへ。ご注文はお決まりですか？
★こんにちは。実は窓にある掲示を見たんです。仕事を探しているところでして。
☆ああ、わかりました。調理のご経験は何かありますか？

選択肢の和訳
★1 ええと、高校生のときに調理のアルバイトをしていました。
★2 ええ、私はよいウェイターを何人か知っています。
★3 いいえ、ハンバーガーが私の一番のお気に入りです。

語句 □Welcome to ～. ～へようこそ。
☆Are you ready to order? ご注文はお決まりですか？
☆actually 実は □sign 掲示・印 □window 窓 □look for ～ ～を探す
☆experience 経験

選択肢の語句
☆used to 原形 (以前は)～していた □part time アルバイト(で)
□waiter ウェイター □hamburger ハンバーガー
☆favorite 一番のお気に入り

No. 10 ▸ 警察との会話はリスニングの定番！ CD2 33 レベル★★★

解答 2

スクリプト

警察に電話
★ Bridgeton Police Department.

財布を拾った　どうすればいいですか？
☆ Hello. I found someone's wallet on the street this morning. What should I do?
(should I：くっついて「シュダイ」)

警察署に持ってきてください
★ Well, you can bring it to us at the police station. We'll try to contact the owner.
(bring it：「ブリンギッ」って感じ　at：軽く「アッ」　We'll：「ウィル」って感じ　the：「ジ」)

☆1 Well, I think there's a few dollars in it.
(Well：「ウェゥ」って感じ　in it：「イニッ」って感じ)
➡中身のことは尋ねられていないので×

☆ **2**　OK. I'll go there this afternoon.
「アイゥ」って感じ

☆ **3**　Yeah, it's brown with a red stripe.

➡財布の見た目については尋ねられていないので×

解説

「財布を拾ったけどどうすればよいか？」→「警察署に持ってきてください。持ち主に連絡をとってみます」という流れに合うのは、**2** の OK. I'll go there this afternoon.「わかりました。今日の午後そちらへ行きます」です。

和訳 ★ブリッジトン警察署です。
☆もしもし。今朝、道で誰かの財布を見つけました。どうすればいいですか？
★ええと、警察署の我々のところにお持ちいただくことができます。我々のほうで所有者に連絡を取ってみますので。

選択肢の和訳

☆ **1**　ええと、その中には数ドル入っていると思います。
☆ **2**　わかりました。今日の午後にそちらへ行きます。
☆ **3**　ええ、茶色に赤いしま模様が入っています。

語句 □police department　警察署　□find　見つける　□someone　誰か
□wallet　財布　□street　通り　☆should　～するべきだ　□bring　持ってくる
□police station　警察署　□try to 原形　～しようとする
☆contact　連絡をとる・接触する　□owner　持ち主

選択肢の語句

□a few ～　少しの～・2、3の～　□dollar　ドル　□brown　茶色の
□stripe　しま・ストライプ

No. 11 ▸ Do you want to ～？は「勧誘」

CD2 35　レベル ★★★

解答 2

スクリプト

誕生日プレゼントを買いに行くところ。君も来る？

★ I'm going shopping for a birthday present, Amy. Do you want to come?
「ゴーインシャッピン」って感じ　「プレズン」って感じ　くっついて「ワントゥ」

☆ Sure. That sounds fun. Whose birthday is it?
「フース」
ええ、もちろん

★ My sister's. I still don't have any idea what to get for her.
くっついて「ワットゥ」　tの飲み込み

☆ Well, let's go to the shopping mall and look around. Maybe we'll think of something once we're there.
「モーゥ」って感じ　「アンルッカラウンド」って感じ　「ウィゥ」って感じ　「ウェア」って感じ

☆☆ **Question:** What are the boy and girl going to do today?

解説

〈選択肢先読み〉➡すべて「動詞の原形」で始まっている➡「未来の予定・行動」を聞き取る！

質問は「少年と少女は今日、何をする予定ですか？」です。冒頭の「誕生日プレゼントを買いに行くところなんだ、エイミー。君も来ない？」→「ええ、もちろん」というやりとりから、**2** の Look for a present.「プレゼントを探す」が正解となります。**1** は his birthday の his が「妹の誕生日」という内容に合いませんし、今日祝うかどうかはわからないので×、**3** は mall という会話に出てくる単語を使ったダミーです。

> **Do you want to ～？**
> want to 原形 は「～したい」なので、Do you want to ～？の直訳は「あなたは～したいですか？」となりますが、会話では「～しませんか？」という「勧誘」の意味で使うことができ、英検のリスニングでよく出てくる表現です（160 ページ）。

和訳 ★誕生日プレゼントを買いに買い物に行くところなんだ、エイミー。一緒に来る？
☆もちろん。楽しそうね。誰の誕生日なの？
★妹だよ。彼女に何をあげたらいいかまだ何も思いついていないんだよ。
☆じゃあ、ショッピングモールへ行って見て回りましょうよ。たぶん、そこにいたら何か思いつくかもしれないわ。
☆☆質問：少年と少女は今日、何をする予定ですか？

選択肢の和訳

1 彼の誕生日を祝う。
2 プレゼントを探す。
3 モールで友だちに会う。
4 サプライズパーティを計画する。

語句 □go shopping 買い物に行く □want to 原形 ～したい □Sure. もちろん。 □sound ～のように聞こえる □fun 楽しい ☆still まだ □idea 考え □what to 原形 何を～したらいいか □shopping mall ショッピングモール □look around 見て回る ☆maybe おそらく □think of ～ ～を思いつく ☆once sv いったん～したら

選択肢の語句

□celebrate 祝う □look for ～ ～を探す □meet 会う □plan 計画する

No. 12 ▸ Questionが否定疑問文のパターン CD2 36 レベル★★★

解答 2

スクリプト

呼び出し音と内容から電話の場面

☆ Hello?

★ Hi, Lisa. It's Jack. Would you like to go see that French movie on Saturday night?

軽く「ザッ」

土曜日はダンスレッスンがある・金曜日はどう？

☆ I'd like to, but I have my dance class on Saturday. How about Friday?

くっついて「バライ」

★ Friday's fine with me. I'll call you after work.

「アイゥ」って感じ

☆☆ **Question:** Why can't they see the movie on Saturday?

解説

〈選択肢先読み〉➡主語が Lisa や Jack なのでそれぞれの行動を聞き取る！

質問は Why can't they see the movie on Saturday?「なぜ彼らは土曜日に映画を見ることができないのですか？」です。女性が「土曜日はダンスレッスンがあるの。金曜日はどう？」と言っているので、**2** の Lisa has a dance class.「リサはダンスのレッスンがあるから」が正解となります。**3** と **4** はそれぞれ会話に出てくる単語 French, work を使ったダミーです。

Question が否定文

今回は Question に can't が使われています。読まれるときは「キャント」ではなく「キャン」

のように「ト」の音が消えてしまうことがよくあります。本文の対話の聞き取りがしっかりできていれば、can't が「キャン」に聞こえても「キャント」だと修正できます。つまり、文脈を読む力や、場合によっては文法力で、聞き取りはカバーできることもあるのです。

和訳 ☆もしもし？
★もしもし、リサ。ジャックだよ。土曜の夜にあの（前に言っていた）フランス映画を見に行かない？
☆行きたいけど、土曜日はダンスレッスンがあるの。金曜日はどう？
★金曜日でも僕は大丈夫だよ。仕事の後に君に電話するよ。
☆☆質問：彼らはなぜ土曜日に映画を見ることができないのですか？

選択肢の和訳
1 リサは買い物に行く予定だから。
2 リサはダンスのレッスンがあるから。
3 ジャックはフランス語の勉強をすることになっているから。
4 ジャックは仕事をすることになっているから。

語句 ☆ Would you like to 原形 ～？ あなたは～したいですか？（～しませんか？）
☆ How about ～？ ～はどうですか？ □ after ～の後に

選択肢の語句
□ go shopping 買い物に行く

No. 13 ▸ 定番の「公開終了・中止」パターン CD2 37 レベル★★★

解答 3

スクリプト

歴史博物館での会話

☆ Welcome to the Silverton History Museum. Can I help you?
くっついて「キャナイ」

★ Yes. I'm here to see the special exhibit about the history of Silverton's trains, but I don't see any signs for the exhibit anywhere.
軽く「フォ」

1日遅かったですね　鉄道の展示は昨日で終了

☆ Sorry, sir, you're a day late. The train exhibit finished yesterday.
つながってほとんど聞こえない

★ Oh no! I was really looking forward to that exhibit.
「ルッキン」って感じ

☆☆ **Question:** Why can't the man see the exhibit?
「ジ」

解説

〈選択肢先読み〉➡この時点では It が何を指すかわかりませんが、内容から「何かトラブル？」くらいに考えて音声に集中！

質問は Why can't the man see the exhibit?「男性はなぜその展示を見ることができないのですか？」です（**No. 12** に続いて Question が否定疑問文です）。女性の「1日遅かったですね。列車の展示は昨日終了しました」から、**3** の It has already ended.「それ（＝列車の展示）はすでに終わってしまったため」が正解となります。会話の finish を選択肢では end に言い換えています。**1** は会話に出てくる trains を rain でひっかけようとしている選択肢で、似ている発音の単語を使っているダミーです。**4** は museum という本文に出てくる単語を使っているダミーです。また、今回のような内容はリスニングで頻出なので「公開終了・中止パターン」としておさえておきましょう（162 ページ）。

和訳 ☆シルバートン歴史博物館へようこそ。何かお手伝いしましょうか？
★ええ。シルバートン鉄道の歴史についての特別展示を見にここに来たのですが、どこにも展示の案内が見つからないんです。
☆申し訳ございません、お客様、1 日遅かったです。鉄道の展示は昨日終わってしまいました。
★そんな！　僕はその展示を本当に楽しみにしていたのに。
☆☆**質問**：男性はなぜ展示を見ることができないのですか？

選択肢の和訳

1　それは雨のために中止されたため。　**2**　それは修復中のため。
3　それはすでに終わってしまったため。　**4**　それは違う博物館にあるため。

語句 ☆Welcome to ～.　～へようこそ。　□history　歴史　□museum　博物館
□Can I help you?　何かお手伝いしましょうか？　□special　特別な
☆exhibit　展示　□sign　掲示・案内　□anywhere　どこにも
☆really　本当に　☆look forward to -ing　～するのを楽しみにしている

選択肢の語句

☆cancel　中止する　☆because of ～　～のために・～が原因で
☆repair　修理する　□already　すでに　□end　終わる　☆different　異なる

No. 14 ‣ 会話に出てくる単語を使ったダミーに注意！　CD2 38　レベル ★★★

解答　**4**

スクリプト

夫婦の会話

★ Honey, have you seen my gray suit? I want to wear it to the office tomorrow.
（want to wear it：一気に発音される　the：「ジ」）

☆ Isn't it hanging in the closet?
（Isn't it：くっついて「イズンニ」　hanging in：「ハンギンギン」って感じ）

★ No, it's not. Hmm. I wonder where it is?

☆ Oh, I remember. You spilled wine on it last weekend, so I took it to the dry cleaner's a few days ago. It should be ready today.

（先週末にワインをこぼした／くっついて「オンニ」／だから／一気に発音される／ドライクリーニングに出した／「イッシュッビ」って感じ）

☆☆ **Question:** Where is the man's suit?

解説

〈選択肢先読み〉➡“すべて場所”➡前置詞句など「場所」を表す表現に注意！

質問は「男性のスーツはどこにありますか？」です。男性が職場に着ていくスーツを探している場面の会話です。女性の最後の発話「数日前に私がドライクリーニングに持って行った」から、**4** の At the dry cleaner's.「ドライクリーニングのお店」が正解となります。**2** と **3** は closet、office といった会話に出てくる単語を使ったダミーです。

聞きなれない単語も文脈でカバー

すべての音声を聞き取るのが理想ではありますが、今回の spilled「こぼした」は音声を聞いたときに「?」となってしまう人が多いかもしれません。しかし、直後の wine や so の後の I took it to the dry cleaner's を聞き取って、「ワインがついたからクリーニングへ持って行った」とわかれば問題は解けますね。聞こえなくても慌てないことが大事です。

和訳
★ねえ、僕のグレーのスーツを見なかった？　明日会社に着ていきたいんだ。
☆クローゼットにかかっていない？
★いや、ないんだよ。うーん。どこにあるんだろう。
☆ああ、思い出したわ。あなたが先週末にワインをこぼしたから、数日前にドライクリーニングに出したの。今日きれいになっているはずよ。
☆☆質問：男性のスーツはどこにありますか？

選択肢の和訳

1　妻の車の中。
2　クローゼットの中。
3　会社。
4　ドラークリーニングのお店。

語句
□honey　君、あなた（よびかけ）　□gray　グレーの　□suit　スーツ
□want to 原形　～したい　☆wear　着る　□office　会社　☆hang　かける
□closet　クローゼット　□hmm　う～ん　☆wonder　～かと思う
☆remember　思い出す　☆spill　こぼす　□wine　ワイン
□dry cleaner　ドライクリーニング屋　□a few ～　2, 3の～
☆should　～のはずだ　☆be ready　準備ができている

選択肢の語句
□wife　妻

No. 15 ▸ join usはくっついて「ジョイナス」に聞こえる　CD2 39　レベル★★★

解答 4

スクリプト

コーチとの会話

☆ Coach Ebert, I'm thinking about playing volleyball this year.
「スインキンアバウ」って感じ

★ That's great. Have you ever played before?

☆ No, I haven't. I'm not that tall, either. Can I still join the team?
軽く「ザッ」　くっついて「キャナイ」

いろんなレベルの選手がいる　加わってくれる学生を探している

★ Of course, Ann. We have players of all skill levels, and we're looking for more students to join us.
「レヴルズ」って感じ　軽く「アンッ」　軽く「ウァ」　くっついて「ジョイナス」

☆☆ **Question:** What is one thing the man says about the volleyball team?

解説

〈選択肢先読み〉➡“coach”“players”などから「スポーツの話？」くらいに考えて音声に集中！

質問はWhat is one thing ～？「内容に合うものはどれか？」のパターンです。今回は「男性がバレーボールチームについて言ったこと」が問われています。男性の「うちのチームはいろんな（技術）レベルの選手がいて、加わってくれる学生をもっと探しているところなんだ」の後半部分に、**4** のIt is looking for new players.「チームは新しい選手を探している」が一致します。**3** は会話で「いろんなレベルの選手がいる」とは言っていますが、「あまりにたくさんの選手がいる」とまでは言っていないので×です（最後の「もっと学生を探している」にも合いません）。

英文の一部に一致するものも正解

「内容に合うものはどれか？」パターンのQuestionの場合、英文の一部に一致するものが正解になることがよくあります。今回であれば次のようになります。

We have players of all skill levels, and we're looking for more students to join us.
↓
4 の It is looking for new players. に一致

和訳 ☆イーバートコーチ、今年はバレーボールをしようかと考えています。
★それはすばらしいですね。以前やったことはありますか？
☆いいえ、ありません。私は背もそんなに高くないです。それでも、チームに入ることはできますか？

★もちろんだよ、アン。うちのチームはいろんな（技術）レベルの選手がいて、加わってくれる学生をもっと探しているところなんだ。

☆☆質問：バレーボールチームについて男性が言っていることの１つは何か？

選択肢の和訳

1 チームに新しいコーチが来る。
2 チームはもっと背の高いメンバーが必要である。
3 チームは選手の人数が多すぎる。
4 チームは新しい選手を探している。

語句 □coach　コーチ　☆ever　今までに・これまでに
□not ～, either　～もまた…ない　☆Can I 原形 ～？　～してもいいですか？
☆still　それでも・まだ　□join　参加する　□Of course.　もちろん。
□skill level　技術レベル　□look for ～　～を探す

選択肢の語句
□need　必要とする

No. 16 ▸「予約」の場面は会話問題頻出！ CD2 40 レベル★★★

解答 1

スクリプト

店での会話

☆ Hello, sir. Can I help you?
くっついて「キャナイ」

★ Yes. I'd like to visit Singapore next month.

飛行機のチケットとホテルを予約されますか？

☆ All right. Would you like to reserve plane tickets and a hotel room?
くっついて「ウッジュ」

はい

★ Yes. And I'd like to go as cheaply as possible.

☆☆ **Question:** What is the man doing now?
くっついて「ワリズ」

解説

〈選択肢先読み〉➡すべて「動詞の -ing 形」で始まっている➡「誰かがしていること（したこと）」・内容から「旅行関係の話」を予想！

質問は「男性は今、何をしていますか？」です。「飛行機のチケットとホテルをご予約されますか？」→「はい」というやりとりから、**1** の Making reservations for a trip.「旅行の予約をしている」が正解となります。会話に出てきた動詞 reserve が選択肢では make a reservation という表現に言い換えられています。**2** は Singapore、**4** は hotel とそれぞれ会話に出てくる単語を使ったダミーです。

和訳 ☆こんにちは、お客様。何かご用でしょうか？
★はい。来月シンガポールに行きたいのですが。
☆かしこまりました。飛行機のチケットとホテルをご予約されますか？
★ええ。できるだけ安く行きたいんです。
☆☆**質問：**男性は今、何をしていますか？

選択肢の和訳

1 旅行の予約をしている。
2 シンガポールへ飛行機で移動している。
3 両替をしている。
4 ホテルにチェックインしている。

語句 □sir　お客様・だんな様
□Can I help you?　何かご用でしょうか？・いらっしゃいませ。
□I'd　I would の短縮形　☆would like to 原形　～したい
□All right.　わかりました。　☆reserve　予約する
☆as ～ as possible　できるだけ～　□cheaply　安く

選択肢の語句

☆reservation　予約　□trip　旅行　☆exchange　交換する
☆check into ～　～にチェックインする

CHECK! 「予約」の場面でよく使われる単語

「ホテル・レストラン・飛行機のチケットなどを予約する」という話はリスニングで頻出です。よく出る単語をチェックしておきましょう。

□**reserve**「予約する」
※ 名詞 **reservation**「予約」とセットで覚えてください。**make a reservation**「予約する」という表現も重要です。今回の **1** の選択肢では **make reservations** の形で出てきましたね。

□**book**「予約する」
※ 本来「予約の帳簿 (**book**) に書き込む」ことから「予約する」という意味になりました。

□**ticket**「チケット」
※ 英語の発音は「ティケット」なのでリスニング問題では注意してください。

□**I'd like to** ～「～したい」
※「チケットを取りたい」、「ホテルを予約したい」というときに使います。
※もともとは **I would like to** ～ですが、**I'd like to** ～と短縮形で使われることがほとんどです。

□**expensive ／ cheap**「高い／安い」
※ 今回の問題に出てきた **cheaply**「安く」もセットでおさえてください。

No. 17 ▸pick ～ upはリスニングによく出る！ CD2 41 レベル★★★

解答 4

スクリプト

知らない者同士の会話　　スカーフが落ちましたよ。はい、どうぞ。

★ Excuse me. I noticed this scarf fall out of your backpack. Here you are.
くっついて「フォーラウァウ」

☆ Oh, thank you so much. This was a present from my mother.
「プレズント」って感じ　軽く「フム」

★ Your bag is wide open. I hope nothing else fell out.
「フェラウト」って感じ

☆ It seems to be OK. Luckily, everything else is still inside.
くっついて「トゥビ」　「ラクリ」って感じ　くっついて「イスティウ」

☆☆ **Question:** What did the man do for the woman?

解説

〈選択肢先読み〉➡主語がすべて He ➡「男性の行動」がポイント！

質問は「男性は女性のために何をしましたか？」です。冒頭で、「あなたのリュックサックからこのスカーフが落ちましたよ。はい、どうぞ」とスカーフを拾って女性に渡しています。正解は**4**の He picked up her scarf.「彼は彼女のスカーフを拾った」です。**2**と**3**は、backpack、present という会話に出てきた単語を使ったダミーです。

リスニング頻出表現 pick up ～
直訳は「上へ(up)つまむ(pick)」→「拾う」で、「物を拾う」の他、「(車で)人を拾う」→「車で人を迎えに行く」の意味もあります。準2級のリスニングでは、どちらの意味でもよく登場する表現です。

和訳 ★すみません。あなたのリュックサックからこのスカーフが落ちましたよ。はい、どうぞ。
☆あら、どうもありがとうございます。これは母からのプレゼントだったんです。
★かばんが大きく開いていますよ。他に何も落ちていなければいいのだけれど。
☆大丈夫のようです。運よく他のものは全部まだ中にあります。
☆☆質問：男性は女性のために何をしましたか？

選択肢の和訳

1 彼は彼女の財布を見つけた。
2 彼は自分のリュックサックを彼女に貸してあげた。
3 彼は彼女にプレゼントを買ってあげた。
4 彼は彼女のスカーフを拾った。

語句 ☆notice　気づく　□scarf　スカーフ・マフラー　□fall out of ～　～から落ちる
□backpack　リュックサック　□Here you are.　はい、どうぞ。
□Thank you so much.　本当にありがとうございます。

□wide　広く・大きく　□else　他に　☆seem to 原形　～するように見える
☆luckily　幸運にも　☆still　まだ　□inside　内側に

選択肢の語句

□wallet　財布　☆pick up ～　～を拾う

No. 18 ▸ attractionは「魅力のあるもの」

CD2 42　レベル★★★

解答　3

スクリプト

★ How was your trip to England, Sue?
くっついて「ワジュア」

天気はよくなかったが他はすべてすばらしかった

☆ Well, the weather wasn't so good, but everything else was great. We stayed
「ワズンソウ」って感じ

歴史的建造物や文化的に魅力のあるものがたくさんある

in northern England, in a city called York. There are so many historical
くっついて「インナ」

buildings and other cultural attractions there.

★ Oh, castles and churches, places like that?
軽く「アン」

建物の多くは数百年前のもの　興味深かった

☆ Yes. Many of the buildings are hundreds of years old. It was so interesting.
軽く「アヴ」

☆☆ **Question:** What did the woman like most about her trip to York?

解説

〈選択肢先読み〉➡内容がバラバラ➡音声に集中！

質問は「女性が、ヨークへの旅行について最も気に入っているものは何でしたか？」です。「歴史的建造物や他の文化的で魅力のあるものが本当にたくさんある」、「建物の多くは築数百年のもの」と見たものを説明した後、It was so interesting.「とても興味深かった」と感想を言っていることから、**3** の Seeing the old buildings.「古い建物を見たこと」が正解となります。

attraction は「魅力のあるもの」

動詞 attract は本来「引き寄せる」という意味で、名詞 attraction は日本語でも遊園地などの「アトラクション（attraction）」で使われており、「お客さんを引き寄せる呼び物」ということです。音声を聞いたときに少し混乱した人もいるかもしれません。今回は cultural attraction で「文化的に魅力のあるもの」という本来的な意味で使われています。

～ years old は人以外にも使える

“～ years old”は「～歳」という意味で人の年齢をいうときに使いますが、今回のように人以外にも使えるんです。直訳は「～年の古さだ」で、The building is fifty years old. なら「その建物は 50 年の古さ」→「築 50 年」となります。

和訳 ★イングランドへの旅行はどうだった、スー？

☆まあ、天気はそんなによくなかったけど、他は全部すばらしかったわ。ヨークというイングランド北部の町に滞在したの。そこには歴史的建造物や他の文化的に魅力のあるものが本当にたくさんあるの。

★へえ、お城や教会やそういった場所？

☆そうよ。建物の多くは築数百年のものなの。とても興味深かったわ。

☆☆質問：女性が、ヨークへの旅行について最も気に入っているものは何でしたか？

選択肢の和訳

1 現地の人々に会ったこと。　2 地元の料理を試してみたこと。
3 古い建物を見たこと。　4 よい天気に恵まれたこと。

語句 ☆How was ～？ ～はどうでしたか？　□trip 旅行　□weather 天気
□else 他の　□stay 滞在する・泊まる　☆historical 歴史的な
□building 建物・建造物　☆cultural 文化的な　□attraction 魅力のあるもの
□castle 城　□church 教会　□place 場所　□like ～ ～のような

選択肢の語句

□meet 会う　☆local 地元の・現地の

No. 19 ▸ 定番の「次に何する？」パターン

CD2 43　レベル ★★★

解答 1

スクリプト

★ Carrie, can you come into the living room for a minute?
(can you：くっついて「キャニュ」)
(Dad（呼びかけ）→親子の会話)

☆ What's up, Dad? I have to go to my ice-skating lesson now.
(have to：「ハフタ」って感じ)
(スケートのレッスンに行かないといけないの)

★ Oh. I wanted to talk to you about our vacation next week. But we can talk after dinner.
(wanted to talk to you：一気に発音される／about our：くっついて「アバウラワ」／But：「バッ」って感じ)

☆ All right. I'll be home at about five.
(at：軽く「アッ」)

☆☆ **Question:** What will Carrie do next?
(will：「ウル」って感じ)

解説

〈選択肢先読み〉➡すべて「動詞の原形」で始まっている➡「未来の予定・行動」を聞き取る！

質問は「キャリーは次に何をしますか？」です。キャリーのI have to go to my ice-skating lesson now.「今から、アイススケートのレッスンに行かなければならない」から、**1** の Go to her ice-skating lesson.「アイススケートのレッスンに行く」が正解となります。**4** の Talk to her parents. はひっかけです。父親は「夕食後に話せばいいよ」と言っていることからも、次にすることではないとわかります。

> **What's up? はあいさつにも使える！**
> What's up? は「何か新しいことは(what)出現(up)した？」→「どうしたの？」という意味の他に、仲間うちで「やあ」のような簡単なあいさつとしても使える便利な表現です。今回は「どうしたの？」の意味で使われています。

和訳 ★キャリー、ちょっとリビングに来てくれない？
☆どうしたのお父さん？　今から、アイススケートのレッスンに行かなければならないの。
★そうなんだ。来週の休暇について君と話したかったんだ。でも夕食後に話せばいいよ。
☆わかったわ。5時頃に帰宅する予定よ。
☆☆質問：キャリーは次に何をしますか？

選択肢の和訳

1 アイススケートのレッスンに行く。　**2** 夕食を作り始める。
3 リビングをそうじする。　**4** 両親と話をする。

語句
☆ Can you 原形 ～？　～してくれませんか？　□ come into ～　～へ入る
□ living room　リビング・居間　□ for a minute　ちょっとの間
☆ What's up?　どうしたの？　☆ have to 原形　～しなければならない
□ lesson　レッスン　□ want to 原形　～したい　□ talk to 人　人と話す
□ All right.　わかりました。

選択肢の語句
□ parents　両親

No. 20 ▸ 予想を修正しながら解く問題

CD2 44　レベル ★★★

解答 **3**

スクリプト

（呼び出し音とやりとりから靴屋での電話の場面）

★ Perfect-Fit Shoes. How can I help you?
（くっついて「キャナイ」）

（彼(Greg)の妻です）

☆ Hello. May I speak to Greg, please? This is his wife.

（グレッグは昼食に出ているんだ）

★ Oh, hi, Carol. Sorry, Greg just went out for lunch. He should be back
（「シュビ」って感じ）

soon, though.
軽く「ゾ」

☆ Thanks. I'll call him on his cell phone, then.
「アイゥ」って感じ

☆☆ **Question:** What is Greg doing now?
くっついて「ワリズ」

解説

〈選択肢先読み〉➡すべて「動詞の -ing 形」で始まっている➡「誰かがしていること（したこと）」

質問は「グレッグは今、何をしているところですか？」です。冒頭のやりとりから、買い物の会話を予想しますが、女性の This is his wife.「彼の妻です」から、夫の職場に電話したのだとわかります。男性の「申し訳ないけど、グレッグはちょうど昼食に出ているんだ」から、**3** の Having lunch.「昼食を食べている」が正解となります。**1** の Talking with his wife. や **2** の Using the phone. は、これから妻が「携帯電話にかけてみる」と言っており、現在していることではないので×です。

予想を修正しながら聞く

準２級の会話問題では今回の問題のようにお店の会話なのに「店員と客」以外の設定でよく出てきます。「実は家族同士の会話」、「実は同僚」、「実は求人に対する応募」などがよくあるパターンです。特に今回の問題のように冒頭の音声を聞いて「店員と客」と予想した場合も、やりとりに集中して予想を修正しながら聞き取るようにしてください。

和訳
★パーフェクト・フィット・シューズです。何かご用でしょうか？
☆こんにちは。グレッグをお願いします。私は彼の妻です。
★ああ、こんにちは、キャロル。申し訳ないけど、グレッグはちょうど昼食に出ているんだ。でもすぐに帰ってくるはずだよ。
☆ありがとう。じゃあ、携帯電話にかけてみるわね。
☆☆質問：グレッグは今、何をしているところですか？

選択肢の和訳

1 妻と話をしている。	**2** 電話を使っている。
3 昼食を食べている。	**4** 靴を修理している。

語句
□How can I help you?　何かご用でしょうか？・いらっしゃいませ。
☆May I speak to 人?　（電話で）～をお願いします。　□wife　妻
□go out for ～　～のために出かけている　☆should　～するはずだ
□be back　戻る　☆soon　すぐに　☆though　しかし（副詞）
□call　電話をかける　□cell phone　携帯電話

選択肢の語句
□talk with 人　人と話をする　☆repair　修理する　□shoes　靴

No. 21 ▸ やはり「逆接」の後ろはヒントになる！ CD2 46 レベル★★★

解答 4

スクリプト

★ Sarah is from Scotland, and she is enjoying life as an exchange student in Japan. She will take part in a Japanese speech contest next month. However, Sarah does not know what to talk about in her speech. She knows that she has to find an interesting topic soon, so tomorrow, she will meet with her teacher to discuss it.

（and：軽く「アン」／enjoying：「エンジョイン」って感じ／student：「ステュードゥント」って感じ／will：「ウル」って感じ／in a：くっついて「インナ」／not：軽く「ナッ」／what to：くっついて「ワットゥ」／talk about：くっついて「カ」／to：軽く「タ」／will：「ウル」って感じ）

However の後ろはヒントになりやすい

スピーチで何について話せばいいかわからない

☆☆ **Question:** What is Sarah's problem?

解説

〈選択肢先読み〉➡主語がすべて She ➡「女性の行動」がポイント！ さらに、内容から「何かのトラブル」を予想！

質問は「サラの問題は何ですか？」です。However の後ろの「サラはスピーチで何について話せばいいかわからない」から、**4** の She has no topic for her speech.「彼女にはスピーチで話す話題がない」を選べば OK です。what to talk about「何について話せばいいのか」が、選択肢では topic に言い換えられています。**1**、**2**、**3** は speech contest、Japanese、teacher とそれぞれ本文に出てきた単語を使ったダミーです。

however や but はリスニングでも重要！
however や but など「逆接」の後ろは話が展開しやすく、そこが設問でよく狙われます。出てきたら反応できるようにしましょう（111 ページ）。

和訳 ★サラはスコットランド出身で、日本で交換留学生としての生活を楽しんでいる。彼女は来月、日本語のスピーチコンテストに参加する予定だ。しかし、サラはスピーチで何について話せばいいかわからない。早く、おもしろい話題を見つけなければならないとわかっているので、明日、彼女はそれについて話し合うために先生と会うつもりだ。
☆☆**質問**：サラの問題は何ですか？

選択肢の和訳

1 彼女はスピーチコンテストについて忘れていた。
2 彼女は日本語を上手に書かない。
3 彼女は先生の言うことを理解するのに苦労した。
4 彼女にはスピーチで話す話題がない。

語句 □Scotland　スコットランド　□life　生活　□exchange student　交換留学生
☆take part in ～　～に参加する　□speech contest　スピーチコンテスト
☆however　しかしながら　□what to 原形　何を～すればいいか
□talk about ～　～について話す　□speech　スピーチ　□find　見つける
□topic　テーマ　☆soon　すぐに　□meet　会う　☆discuss　話し合う

選択肢の語句
□forget　忘れる　□well　うまく　☆have trouble -ing　～するのに苦労する
□understand　理解する

No. 22 ▸ラジオでの「新規開店」紹介パターン！ CD2 47 レベル★★★

解答 3

スクリプト

ラジオのアナウンス　先週開店したイタリアンレストランについて紹介する

☆You are listening to Freedom Radio 88. Today, I want to talk about an Italian restaurant called Giovanni that opened last week. Giovanni has a wonderful menu, and the food is great. In fact, I was there last night and had some delicious carbonara pasta. The restaurant is open 24 hours a day, so guests can enjoy Italian food anytime.

（want to：くっついて「ワントゥ」　talk about：くっついて「カ」　called：「コーゥ」って感じ　and：軽く「アン」）

☆☆**Question:** What is the radio announcer talking about?

（What is：くっついて「ワティズ」）

解説

〈選択肢先読み〉➡バラバラ➡ chef、cook pasta、restaurant から何か「食事関係？」くらいに考えて音声に集中！

質問は「ラジオのアナウンサーは何について話していますか？」です。2文目で「今日は、先週オープンしたジョヴァンニというイタリアンレストランについて話したいと思います」と言っているので、**3** の A newly opened restaurant.「新しくオープンしたレストラン」が正解です。opened last week が選択肢では newly opened に言い換えられています。**1** と **2** は chef、cook pasta ともに内容に関する関連語を使ったダミーです。

ラジオのパターン
ラジオでは次の 3 つがよくあるパターンです。
① イベント情報
→さらに、そこから交通情報や天気予報などの話になることが多い。
②「人」について紹介
→ゲストがくるパターンで「～について話していただきます」という流れが多い。
③「お店」の紹介
→新規開店したレストランの紹介などの話が多い。

和訳 ☆リスナーのみなさんがお聞きになっているのはフリーダム・ラジオ 88 です。今日は、先週オープンしたジョヴァンニというイタリアンレストランについて話したいと思います。ジョヴァンニにはすばらしいメニューがあり、食べ物が本当においしいんです。実際、昨夜私はそこでとてもおいしいカルボラーナのパスタをいただきました。レストランは 24 時間営業なので、お客さんはいつでもイタリア料理を楽しむことができます。
☆☆質問：ラジオのアナウンサーは何について話していますか？

選択肢の和訳
1 イタリア出身の有名なシェフ。 **2** パスタを作るためのよい方法。
3 新しくオープンしたレストラン。 **4** イタリアの人気ラジオ番組。

語句 □listen to ～ ～を聞く □want to 原形 ～したい
□talk about ～ ～について話す □menu メニュー ☆in fact 実際に
□delicious とてもおいしい □carbonara pasta カルボナーラパスタ
□guest 客 ☆anytime いつでも

選択肢の語句
□famous 有名な □chef シェフ □newly 新しく ☆popular 人気のある

No. 23 ▸「逆接」のHoweverに反応する！ CD2 48 レベル ★★★

解答 **1**

スクリプト

★ Oliver wanted to see a movie with a friend. They both like horror movies, so they decided to see *Soul Destroyer*. However, Oliver's mother did not allow them to see it because the movie is very violent. Instead, they decided to see the movie *Ghost Hunts*, which was not violent. Oliver

直後にヒントを予想！
暴力的な映画なので母親が見るのを許さなかった
軽く「トゥ」 くっついて「スィーイッ」
代わりに
暴力的でない映画を見ることにした

enjoyed it, but he wishes he could have seen *Soul Destroyer*.

☆☆ **Question:** Why did Oliver not see the movie *Soul Destroyer*?

解説

〈選択肢先読み〉➡ His や He から男性について問われることを予想！

質問は「どうしてオリバーは『Soul Destroyer』を見なかったのですか？」です。3文目のHoweverに反応し、「オリバーのお母さんは、その映画はとても暴力的なので、2人がそれを見るのを許してくれなかった」をヒントに、**1** のHis mother did not let him.「彼のお母さんが（見るのを）許してくれなかったから」を選びます。3文目ではallow 人 to 原形「人 が～するのを許す」が使われていますが、選択肢ではlet 人 原形「人 が～するのを許す」を使っています（今回は選択肢の 原形 の部分 =see itが省略されています）。

instead は変更前と変更後をチェック！

英文にinstead「代わりに」が出てきました。今回は問題との絡みはありませんでしたが、insteadの前後の内容は設問で問われることがよくあるのでリスニングで出てきたら反応するようにしてください（54・174ページ）。

和訳 ★オリバーは友だちと映画を見たいと思っていた。彼らは2人ともホラー映画が好きだったので、『Soul Destroyer』を見ると決めた。しかし、オリバーのお母さんは、その映画はとても暴力的なので、2人がそれを見るのを許してくれなかった。代わりに、2人は暴力的ではない『Ghost Hunts』を見ることに決めた。オリバーはそれを楽しく見たが、彼は『Soul Destroyer』を見られればよかったのになあと思っている。

☆☆質問：どうしてオリバーは『Soul Destroyer』を見なかったのですか？

選択肢の和訳

1 彼のお母さんが（見るのを）許してくれなかったから。
2 彼の友だちがすでにそれを見たことがあったから。
3 彼は別の映画を見たかったから。
4 彼は暴力的な映画が好きではなかったから。

語句

□want to 原形　～したい　☆both　両方とも　□horror movie　ホラー映画
□decide to 原形　～する決心をする　☆however　しかしながら
☆allow 人 to 原形　人 が～するのを許す　□violent　暴力的な
☆instead　代わりに　□wish　願う
□S wish s could have 過去分詞　（過去に）～できていたらなあ。

選択肢の語句

☆let　許す　□already　すでに・もう　□another　別の・もう1つの

No. 24 ▸ Heは「男性」と思いきや実はペットのイヌ CD2 49 レベル★★★

解答 **4**

スクリプト

☆ Nicole got a dog, Max, last month. She is happy because when she comes
くっついて「ガダ」
home from school, he is always waiting for her by the door. Nicole enjoys
軽く「フム」 直後にヒントを予想！
taking him for walks in the park. However, at night, Max barks loudly
軽く「ヒン」 大きな鳴き声で彼女を起こしてしまう
and wakes her up. Nicole will take him to a dog training lesson so that
「ウィゥ」って感じ
he can learn to be quiet.
軽く「トゥ」

☆☆ **Question:** What problem does Nicole have with her dog, Max?

解説

〈選択肢先読み〉➡主語がすべてHe➡「男性の行動」がポイント！（と思いきや今回は…）

質問は「ニコールはイヌのマックスに関してどんな問題を抱えていますか？」です。Howeverの後ろにat night, Max barks loudly and wakes her up「夜に、マックスが大きな声で吠え、彼女を起こしてしまう」とあり、この内容に一致する**4**のHe barks loudly at night.「彼は夜に大きな声で吠える」が正解となります。**1**はnotを入れて否定文にすることによって作られたダミーの選択肢です。

先読みに頼りすぎない
選択肢先読みで「男性」の登場を予想していると、女性のニコールが出てくるので混乱したかもしれません。今回Heで受けているのはペットのイヌであるMaxです。ごくまれに今回のようなことがあるので「常に音声に集中する」というスタンスでいてください。

和訳 ニコールは先月、マックスというイヌを飼い始めた。彼女は学校から帰宅すると彼（マックス）がいつもドアのところで待ってくれているのでとても嬉しかった。ニコールは公園で彼を散歩させるのを楽しんでいる。しかし、夜に、マックスが大きな声で吠え、彼女を起こしてしまう。彼が静かにするのを学べるよう、ニコールはイヌの訓練のレッスンに彼を連れていくつもりだ。
☆☆質問：ニコールはイヌのマックスに関してどんな問題を抱えていますか？

選択肢の和訳
1 彼はドアの近くで彼女を待っていない。
2 彼は散歩に行きたがらない。
3 彼は学校まで彼女についてくる。

4 彼は夜に大きな声で吠える。

語句 □always　いつも　□wait for ～　～を待つ　□by　～のそばで
□take ～ for a walk　～を散歩に連れていく　☆however　しかしながら
□at night　夜に　□bark　吠える　☆loudly　大声で
□wake 人 up　人 を起こす　□take A to B　A を B に連れて行く
□training　トレーニング・訓練　☆so that s can v　～できるように
☆learn　学ぶ　☆quiet　静かな

選択肢の語句
□follow　ついて行く

No. 25 ▸takeは「時間がかかる」の意味　CD2 50　レベル★★★

解答 **2**

スクリプト

★ There is a plant called the Joshua tree ①that grows in the Mojave Desert. (that：軽く「ザッ」) Joshua trees ②grow only about 1 to 7 centimeters each year, so they usually ③take longer to grow than most trees in wet areas. (to：軽く「トゥ」) ④Some Joshua trees take about 60 years to grow to their full size, (take about：くっついて「カ」) and (軽く「アン」) ⑤they can live for up to 1,000 years. (to：軽く「トゥ」)

☆☆ **Question:** What is one thing that is special about Joshua trees? (What is：くっついて「ワッティズ」／that is：くっついて「ザティス」)

解説

〈選択肢先読み〉➡主語がすべて They ➡ 内容からも何か「人以外の生き物」と予想！

質問は What is one thing ～？で「内容に合うものはどれか？」で、「ジョシュア・ツリー」について問われています。内容を整理すると以下の通りです。

① モハーヴェ砂漠に生育している
② 1年で1～7センチくらいしか成長しない
③ 湿地帯の多くの木々よりも成長に時間がかかる
④ 成長しきるまでに約60年かかるものもある
⑤ 最長で1000年生きる

2 の They take a long time to grow.「それらは成長するのに長い時間がかかる」が③④の内容に一致しますね。**1** と **3** の内容は1文目の内容に反するので×です。

和訳 ★モハーヴェ砂漠に生えるジョシュア・ツリーと呼ばれる植物がある。ジョシュア・ツリーは1年にたった約1センチメートルから7センチメートルしか伸びないので、ふつうは湿地帯にある木々よりも育つのに長い時間がかかる。ジョシュア・ツリーの中には最大のサイズになるのに約60年かかるものもあり、また、ジョシュア・ツリーは最長で1000年生きることができる。

☆☆質問：ジョシュア・ツリーについて特別なことの1つは何ですか？

選択肢の和訳

1 砂漠で生育することができない。 **2** 成長するのに長い時間がかかる。
3 世界中で育つ。 **4** それほど多くの太陽光を必要としない。

語句 □plant 植物 □grow 成長する □desert 砂漠 ☆only ～だけ □about 約・およそ □centimeter センチメートル □each year 毎年 □usually ふつう・たいてい ☆take 時間がかかる □most たいていの □wet area 湿地帯 □full 完全な・大きな □size サイズ ☆up to ～ （最高で）～まで

選択肢の語句
□all around the world 世界中で □need 必要とする □sunlight 太陽光

No. 26 ▸interviewは「面接」の意味が重要！ CD2 51 レベル★★★

解答 3

スクリプト

☆ Mindy found a clothing store in her town that was looking for new full-time salespeople. Last week, she went for an interview, and it went well. The store wanted her to work there. However, after the interview, Mindy realized that she wants to design and make clothes instead. Now, she is thinking of entering a college to become a designer.

「時の表現」に反応！ 面接に行ってうまくいった くっついて「アンディッt」 「時の表現」に反応！ 代わりに 軽く「ザッ」 軽く「トゥ」 くっついて「メイクロウズ」 「時の表現」に反応！ 軽く「トゥ」

☆☆ **Question:** What did Mindy do last week?

解説

〈選択肢先読み〉➡主語がすべてShe➡「女性の行動」がポイント！

質問は「ミンディが先週したことは何ですか？」です。last week「先週」に反応して、she went for an interview, and it went well「彼女は面接に行き、うまくいった」

をしっかり聞き取ります。**3** の She went to a job interview.「彼女は仕事の面接に行った」が正解です。interview は「面接」の意味でしたね（152 ページ）。**2** の「服をデザインした」はこれからやりたいと思っていることなので、designed（過去形）は×です。

「時の表現」に反応する！
今回は last week, after the interview, now と「時の表現」が 3 つ出てきました。「時の表現」は解答の手がかりになることが多いので、それぞれの内容を整理して聞き取ることが重要です。

和訳 ☆ミンディはフルタイムの販売員の求人が出ている彼女の町にある衣料品店を見つけた。先週、彼女は面接に行き、うまくいった。そのお店は彼女にそこで働いてもらいたいと思っていた。しかし、面接の後、ミンディは本当は自分が服をデザインして作りたいと思っていることを自覚した。現在は、デザイナーになるために大学に入ることを考えている。
☆☆質問：ミンディが先週したことは何ですか？

選択肢の和訳
1 彼女はいくらか服を買った。
2 彼女はいくつか服をデザインした。
3 彼女は仕事の面接に行った。
4 彼女は店での（以前の）仕事を辞めた。

語句
□find 見つける □clothing store 洋服屋 □look for ～ ～を探す
☆full-time フルタイムの・常勤の □salespeople 販売員 ☆interview 面接
☆go well うまくいく ☆want 人 to 原形 人 に～してもらいたい
☆however しかしながら ☆realize わかる・認識する
□want to 原形 ～したい □design デザインする・設計する □clothes 服
□instead 代わりに □think of ～ ～について考える □enter 入る
□college 大学 □designer デザイナー

選択肢の語句
□quit 辞める

No. 27 ▸ At first ～. Then ～の対比構造をつかむ CD2 52 レベル ★★★

解答 1

スクリプト

at first に反応！

★Rachel wants to learn how to play the guitar. At first, she asked her brother to teach her, but he did not have time. Then, she found a website with information about music teachers. She sent an e-mail to one of them, and she will have her first lesson next week. Tomorrow, she will

（to：軽く「トゥ」／asked her：「アストゥ」って感じ／兄に頼んだが兄は時間がなかった／音楽の先生の情報があるサイトを見つけた／teach her：くっついて「ティーチャ」／mail：「メイウ」って感じ／one of：くっついて「ワノウ」／and：軽く「アン」／will：「ウル」って感じ／will：「ウル」って感じ）

go to a guitar store and buy one.

☆☆ **Question:** How did Rachel find a guitar teacher?
くっついて「ダ」

解説

〈選択肢先読み〉➡すべて By -ing ➡疑問詞 How で始まる Question を予想！

質問は「レイチェルはどのようにギターの先生を見つけましたか？」です。At first に反応し、「最初は～だった、それから…」というイメージで対比構造をつかんでください(94・117 ページ)。前半と後半の対比を整理すると次のようになります。

At first,
「彼女は自分の兄に教えてくれるように頼んだが、彼には時間がなかった」
↕
Then,
「彼女は音楽の先生に関する情報があるウェブサイトを見つけた」

Then の後ろの内容に **1** の By checking on the Internet.「インターネットを確認することによって」が合います。found a website が選択肢では checking on the Internet に言い換えられています。

和訳 ★レイチェルはギターの弾き方を学びたいと思っている。最初に、彼女は自分の兄に教えてくれるように頼んだが、彼には時間がなかった。それから、彼女は音楽の先生に関する情報があるウェブサイトを見つけた。彼女はその中の 1 人にメールを送り、来週初回のレッスンを受ける予定だ。明日、彼女はギターショップへ行きギターを買うつもりだ。

☆☆質問：レイチェルはどのようにギターの先生を見つけましたか？

選択肢の和訳

1 インターネットを確認することによって。
2 地元の音楽教室へ行くことによって。
3 彼女の地域にあるギターのお店で探すことによって。
4 彼女のお兄さんに先生を紹介してもらうよう頼むことによって。

語句 □want to 原形 ～したい　□how to 原形 ～するやり方　☆at first 最初は
☆ask 人 to 原形 人 に～するように頼む　□find 見つける・わかる
□website ウェブサイト　□information 情報　□send 送る
□e-mail E メール　□one of ～ ～のうちの一人

選択肢の語句

□check 確認する　☆local 地元の・現地の　☆search 探す
□area 地域・エリア　□introduce 人 to ～ 人 を～へ紹介する

No. 28 ▸ 定番！「交通関係」のアナウンス！ CD2 53 レベル★★★

解答 **3**

スクリプト

列車のアナウンス

☆ Thank you for traveling on the Blackdale Express Train. ① We will arrive at Hayton Station in five minutes. ② This train will only stop at Hayton Station and (軽く「アン」) City Park Station. Passengers who are (「フア」って感じ) planning on going to (軽く「トゥ」) other stations between these (「ズィー」って感じ) stations, please get off (くっついて「ゲトーフ」) at Hayton Station and (軽く「アン」) take a local (「ロウクル」って感じ) train.

☆☆ **Question:** What is one thing the speaker says about the Blackdale Express Train?

解説

〈選択肢先読み〉➡主語がすべて It ➡人以外、さらに内容から「交通関係」を予想！

質問は What is one thing ～?「内容に合うものはどれか？」のパターンで、「話し手がブラックデール急行について話した内容」が問われています。内容を整理すると次の通りです。

① 5分後にヘイトン駅に到着する
② ヘイトン駅とシティパーク駅のみに停車する

②の内容に **3** の It will only stop at two stations.「2つの駅にしか停車しない」が一致します。音声では具体的に Hayton Station and City Park Station と言っていますが、選択肢では two stations とまとめられています。

「経過」の in は「点を意識」

2文目に in five minutes「5分後に」が出てきます。in は本来「包囲(～の中)」の意味ですが、「経過」の用法は「点」を意識してください。in ～で「～後に」という意味になります。We will arrive at Hayton Station in five minutes. は「5分後にヘイトン駅に到着する予定」です。

和訳 ☆ブラックデール急行にご乗車いただきありがとうございます。5分後にヘイトン駅に到着する予定です。この列車はヘイトン駅とシティパーク駅にのみ停車致します。これらの駅の間にある他の駅へ行かれる予定のお客様は、ヘイトン駅でお降りになり、各駅停車をご利用ください。

☆☆**質問**：ブラックデール急行列車について話し手が言っていることの1つは何ですか？

選択肢の和訳

1 時間通りに到着しない予定だ。 **2** ヘイトン駅には止まらない予定だ。
3 2つの駅にしか停車しない予定だ。 **4** いつもよりお客さんが多い予定だ。

語句 □Thank you for -ing. ～してくれてありがとう。 □travel 旅行する・乗車する
□arrive at ～ ～に到着する □in ～ minutes ～分後に ☆only ～だけ
☆passenger 乗客 □plan 計画する □between ～の間に
□get off ～ ～を降りる □take ～に乗る □local train 各駅停車

選択肢の語句

☆on time 時間通りに ☆than usual いつもよりも

No. 29 ▸ 説明問題は「そもそも何か」を聞き逃さない CD2 54 レベル★★★

解答 **4**

スクリプト

★ There is ①a traditional drink called *api blanco* in Bolivia, in South America. ②It is made by cooking corn in sugar, milk, and cinnamon. ③People can drink it hot or cold, and ④it is usually served in the morning with special pies. People in Peru drink something similar, but there they call it *chicha blanca*.

（traditional：「トゥラディッショヌル」って感じ／It is：くっついて「イティズ」／cooking：「クキン」って感じ／and：軽く「アン」／drink it：くっついて「ドゥリンキッ」／is usually：くっついて「ジュ」／similar：「シムラ」って感じ／but：tの飲み込み／call it：くっついて「コーリッ」）

☆☆ **Question:** What is one thing that is true about *api blanco*?

解説

〈選択肢先読み〉➡すべてIt➡人以外、さらに内容から「食べ物関係」を予想！

質問はWhat is one thing ～？「内容に合うものはどれか？」のパターンで、「アピ・ブランコ」について問われています。内容を整理すると次の通りです。

① 南米ボリビアの伝統的な飲み物
② 砂糖、ミルク、シナモンの中にトウモロコシを入れて作る
③ 温かい状態でも冷たい状態でも飲むことができる
④ たいていは特別なパイと一緒に朝、出される

①と②の内容に **4** の It is a drink made from corn.「それはトウモロコシから作られる飲み物である」が一致します。

わからなくても「説明を待つ」！
今回の api blanco のような固有名詞など、聞いたことのないものがテーマになっている場合は、それが何なのか必ず説明されます。これらの名詞を聞き取れなくてもパニックにならずに、その説明を聞き取ることがで大事です。

和訳 ★南米のボリビアにはアピ・ブランコと呼ばれる伝統的な飲み物がある。トウモロコシを砂糖、牛乳、シナモンに入れて調理することによって作られる。ホットでもアイスでも飲むことができ、特別なパイと一緒に朝出されるのがふつうだ。ペルーの人々は似たものを飲むが、そこではそれはチチャ・ブランカと呼んでいる。
☆☆質問：アピ・ブランコについて正しいものの１つはどれですか？

選択肢の和訳
1 それは伝統的なパイである。
2 それはホットでのみ提供される。
3 それはペルーだけで作られている。
4 それはトウモロコシから作られる飲み物である。

語句 ☆traditional 伝統的な・従来の □corn トウモロコシ □sugar 砂糖 □cinnamon シナモン □hot 温かい □cold 冷たい □usually ふつう・たいてい ☆serve 出す ☆special 特別な □pie パイ ☆similar 似ている

No. 30 ‣やはり「因果表現」は大事！

CD2 55 レベル★★★

解答 2

スクリプト

［2つの仕事のオファー→2つを対比］［1つ目の仕事の内容］
☆ Martin will finish college soon and has two job offers. One is as a store
（くっついて「ワニズ」）
［2つ目の仕事の内容］
clerk in his town, but it does not pay much money. The other is as a
（「イッダズ」って感じ）（「ジ」）
marketing assistant in another city, which pays well. Martin did not
（くっついて「イナナザ」）
［家族や友人から離れたくないので店員の仕事にした］［原因・理由, so 結果］
want to move far away from his family and friends, so he has decided
（くっついて「ワントゥ」）
to become a store clerk.

☆☆ **Question:** Why did Martin decide to become a store clerk?
（「マートゥン」って感じ）（「ディサイトゥ」って感じ）

解説

〈選択肢先読み〉➡内容から「何か仕事関係」くらいに考えて音声に集中！

質問は「マーティンはなぜ店員になると決めたのですか？」です。最終文で、Martin did not want to move far away from his family and friends, so he has decided to become a store clerk.「マーティンは家族や友だちから離れて遠くへ引っ越したくはなかったので、店員になると決めた」とあるので、**2** の The job was in his hometown.「その仕事は自分の町にあったから」が正解となります。2 文目には store clerk in his town とありますね。

和訳 ☆マーティンはまもなく大学を修了するが、仕事の内定が 2 つある。1 つは自分の町で店員としての仕事だが、給料は高くない。もう 1 つは、別の町でマーケティングの助手としての仕事で、その給料はよい。マーティンは家族や友だちから離れて遠くへ引っ越したくはなかったので、店員になると決めた。

☆☆質問：マーティンはなぜ店員になると決めたのですか？

選択肢の和訳

1 その仕事をするのは簡単だから。

2 その仕事は自分の町にあるから。

3 彼はたくさんのお金を稼ぐことができるから。

4 彼は仕事をしている間、旅行することができるから。

語句 ☆college 大学 ☆soon まもなく・すぐに ☆offer 内定・申し出
□as ～として □store clerk 店員 □pay 支払う
□marketing マーケティングの・販売促進活動の □assistant 助手
□another 別の □pay well 給料がよい □want to 原形 ～したい
□move 引っ越す □far away from ～ ～から遠い
□decide to 原形 ～する決心をする

選択肢の語句
□hometown 現在住んでいるところ・ホームタウン □travel 旅行する
☆while sv ～している間

2020
Grade Pre-2
準2級
解答・解説編

二次試験
(面接)

2020年度　第3回検定

2020年度　第2回検定

2020年度　第1回検定

▶音読の注意点

CD1 34

Learning about Country Life

Many people in cities / would like a quiet lifestyle. Because of this, / living in the countryside is attracting attention. However, / it is important to think carefully / before doing this. Some people stay in small villages / and towns for a short time, / and in this way / they learn about living in the countryside.

※「／(スラッシュ)」は区切りの目安です。

quiet は「クワイエト」のように発音します。

パッセージの和訳

田舎暮らしについて学ぶこと

都市にいる多くの人が静かな生活を送りたいと思っている。このため、田舎で生活することが注目を集めている。しかし、こうする前によく考えることは重要だ。中には短期間小さな村や町に滞在する人々もいて、こうすることによって田舎での生活について学んでいる。

No. 1

CD1 35 - 36

質問

According to the passage, how do some people learn about living in the countryside?

「パッセージによると、どのようにして田舎での暮らしについて学ぶ人々がいますか？」

解答例 ①

By staying in small villages and towns for a short time.

「短期間、小さな村や町に滞在することによって」

解答例 ②

They learn about living in the countryside by staying in small villages and towns for a short time.

「彼らは短期間小さな村や町に滞在することによって田舎での暮らしについて学んでいます」

4文目 Some people stay in small villages and towns for a short time, and in this way they learn about living in the countryside.「中には短期間小さな村や町

に滞在する人々もいて、こうすることによって田舎での生活について学んでいる」のin this way「こうすることで」に注目します。this way は直前の Some people stay in small villages and towns for a short time「短期間小さな村や町に滞在する人々がいる」を受けているので、「手段・方法」を表す by を使って、By staying in small villages and towns for a short time. と答えます。

- 解答例②では質問にある some people を they に置き換えています。
- how「どのようにして」と「手段・方法」が問われるのは定番で、by -ing「～することによって」の形で答えるとよいでしょう。

No. 2

CD1 37-38

質問

Now, please look at the people in Picture A. They are doing different things. Tell me as much as you can about what they are doing.

「それでは、イラストAに描かれている人々を見てください。彼らはさまざまなことをしています。彼らが何をしているのか、なるべく多く説明してください」

- **No. 2** の問題は進行形を使って答えます。be 動詞を忘れないようにしましょう。

解答例

A woman is carrying bottles.
「女性はボトルを運んでいます」

- 「ボトルを持っている」と考え、A woman is holding two bottles {of water}. と表すこともできます。hold は「手や腕でしっかり持つ・握る」イメージの単語です。
- 「散歩道(path)を歩いている」と言う場合は、A woman holding bottles {of water} is walking on a path. とも言えます。この holding bottles {of water} は分詞の形容詞的用法で、a woman を後ろから修飾し、「(水の) ボトルを持っている女性」という意味になります。

A man is fishing.
「男性は釣りをしています」

- 「池で釣りをしている」というときは A man is fishing in the pond. と表します。釣り糸が池の中に垂れているところを意識するイメージで、前置詞に in を使っています。
- 「釣りをする」が出てこないときは、「池のそばに座っている」と考え、A man is sitting by the pond. としてもいいでしょう。by は「～のそばに」の意味です。

A girl is stretching.
「女の子はストレッチをしています」

💡「足を伸ばす」と考え A girl is stretching her legs. でも OK です。stretch は自動詞、他動詞の両方の使い方があります。

💡「ウォーミングアップをしている」と考え、A girl is warming up. や A girl is doing a warm-up. と表すこともできます。

💡 単に「運動している」と言うなら A girl is doing some exercises. となります。

A boy is playing with a dog.
「男の子はイヌと一緒に遊んでいます」

💡 play は "play the [楽器]" で「[楽器] を演奏する」、"play [スポーツ名]" で「[スポーツ] をする」という意味が有名ですが、自動詞で「遊ぶ」の意味があります。

💡「少年がイヌにボールを投げている」と考え、A boy is throwing a ball to a dog. と表すこともできます。

A man is watering flowers.
「男性は花に水をやっています」

💡 water は名詞「水」以外に動詞で「水をまく・水をやる」という意味があり、ここでは、water flowers で「花に水をやる」という意味で使っています。また、some を使い、some flowers にしても OK です。

No. 3

CD1 39-40

質問

Now, look at the woman in Picture B. Please describe the situation.
「それではイラスト B の女性を見てください。状況を説明してください」

解答例 ①

She's choosing strawberries because she wants to make a cake.
「彼女はケーキを作りたいと思っているので、イチゴを選んでいます」

💡 吹き出しの中を because 節で表しています。because は接続詞で、"SV because sv." または "Because sv, SV." の形で使います。原則として "Because SV." の形で使うことはできません。

解答例 ②

She wants to make a cake, so she is choosing which strawberries to buy.
「彼女はケーキを作りたいと思っているので、どのイチゴを買うか選んでいるところです」

💡 接続詞 so「だから」は、"[原因・理由], so [結果]" の関係になります。

💡 後半では "which [名詞] to [原形]"「どの[名詞] を〜すればいいか」を使っています。

No. 4

CD1 41 - 42

質問

Do you think people should spend more time outdoors?
Yes. → Why?
No. → Why not?
「人々はもっと多くの時間を外で過ごすべきだとあなたは思いますか？」
「はい。→なぜ、そう思うのですか？」
「いいえ。→なぜ、そう思わないのですか？」

たとえば以下のような理由が考えられます。

Yes.	No.
・新鮮な空気は健康的 ・訪れるべき美しい場所がたくさんある ・スポーツなど好きな活動ができる	・屋内ですることがたくさんある ・家の中はリラックスできる ・インターネットやテレビを見る

以上の内容を英文にすると、たとえば次のようになります。

解答例 ①（Yesの場合）

It's healthy to get fresh air outdoors. Also, there are many beautiful places to visit.
「外で新鮮な空気を吸うことは健康的です。また、訪れるべき美しい場所がたくさんあります」

1文目は仮主語構文を使っています。仮主語構文は**No. 4**や**No. 5**で重宝する構文です。また、healthyは形容詞「健康的な」、文末のoutdoorsは副詞「外で」の意味です。ちなみにoutdoorsはoutsideでも同じ意味を表せます。

2文目はthere is構文を使って2つ目の理由を示しています。文末のto visitは形容詞的用法の不定詞で、many beautiful placesを後ろから修飾しています。

解答例 ②（Yesの場合）

Spending time outdoors is good for your health. People can choose activities they like, such as playing sports, walking, or relaxing in a park.
「外で過ごすことは健康によいです。人々はスポーツをする、散歩をする、公園でリラックスするなど好きな活動を選ぶことができます」

解答例①の1文目の内容を、動名詞を使ってSpending time outdoors is good for your health. と表すこともできます。healthは「健康」という意味の名詞です。

2文目は「スポーツ」や「散歩」などの具体例をsuch as 〜を使って表しています。具体例を述べることは**No. 4**の問題では有効です。

解答例 ③（No の場合）

I think many people have a lot of things to do indoors. Also, it's relaxing to stay at home.
「多くの人々は屋内ですることがたくさんあると思います。また、家にいるとリラックスできます」

I think ～.「私は～だと思う」を使って意見を述べています。to do は形容詞的用法の不定詞で a lot of things を後ろから修飾しています。

indoors は副詞「屋内で」で、inside でも同じ意味を表せます。

解答例 ④（No の場合）

These days, there are lots of things for people to do inside[indoors], such as using the Internet or watching TV. People don't need to go outside [outdoors].
「最近、人々には、インターネットを使ったり、テレビを見たりといった、屋内ですることがたくさんあります。人々は外に行く必要がありません」

解答例③と方向性は同じですが、「屋内ですること」を具体的に述べているのが解答例④です。具体的に述べて、２文目の「外へ行く必要がない」につなげているわけです。

No. 5

CD1 43-44

質問

Today, people use computers to do many different things. Do you often use a computer?
Yes. → Please tell me more.
No. → Why not?
「今日、人々は多くのさまざまなことをするためにコンピューターを使います。あなたはコンピューターをよく使いますか？」
「はい。→詳しく教えてください」
「いいえ。→なぜコンピューターを頻繁に使わないのですか？」

たとえば以下のような理由が考えられます。

Yes.	No.
・情報を検索するために利用 ・オンラインでニュースを読む ・レポートを作成するのに使う	・コンピューターが苦手 ・コンピューターを持っていない （スマートフォンを使う）

以上の内容を英文にすると、たとえば次のようになります。

解答例 ①（Yes の場合）

I use my computer to look for information on the Internet. I can quickly learn about a lot of things.
「私はインターネットで情報を検索するためにコンピューターを使います。たくさんのことをすばやく学ぶことができます」

1文目の to look for ～は「目的（～するために）」を表す副詞的用法の不定詞です。

1文目で「コンピューターを使う目的」を述べ、2文目で1文目をさらに掘り下げて「コンピューターを使うメリット」を述べているわけです。

解答例 ②（Yes の場合）

I use my computer to write reports for school. Also, I often read the news online.
「私は学校のレポートを書くためにコンピューターを使います。また、オンラインでよくニュースを読みます」

コンピューターを使う目的を2つ述べるパターンです。1文目で「レポートを書くため」と1つ目の目的を述べ、2文目で「ニュースを読む」と2つ目の目的を述べています。

最後の online は副詞「オンラインで」の意味です。online は同じつづりで形容詞「オンラインの」という使い方もあります。

解答例 ③（No の場合）

I'm not good at using computers. I like to go to the library to read books.
「私はコンピューターが得意ではありません。私は本を読むために図書館へ行くのが好きです」

「使わない理由」として「得意ではない」と言っているわけです。be good at -ing「～するのが得意だ」は面接でも重宝する表現なので、今回のように否定文で使うことも表現の1つとして覚えておくようにしてください。

2文目で「コンピューターを（あまり）使わない代わりにどうしているのか」補足しているわけです。

解答例 ④（No の場合）

We don't have a computer at my house. Everyone in my family uses their smartphones to access the Internet.
「家にコンピューターがありません。家族のみんなはインターネットに接続するためにスマートフォンを使います」

「そもそもコンピューターを持っていない」ことを理由にしているのが、今回のパターンです。2文目は「持っていない代わりにどうしているか」を述べて補足しているわけです。

everyone は単数扱いなので、動詞は use<u>s</u> となっています。「みんな」という意味ですが、「1人

1 人」が意識されるため単数扱いとなると考えてください。

access は「近づく・接近する」以外に、「(インターネットなどに) 接続する」という意味で使えます。今回の access the Internet「インターネットに接続する」はそのまま覚えてしまいましょう。

▶音読の注意点

CD1 45

Online News

For years, / people got the news through newspapers, / radio, / and TV. Today, / however, / many people check the news / by using the Internet. Online news websites offer the latest news / at any time, / and in this way / they help people to learn about world events quickly. The Internet has made people's lives more convenient.

※「／（スラッシュ）」は区切りの目安です。

- 1文目に through「～を通して」が使われていますが、though「～だけれども」と見間違えないように注意が必要です。つづりが似ている単語を読み間違えてしまうと、意味が通らなくなってしまいます。他には quiet「静かな」と quite「かなり・すっかり」などがあります。また、この through は「手段」を表しており、「～を通して」→「～によって」の意味で使われています。
- event は「イヴェント」のように「ヴェ」の部分にアクセントがきます。

パッセージの和訳

オンラインニュース

何年もの間、人々は新聞やラジオ、テレビを通してニュースを手に入れていた。しかしながら今日では、多くの人々がインターネットを使ってニュースを確認している。オンラインニュースサイトはいつでも最新ニュースを提供し、こうすることで人々がすばやく世界のできごとについて知るのに役立っている。インターネットは人々の生活をより便利にしてきた。

No. 1

CD1 46 - 47

質問

According to the passage, how do online news websites help people to learn about world events quickly?

「パッセージによると、オンラインニュースのウェブサイトはどのようにして人々が世界のできごとをすばやく知るのに役立っていますか？」

解答例 ①

By offering the latest news at any time.
「いつでも最新ニュースを提供することによって」

解答例 ②

They help people to learn about world events quickly by offering the latest

news at any time.
「それら（オンラインニュースのウェブサイト）は、いつでも最新のニュースを提供することによって、人々がすばやく世界のできごとについて知るのに役立っています」

3文目のOnline news websites offer the latest news at any time, and in this way they help people to learn about world events quickly.「オンラインニュースサイトはいつでも最新ニュースを提供し、こうすることで人々がすばやく世界のできごとについて知るのに役立っている」のin this way「こうすることで」に注目します。this wayは直前のOnline news websites offer the latest news at any time「オンラインニュースサイトはいつでも最新ニュースを提供している」を受けているので、「手段・方法」を表すbyを使って、By offering the latest news at any time.と答えればOKです。

- helpは"help 人 {to} 原形"で「人が～するのに役立つ」という意味です。
- 解答例②では質問にあるonline news websitesをtheyに置き換えています。
- how「どのようにして」と「手段・方法」が問われるのは定番で、by -ing「～することによって」の形で答えるとよいでしょう。

No. 2

CD1 48-49

質問

Now, please look at the people in Picture A. They are doing different things. Tell me as much as you can about what they are doing.

「それでは、イラストAに描かれている人々を見てください。彼らはさまざまなことをしています。彼らが何をしているのか、なるべく多く説明してください」

- **No. 2**の問題は進行形を使って答えます。be動詞を忘れないようにしましょう。

解答例

A man is fixing a door.
「男性はドアを修理しています」

- fix「修理する」の代わりにrepairを使ってA man is repairing a door.でもOKです。
- 「(ドアの)カギを修理している」と考えるならば、A man is fixing[repairing] a lock.となります。

A woman is feeding fish.
「女性は魚にえさをやっています」

- feed「(えさなどを)与える」はfoodと関連があり、本来「食事を与える」という意味があります。
- feedが出てこないときは、「魚に食べ物(えさ)を与える」と考え、A woman is giving fish some food.としてもOKです。

「魚の世話をしている」というときはA woman is looking after fish. となります。look after ～は「～の後ろを (after) 見る (look)」→「世話をする」です。遊んでいる小さな子どもを目で追うイメージです。

A boy is throwing away trash.
「男の子はゴミを捨てています」

throw away ～は「遠くへ (away) 投げる (throw)」→「～を捨てる」となりました。

trash の代わりに garbage を使ってもOKです。さらに、a piece of をつけて、a piece of trash[garbage] としてもよいでしょう。

A girl is listening to music.
「女の子は音楽を聞いています」

「ヘッドホンで音楽を聞いている」とするならば、A girl is listening to music with her headphones. と表すことができます。headphones は両耳につけるため原則として複数形で使います。

A man is cutting paper.
「男性は紙を切っています」

cutting は「カッティング」ではなく「カティング」のように発音するので注意してください。

「ハサミを使っている」ならA man is using scissors. と表すことができます。ちなみにハサミは刃が2枚なので複数形 scissors の形で使います。発音は「スィザーズ」です。

No. 3

CD1 50-51

質問

Now, look at the boy and his mother in Picture B. Please describe the situation.

「それではイラストBの男の子とその母親を見てください。状況を説明してください」

解答例 ①

He's watching TV, but she's telling him to go to bed.
「彼はテレビを見ていますが、彼女は彼に寝るように言っています」

but は接続詞なので、"文, but 文." の形で使います。

後半は "tell 人 to 原形"「人に～するように言う」を使っています。

解答例 ②

He wants to keep watching TV, but she says it's time to go to bed.

「彼はテレビを見ていたいと思っていますが、彼女は寝る時間だと言っています」

- keep -ing で「〜し続ける」です。
- 後半は動詞 say を使っています。say は後ろに that 節を続けることができ、"say {that} sv" で「sv すると言う」の意味です。
- "It is time to 原形" は「〜する時間だ」の意味で、it's time to go to bed で「寝る時間です」となります。
- but の後ろは "has to 原形"「〜しなければならない」を使って、she says he has to go to bed と言ってもOKです。

No. 4

CD1 52-53

質問

Do you think online games will become more popular in the future?
Yes. → Why?
No. → Why not?

「将来、オンラインゲームはもっと人気になるとあなたは思いますか？」
「はい。→なぜ、そう思うのですか？」
「いいえ。→なぜ、そう思わないのですか？」

たとえば以下のような理由が考えられます。

Yes.	No.
・リラックスするのによい ・友だちを作ることができる ・高性能になってきている	・健康によくない (外で運動するほうがよい) ・ネットでいじめがある

以上の内容を英文にすると、たとえば次のようになります。

解答例 ①（Yes の場合）

Playing online games is a good way to relax. Also, people can make friends by playing these games together.
「オンラインゲームをすることはリラックスするのによい方法です。また、人々は一緒にこれらのゲームをすることによって友だちになることができます」

- 1文目は動名詞を主語にした文で、"-ing is a good way to 原形"「〜することは…するのによい方法です」という意味です。不定詞は形容詞的用法で、to relax が a good way を後ろから修飾しています。面接で重宝する表現なのでこの形で覚えてください。
- 2文目は can 〜 by -ing「…することによって〜することができる」の形が使われており、利点（メリット）を述べるときに便利な表現です。

解答例 ②（Yesの場合）

Computers and smartphones are getting better and better. The Internet is getting faster, too. Therefore, I think online games will get more exciting, and more people will play them in the future.

「コンピューターやスマートフォンはますます高性能になってきています。インターネットも速くなってきています。したがって、オンラインゲームはよりわくわくするものとなり、より多くの人が将来やるだろうと私は思っています」

- 1文目のbetter and betterは“比較級 and 比較級”「ますます～だ」の意味です。
- 2文目のfaster、3文目のmore excitingやmore peopleも比較級が使われており、「より～だ」というニュアンスで使えます。今回はいずれの文も「現在よりも～になる」という意味で使っています。

解答例 ③（Noの場合）

Many people don't think online games are good for their health. It's better to get exercise outside.

「多くの人々がオンラインゲームは健康によくないと思っています。外で運動するほうがいいです」

- Many people don't think ～「多くの人が～でないと思っている」のように主語をmany peopleにすることで、客観的な見方を示すことができます。また、「～ではないと思う」というときは、think {that} s don't vではなく、don't think {that} svとするのが一般的です。
- 2文目はもともとIt's good to get exercise outside. という仮主語構文で、goodを比較級betterにした形です。「外で運動するほうが（オンラインゲームをするよりも）よい」という意味です。

解答例 ④（Noの場合）

Online games are popular, but online bullying in games is a big problem. Therefore, I think parents will ask their children not to play online games in the future.

「オンラインゲームは人気ですが、ゲーム中のネットでのいじめは大きな問題です。したがって、将来、親はオンラインゲームをしないよう子どもに言うだろうと、私は思います」

- online bullyingは「ネットでのいじめ」の意味で、今回のような面接だけでなく英作文でも出題の可能性がある「ネット問題」がテーマになるときは欠かせない表現です。
- 2文目は“ask 人 not to 原形”「人に～しないように言う［頼む］」が使われています。不定詞の内容を否定するときは、“to 原形”の直前にnotを置きます。

No. 5

CD1 54-55

質問

Many people in Japan use trains in their everyday lives. Do you like to go to places by train?
Yes. → Please tell me more.
No. → Why not?

「日本の多くの人々は日常生活で電車を使います。あなたは電車で移動することが好きですか？」
「はい。→詳しく教えてください」
「いいえ。→なぜ好きではないのですか？」

たとえば以下のような理由が考えられます。

Yes.	No.
・車内で本を読むことができる ・車で移動するよりも安い ・車よりもスペースがある ・運転する必要がない	・多くの電車が混雑している ・どこへでも行けるわけではない ・田舎では頻繁に電車があるわけではない

以上の内容を英文にすると、たとえば次のようになります。

解答例 ①（Yesの場合）

I can read books for my classes on the train. Also, traveling by train is often cheaper than traveling by car.
「私は電車で、授業に備えて本を読むことができます。また、電車で移動することは車で移動するよりも安くつくことがよくあります」

1文目はcanを使って、電車で移動することのメリットを述べています。can「～することができる」は何かを具体的に述べるときに役立つ単語です。

travelは「旅行する」の意味が有名ですが、単に「移動する」という意味もあります。

2文目は「車」と対比させることで「電車」のメリットを述べています。対比させることで自分の考えを明確に伝えることができるので、「対比」の発想を持っておくとよいでしょう。

解答例 ②（Yesの場合）

There is more room on trains than in a car. Also, no one has to drive, so it is much more relaxing than driving {is}.
「車よりも電車のほうがスペースがあります。また、だれも運転する必要がないので、運転するよりもはるかにリラックスすることができます」

解答例①と同様に、「車」を持ち出して「対比」させています。

room は本来「空間」という意味で、「部屋」以外に「空間・スペース・余地」といった意味があります。

2文目は、「(電車は) 運転する必要がない」と、「車」と比べることで出てくるメリットを理由として述べているわけです。

2文目の so は接続詞で、“原因・理由, so 結果”の関係になるので、使い方に注意してください。

解答例 ③ (No の場合)

I think that many trains are too crowded. It's more relaxing to travel by car.
「私は多くの電車が混みすぎていると思います。車で移動するほうがよりリラックスできます」

1文目の too は「とても(強調)」の意味がありますが、「～すぎる」という否定的なイメージで使います。

解答例 ④ (No の場合)

Trains do not go everywhere that people want to go. Also, in the countryside they aren't very frequent.
「電車は行きたいところへどこへでも行けるわけではありません。また、田舎では、そんなに頻繁に電車があるわけではありません」

everywhere の品詞は「副詞」です。go to everywhere としないようにしてください (to などの前置詞は不要です)。

2文目の they は trains を受けています。

▶音読の注意点

CD2 1

Helping People with Shopping

Today, / some companies have started selling fresh foods / in new ways. These companies use trucks / that are called "mobile supermarkets." Mobile supermarkets stop / in different areas / around towns, / and in this way / they help people do their daily shopping more easily. In the future, / mobile supermarkets will probably become more common.

※「／(スラッシュ)」は区切りの目安です。

supermarket のアクセントは「スーパーマーケト」のように最初を強く読みます。

area は「エリア」ではなく「エァリァ」のように発音します。

パッセージの和訳

人々の買い物に役立つこと

今日、新たな方法で新鮮な食料を売り始めた会社がある。これらの会社は「移動スーパーマーケット」というトラックを利用している。移動スーパーマーケットは町じゅうのいろいろな場所に止まり、こうすることで、人々がより簡単に日常の買い物をするのに役立っている。将来、移動スーパーマーケットはおそらくより一般的になるであろう。

No. 1

CD2 2 - 3

質問

According to the passage, how do mobile supermarkets help people do their daily shopping more easily?

「パッセージによると、移動スーパーマーケットは、どのようにして人々がより簡単に日常の買い物をするのに役立っていますか？」

解答例 ①

By stopping in different areas around towns.

「町じゅうのいろいろな場所に止まることによって」

解答例 ②

They help people do their daily shopping more easily by stopping in different areas around towns.

「それらは町じゅうのいろいろな場所に止まることによって、人々がより簡単に日常の買い物をするのに役立っています」

3 文目に Mobile supermarkets stop in different areas around towns, and in this way they help people do their daily shopping more easily.「移動スーパーマーケットは町じゅうのいろいろな場所に止まり、こうすることで、人々がより簡単に日常の買い物をするのに役立っている」とあります。in this way「こうすることで」に注目し、this way「この方法」が指す内容が具体的な答えになると考えます。this way は直前の Mobile supermarkets stop in different areas around towns「移動スーパーマーケットは町じゅうのいろいろな場所に止まる」を受けているので、「手段・方法」を表す by を使って、By stopping in different areas around towns. と答えます。

解答例②では質問にある mobile supermarkets を They に置き換えています。

how「どのようにして」と「手段・方法」が問われるのは定番で、by -ing「～することによって」の形で答えるとよいでしょう。

No. 2

CD2 4 - 5

質問

Now, please look at the people in Picture A. They are doing different things. Tell me as much as you can about what they are doing.

「それでは、イラストAに描かれている人々を見てください。彼らはさまざまなことをしています。彼らが何をしているのか、なるべく多く説明してください」

No. 2 の問題は進行形を使って答えます。be 動詞を忘れないようにしましょう。

解答例

A woman is collecting garbage.
「女性はゴミを集めています」

「ゴミを拾っている」と言いたいときは pick up ～を使い、A woman is picking up trash and putting it in a bag.「女性はゴミを拾って袋の中に入れています」のように表現することもできます。また trash は garbage や litter でも OK です。後半の and putting it in a bag の部分はなくても正解となるでしょう。

A woman is counting money.
「女性はお金を数えています」

「お金を数えている」というのを表現するのが難しい場合は、少し視点を変えて A woman is standing by a cash register.「女性はレジのそばに立っています」と表現することもできます。日本語の「レジ」を英語では cash register といいます。

A man is putting on a coat.

20年度第2回 一次試験 筆記 短文 会話 長文 ライティング リスニング 二次試験 面接

「男性はコートを着ているところです」

- put on ～は、「体に接触(on)するように置く(put)」→「身につける」となりました。衣服以外に帽子やメガネ、アクセサリー、マスクなどどんな物にも使えるので「身につける」と覚えておくとよいでしょう。
- wear は「身につけている」という「状態」を表すので、今回は「身につける」という「動作」を表す put on ～を使ってください。
- a coat は「男性のコート」と考え、his coat としても OK です。

A man is painting a[the] wall.
「男性は壁を塗っています」

- ペンキのようなもので「塗る」、「(絵の具などを使って)描く」というときは paint を使います。ちなみに「(線で)描く」というときは draw を使います。

A woman is planting flowers {in a planter}.
「女性は(プランターに)花を植えています」

- plant は名詞「植物」の他、動詞で「植える」の意味があります。今回の plant は動詞として使っています。
- 女性の前にある植物を栽培するための長方形の容器を「プランター(planter)」といいます。ちなみに女性の右側に描かれているプランターよりも比較的小さく丸い植木鉢は flower pot といいます。

No. 3

CD2 6 - 7

質問

Now, look at the woman wearing glasses in Picture B. Please describe the situation.
「それでは、イラストBのメガネをかけている女性を見てください。状況を説明してください」

解答例 ①

She can't eat at the restaurant because it's crowded.
「レストランが混んでいるので、彼女はそこで食事をすることができません」

- 吹き出しの内容とイラストの状況を踏まえ、because を使って表しています。because は接続詞なので、文と文をつなぐ働きがあります("SV because sv." または "Because sv, SV" の形で使います。原則として "Because SV." という使い方は×です)。ちなみに it は the restaurant を受けています。
- 「混んでいる」は「(レストランが人で)いっぱいだ・満席だ」と考えて、crowded の代わりに full を使っても OK です。

解答例 ②

She wants to go into the restaurant, but the line is too long.
「彼女はレストランに入りたいと思っていますが列が長すぎます」

接続詞 but を使った例です。前半部分は She wants to eat at[in] the restaurant「レストランで食事をしたいと思っています」も○です。but の後ろは it's full とすることも可能です (it は the restaurant の意味)。

解答例 ③

The restaurant is too crowded, so she can't eat there.
「そのレストランはとても混んでいるので、彼女はそこで食事をすることができません」

接続詞 so「だから」を使うときは、"原因・理由, so 結果"の関係になっているか注意してください。

No. 4

CD2 8 - 9

質問

Do you think young people today should eat more vegetables?
Yes. → Why?
No. → Why not?
「今日の若者はもっとたくさん野菜を食べるべきだと思いますか？」
「はい。→なぜ、そう思うのですか？」
「いいえ。→なぜ、そう思わないのですか？」

たとえば以下のような理由が考えられます。

Yes.	No.
・ファストフードを食べすぎ ・健康に良い ・病気のリスクを減らせる	・十分に野菜を食べている ・肉や魚、お米をたくさん食べても、それらは健康的である

以上の内容を英文にすると、たとえば次のようになります。

解答例 ① (Yes の場合)

Most young people eat too much fast food. They need to eat many kinds of vegetables.
「多くの若い人たちはファストフードを食べすぎています。彼らはさまざまな種類の野菜を食べる必要があります」

too は「～すぎる」の意味で、否定的なニュアンスになります。

“need to 原形”で「～する必要がある」、many kinds of ～は「さまざまな種類の～」という意味です。

解答例 ②(Yes の場合)

Vegetables are good for your health. Eating a lot of them can reduce the risk of many diseases.

「野菜は健康によいです。たくさん食べることで多くの病気のリスクを軽減することができます」

２文目は動名詞のカタマリ Eating a lot of them「野菜をたくさん食べること」が文の主語になっています（them は１文目の vegetables を受けています）。

risk は日本語でも何かしら危険な可能性があるときに「リスクをとる」といいます。今回は「病気にかかるという危険な可能性」という意味で使われています。

解答例 ③(No の場合)

They already eat enough vegetables every day. They know that eating vegetables is good for their health.

「彼らはすでに毎日十分な野菜を食べています。彼らは野菜を食べることは健康によいと知っています」

２文目の that 節の中は、eating vegetables「野菜を食べること」という動名詞のカタマリを主語にした文がきています。

解答例 ④(No の場合)

Young people eat lots of meat, fish and rice, but they are healthy. Therefore, they don't need to eat more vegetables.

「若者は肉や魚、お米をたくさん食べますが、それらは健康的です。したがって、彼らはもっと野菜を食べる必要がありません」

２文目で“don't need to 原形”「～する必要がない」が使われていますが、仮主語を使った it is not necessary for them to eat vegetables でも同じ意味になります。

２文目で「もっと野菜を食べる必要はない」を「食事を変える必要はない」と考え、they don't need to change their diets としても OK です。diet は本来「(きちんとした) 食事・食生活」という意味です。そこから「きちんとした食事を取りながら体重を減らすこと」→「ダイエット」の意味で使われるようになりました。healthy diet「健康的な食事」は「健康」がテーマの問題では重要で、ライティング問題でも役に立つ表現です。

No. 5

CD2 10 - 11

質問

Today, many Japanese people work in foreign countries. Would you like to work abroad?
Yes. → Please tell me more.
No. → Why not?

「今日、多くの日本人が外国で働いています。あなたは海外で働きたいと思っていますか？」
「はい。→詳しく教えてください」
「いいえ。→なぜ海外で働きたいと思わないのですか？」

たとえば以下のような理由が考えられます。

Yes.	No.
・親が海外で働いていた ・海外で働いてより多くのお金を稼ぎたい ・海外でやりたい仕事がある	・海外での起業は難しい ・外国語を話せない ・海外生活が難しい

以上の内容を英文にすると、たとえば次のようになります。

解答例 ①（Yes の場合）

I want to work for a company in Canada. My father used to work at a company there.
「私はカナダの会社で働きたいと思っています。私の父は以前、カナダの会社で働いていました」

2文目の "used to 原形" は「昔は～していた」という意味で、現在はそうではないということを示唆します。最後の there は in Canada を受けています。

解答例 ②（Yes の場合）

I want to work as a computer programmer in Silicon Valley. I've heard programmers there earn much more money than in Japan.
「私はシリコンバレーでコンピュータープログラマーとして働きたいと思っています。そこにいるプログラマーは日本にいるよりもはるかに多くのお金を稼いでいると聞いています」

work as ～「～として働く」の as は「～として」の意味で、この表現は面接で重宝します。

人から聞いた話（伝聞）は、"I hear {that} sv."「sv すると聞いている」を使います。今回は I've heard と現在完了が使われています。

解答例 ③（Yes の場合）

I want to teach Japanese overseas. I would like to teach in many different countries.
「私は海外で日本語を教えたいと思っています。多くの異なる国々で教えたいです」

overseas「海外で」の品詞は副詞です。１語で副詞の働きをするので前置詞の in などは不要です。abroad「海外で」も同じく１語で副詞の働きをするのでセットで覚えておいてください。どちらも面接でよく使います。

解答例 ④（No の場合）

I want to start my own company in Japan. It would be difficult to do this abroad.
「私は日本の自分自身の会社を始めたいと思っています。海外でこれをするのは難しいでしょう」

abroad は「海外で」という意味の副詞です。前置詞は不要なので in abroad のようには使いません。

解答例 ⑤（No の場合）

I don't speak any foreign languages well. That would make life abroad difficult.
「私は外国語を１つもうまく話せません。それにより、海外での生活が難しくなるでしょう」

２文目に出てくる abroad は形容詞として使われています。life abroad で「海外での生活」という意味で、名詞 life を後ろから修飾しています。

▸音読の注意点

CD2 12

Helping Foreign Children

These days, / there are many foreign families / living in Japan. The children of these families / usually go to local schools. However, / they sometimes have language problems / when they begin to go to school. Some cities offer Japanese language classes, / and in this way / they help foreign children do better in Japanese schools.

※「／(スラッシュ)」は区切りの目安です。

local は「ローカル」ではなく「ロウクル」のように発音します。

sometimes の s は「ス」ではなく「ズ」です。

パッセージの和訳

外国の子どもたちを手助けすること

最近では、日本で生活をしている外国人の家族がたくさんいる。これらの家族の子どもたちはふつう、地元の学校へ通う。しかし、彼らは学校に通い始めると、言語の壁に直面することがある。日本語の授業を提供している市もあり、このようにして、外国人の子どもたちが日本の学校でよりうまくやっていくのを手助けしている。

No. 1

CD2 13 - 14

質問

According to the passage, how do some cities help foreign children do better in Japanese schools?

「パッセージによると、いくつかの市はどのようにして外国人の子どもたちが日本の学校でよりうまくやっていけるように手助けしていますか？」

解答例 ①

By offering Japanese language classes.

「日本語の授業を提供することによって」

解答例 ②

They help foreign children do better in Japanese schools by offering Japanese language classes.

「それら（いくつかの市）は日本語の授業を提供することによって、外国人の子どもたちが日本の学校でよりうまくやっていくのを手助けしています」

３文目に Some cities offer Japanese language classes, and in this way they help foreign children do better in Japanese schools.「日本語の授業を提供している市もあり、このようにして、外国人の子どもたちが日本の学校でよりうまくやっていくのを手助けしている」とあります。in this way「こうすることで」に注目し、this way「この方法」が指す内容が具体的な答えになると考えます。this way は直前の Some cities offer Japanese language classes「日本語の授業を提供している市もある」を受けているので、「手段・方法」を表す by を使って、By offering Japanese language classes. と答えます。

解答例②では質問にある some cities を They に置き換えています。

how「どのようにして」と「手段・方法」が問われるのは定番で、by -ing「～することによって」の形で答えるとよいでしょう。

No. 2

CD2 15 - 16

質問

Now, please look at the people in Picture A. They are doing different things. Tell me as much as you can about what they are doing.

「それでは、イラストＡに描かれている人々を見てください。彼らはさまざまなことをしています。彼らが何をしているのか、なるべく多く説明してください」

No. 2 の問題は進行形を使って答えます。be 動詞を忘れないようにしましょう。

解答例

A woman is writing on the whiteboard.
「女性はホワイトボードに書いているところです」

「マーカーで書いている」と言うときは「道具(～を使って)」の with を使い、A woman is writing with a (whiteboard) marker.「女性は(ホワイトボードの)マーカーで書いています」と答えてもよいでしょう。

A boy is taking a book from the shelf.
「少年は棚から本を取り出しているところです」

「棚から取り出す」は take ～ from …「…から～をとる」を使って表します。

「本を棚にしまっている」と言いたいときは、A boy is putting a book on the shelf. とすれば OK です。put の他に return ～ to …「～を…に戻す」を使って、A boy is returning a book to the shelf. としてもよいでしょう。

A girl is using a copy machine.

「少女はコピー機を使っています」

- 「コピー機」は a copy machine のほかに photocopier や、単に copier と言うこともできます。ちなみに machine は「マスィーン」ではなく、日本語と同様「マシーン」のように発音します。
- 「コピーをとる」と言いたいときは make copies[photocopies] を使います。たとえば A girl is making copies.「少女はコピーをとっているところです」と答えることもできます。

Two girls are waving.
「２人の少女が手を振っています」

- 手を振っている女の子の動作は２人セットで表現するのがいいでしょう。「手を振る」は動詞 wave を使います。名詞「波」の印象が強いかもしれませんが、動詞の意味もあるんです。ちなみに wave の発音は「ウェーブ」ではなく「ウェイブ」という感じです。
- 「お互いに手を振っている」とするときは、Two girls are waving at each other. とします。at は「対象の一点」で「〜をめがけて」の意味です（この at は look at 〜や laugh at 〜でも使われています）。each other「お互いに」は「名詞扱い」なので at の後ろに置けば OK です。
- どうしても「手を振る」が表現できないときは「お互いを見ている」と考え、Two girls are looking at each other.「２人の少女はお互いを見ているところです」と表現することもできます。

A man is lifting a box.
「男性は箱を持ち上げています」

- lift は「持ち上げる」で、フィギュアスケートの「リフト」は男性選手が女性選手を「持ち上げる」演技のことですね。
- lift が思いつかないときは「拾い上げる」と考え、A man is picking up a box from a cart.「男性は台車から箱を持ち上げています」のように pick up 〜を使い表現することもできます。

No. 3

CD2 17 - 18

質問

Now, look at the boy in Picture B. Please describe the situation.
「それでは、イラストＢの少年を見てください。状況を説明してください」

解答例 ①

He wants to close the window because the room is cold.
「部屋が寒いので、彼は窓を閉めたいと思っています」

- 吹き出しの内容とイラストの状況を踏まえ、because を使って表しています。because は接続詞なので、文と文をつなぎます（"SV because sv." または "Because sv, SV." の形）。原則として "Because SV." の形は×です。

解答例 ②

> The room is cold, so he's thinking about closing the window.
> 「部屋が寒いので、彼は窓を閉めようと思っています」

- 接続詞 so「だから」を使って表すこともできます。"原因・理由, so 結果" の関係に注意してください。「原因」の部分は、「部屋が寒い」ではなく「彼が寒いと感じている」と考え、He feels cold とすることもできます。
- 後半は「窓を閉めたいと思っている」という内容を "want to 原形" を使って、he wants to close the window としても OK です。

No. 4

CD2 19 - 20

質問

Do you think it is a good idea for schools to take their students to foreign countries on school trips?

Yes. → Why?

No. → Why not?

「あなたは、学校が生徒を修学旅行で外国に連れて行くのはよい考えだと思いますか？」
「はい。→なぜ、そう思うのですか？」
「いいえ。→なぜ、そう思わないのですか？」

たとえば以下のような理由が考えられます。

Yes.	No.
・他国の文化を学ぶことができる ・外国語を練習することができる ・すばらしい経験になる	・海外へ行く費用が高すぎる ・まず自国の文化について学ぶべきだ ・少人数で行くほうがおもしろい

以上の内容を英文にすると、たとえば次のようになります。

解答例 ①（Yes の場合）

> Students can learn about another culture. Also, they can practice speaking a foreign language.
> 「生徒たちは他の文化について学ぶことができます。また、彼らは外国語を話す練習をすることができます」

- also「また」は理由を列挙するときに便利な単語です。修学旅行で外国へ行くメリットを２つ並列させているわけです。

解答例 ②（Yes の場合）

Going to a foreign country is a unique experience. There students can see a place that is very different from Japan.
「外国へ行くことはすばらしい経験です。そこで、学生たちは日本とはかなり異なる場所を目にすることができます」

- 1文目の主語 Going to a foreign country は副詞 abroad「海外へ」を使い、Going abroad としても OK です。
- unique はもともと「唯一の」で、そこから「独特な」となりました。今回は「唯一の」→「他にない・並ぶもののない」と発展し、「すばらしい」という意味で使われています。
- 2文目の there は in a foreign country という意味です。

解答例 ③（No の場合）

Going abroad is too expensive for many students. Also, students should learn about their own country first.
「外国へ行くことは多くの学生にとって費用が高すぎます。また、学生たちはまず、自分たちの国について学ぶべきです」

- too は「～すぎる」の意味で否定的なニュアンスがあります。
- expensive「高価な」、cheap「安い」はスピーキングの **No. 4**、**No. 5** でよく使う単語です。

解答例 ④（No の場合）

It's more interesting to go to a foreign country in a small group. That's why it's better for students to go with their families.
「少人数で外国へ行くほうがよりおもしろいです。そういうわけで、学生は家族と一緒に行くのがよいです」

- more interesting の他に more fun や better などを使っても OK です。
- "That's why sv."「そういうわけで sv する」は、前の文が[原因・理由]、That's why の後に続く sv が[結果]という関係になります。この why は関係副詞で、先行詞 the reason が省略されています。

No. 5

CD2 21 - 22

質問

Today, some people like to travel with their pets. Would you like to travel with a pet?
Yes. → Please tell me more.

No. → Why not?
「今日、ペットと一緒に旅行するのが好きな人々がいます。あなたはペットと一緒に旅行したいですか？」
「はい。→詳しく教えてください」
「いいえ。→どうして行きたくないのですか？」

たとえば以下のような理由が考えられます。

Yes.	No.
・ペットは家族の一員である ・ペットと旅行するのは楽しい ・旅行中に面倒をみてくれる人を見つけるのが難しい	・旅行中に世話をするのが難しい ・家を離れるのが好きでない動物もいる ・一緒だとより費用がかかる

以上の内容を英文にすると、たとえば次のようになります。

解答例 ①（Yes の場合）

I think that my dog is a member of the family. I always want to be with him.
「私のイヌは家族の一員だと私は思っています。私はいつも彼と一緒にいたいです」

- 「ペットは家族の一員」という考え方から、ペットを代名詞で受けるときは擬人化して he や she で受けることがよくあります。2文目では my dog を him で受けています。
- want to be with ～で「～と一緒にいたい」という意味です（この be は「存在（いる）」）。

解答例 ②（Yes の場合）

It is fun to travel with pets. Also, they might feel lonely if they are left at home.
「ペットと旅行することは楽しいです。また、家に置いてきた場合、ペットが寂しく感じるかもしれません」

- might は may の過去形ですが、「～かもしれない」という may と同じ意味です。
- lonely は ly で終わりますが形容詞「寂しい・孤独な」です。英語の発音は「ロンリー」ではなく「ロウンリ」なので注意してください。

解答例 ③（Yes の場合）

There are many pet-friendly hotels these days. Also, sometimes it is difficult to find someone to look after your pet when you go on a trip, so it is better to take them with you.
「最近では、ペットに優しいホテルが多くあります。また、旅行中にペットの面倒をみてくれる人を探すのが難しいこともあるので、連れて行くのが良いです」

○○-friendly は「○○にとって都合のよい・無害な」という意味で、eco-friendly「環境に優しい」のように使われます。今回は pet-friendly「ペットに都合のよい」→「ペットに優しい」という意味です。

解答例 ④（No の場合）

It's difficult to take care of a pet during a trip. Also, some animals don't like leaving their homes.
「旅行中にペットの世話をするのは難しいです。また、家を離れるのが好きでない動物もいます」

「～するのは…だ」というときは１文目のように仮主語構文が便利です。ライティングでも重要ですが、スピーキングでもとても重宝します。

解答例 ⑤（No の場合）

It can be expensive to travel with a pet. Also, many hotels do not allow pets at all.
「ペットと一緒に旅行することは高い費用がかかる可能性があります。また、多くのホテルがペット連れを一切認めていません」

１文目は仮主語構文が使われていて、さらに「可能性（ありうる）」という意味の助動詞 can が使われています。

allow の発音は「アロウ」ではなく「アラウ」です。

▶音読の注意点

CD2 56

Enjoying New Foods

Today, / many people enjoy cooking food from other countries. As a result, / there are now many websites / about foreign dishes. Some websites offer videos / about preparing foreign foods, / and by doing so / they help people learn to make new meals. Foreign dishes can teach people / about important parts of other cultures.

※「／(スラッシュ)」は区切りの目安です。

video は「ビデオ」ではなく「ヴィディオウ」のように発音します。

meals「食事」は「ミールズ」ですが、音読するときは「ミーウズ」のように発音すると英語っぽく聞こえますよ。

パッセージの和訳

新しい食べ物を楽しむこと

今日、多くの人々が他の国の食べ物を料理するのを楽しんでいる。結果として、現在外国の料理について多くのウェブサイトがある。外国の食べ物を調理することについての動画を提供しているウェブサイトもあり、そうすることで、人々が新しい料理を作るのを学ぶのに役立っている。外国の料理は異文化の重要な部分について人々に教えてくれる。

No. 1

CD2 57 - 58

質問

According to the passage, how do some websites help people learn to make new meals?

「パッセージによると、いくつかのウェブサイトはどのようにして、人々が新しい料理を作るのを学ぶのに役立っていますか？」

解答例 ①

By offering videos about preparing foreign foods.

「外国の食べ物を調理することについての動画を提供することによって」

解答例 ②

They help people learn to make new meals by offering videos about preparing foreign foods.

「外国の食べ物を調理することについての動画を提供することによって、人々が新しい料理を作るのを学ぶのに役立っています」

３文目に Some websites offer videos about preparing foreign foods, and by doing so they help people learn to make new meals.「外国の食べ物を調理することについての動画を提供しているウェブサイトもあり、そうすることで、人々が新しい料理を作るのを学ぶのに役立っている」とあります。この by doing so が答えの該当箇所になりますが、doing so は、３文目の前半 offer videos about preparing foreign foods を受けているので、offer を動名詞にして、By offering videos about preparing foreign foods. とすれば OK です。

- 解答例②では質問にある some websites を They に置き換えています。
- how「どのようにして」と「手段・方法」が問われるのは定番で、by -ing「～することによって」の形で答えるとよいでしょう。

No. 2

CD2 59 - 60

質問

Now, please look at the people in Picture A. They are doing different things. Tell me as much as you can about what they are doing.

「それでは、イラストＡに描かれている人々を見てください。彼らはさまざまなことをしています。彼らが何をしているのか、なるべく多く説明してください」

- **No. 2** の問題は進行形を使って答えます。be 動詞を忘れないようにしましょう。

解答例

A woman is feeding fish.
「女性は魚にえさをあげています」

- fish の代わりに goldfish「金魚」を使っても OK です。gold の部分は「ゴールド」ではなく「ゴウルド」のように発音します。
- feed は food と関連があり、本来「食事を与える」という意味の単語です。ここでは「(魚に) えさを与える」という意味で使っています。

A man is washing dishes.
「男性は皿を洗っています」

- dish は「メインディッシュ」でも使われており、「料理」の意味の印象が強いかもしれませんが、「皿」という意味もあります。
- dishes は some dishes や the dishes と言ってもよいでしょう。

A girl is playing the piano.

「少女はピアノを弾いています」

「ピアノを練習している」と考え A girl is practicing the piano. としても OK です。

A man is fixing a chair.
「男性はイスを修理しています」

fix の他に repair を使って、A man is repairing a chair. としても OK です。

A boy is brushing his teeth.
「少年は歯を磨いています」

「歯を磨く」を表現するのが難しい場合は、視点を変えて A boy is standing by a sink.「少年は洗面台のそばに立っています」と言うこともできます。

No. 3

CD2 61 - 62

質問

Now, look at the woman in Picture B. Please describe the situation.
「それでは、イラスト B の女性を見てください。状況を説明してください」

解答例 ①

She wants to open the door, but she can't find the key.
「彼女はドアを開けたいけれど、カギを見つけることができません」

but を使って答えるのは **No. 3** では定番です。but は等位接続詞なので、"文, but 文." の形で使います。

the key は her key でも OK です。

解答例 ②

She can't get into her house because she doesn't have the key.
「彼女はカギを持っていないので家の中に入ることができません」

because を使って答えることもできます。because は後ろに「原因・理由」がきます。

because 以下を「カギを忘れたので」としたいときは because she forgot the key と言うこともできます。

No. 4

CD2 63-64

質問

Do you think it is a good idea to live near a large shopping mall?
Yes. → Why?
No. → Why not?
「あなたは大きなショッピングモールの近くに住むのはよい考えだと思いますか？」
「はい。→なぜ、そう思うのですか？」
「いいえ。→なぜ、そう思わないのですか？」

たとえば以下のような理由が考えられます。

Yes.	No.
・手早く買い物ができる ・１つの場所でさまざまなものを買える ・モールにはレストランや映画館などもある	・周辺が騒がしい ・車や人で混み合う ・オンラインで買い物するほうが好き

以上の内容を英文にすると、たとえば次のようになります。

解答例 ①（Yes の場合）

People can do their shopping very quickly. They can buy many different things in one place.
「人々はとても手早く買い物をすることができます。彼らは1つの場所で多くのさまざまなものを買うことができます」

「手早く買い物を済ますことができる」、「１カ所でさまざまなものが買える」と、メリットを２つ理由として並べています。「買い物をする」は do one's shopping を使います。

解答例 ②（Yes の場合）

Malls have lots of shops as well as restaurants and places to have fun, such as movie theaters. If I lived near one, I would go there all the time.
「ショッピングモールには、さまざまなお店やレストラン、映画館のような楽しめる場所があります。もし近くに住んでいれば、しょっちゅうそこへ行くでしょう」

shopping mall は mall だけでも同じ意味を表せます。

such as ～は「たとえば～のような」という意味で直前の名詞の具体例を示すことができます。

２文目の one は a (shopping) mall の意味です。

最後の文は "If s + 過去形, S would 原形" の仮定法過去の文（もし～なら、～するだろう）が使われています。

解答例 ③（No の場合）

It's very noisy around large shopping malls. These places are usually crowded with cars and people.
「大きなショッピングモールの周辺はとても騒がしいです。これらの場所はたいてい車と人で混み合っています」

be crowded with ～で「～で混んでいる」という意味です。

解答例 ④（No の場合）

I prefer to shop online than to shop at a mall. Therefore, I don't want to have one near me.
「私はショッピングモールで買い物をするよりもオンラインで買い物をするほうが好きです。したがって、近くにショッピングモールがあってほしいとは思いません」

online は形容詞「オンラインの」、副詞「オンラインで」の２つの使い方があり、今回は副詞として使われています。ちなみに直前の shop は「買い物をする」という意味の動詞として使われており、shop online で「オンラインで買いものをする」です。

最後の near me は「私の（いるところの）近くに」という意味で使われています。関係副詞を使って near where I live「私が住んでいる場所の近くに」としても OK です。

No. 5

CD2 65-66

質問

Today, a lot of students go to foreign countries on homestays. Would you like to go on a homestay in a foreign country?
Yes. → Please tell me more.
No. → Why not?
「今日、多くの学生がホームステイで外国へ行きます。あなたは外国にホームステイに行きたいと思いますか？」
「はい。→詳しく教えてください」
「いいえ。→なぜ行きたくないのですか？」

たとえば以下のような理由が考えられます。

Yes.	No.
・外国語を学ぶのによい ・たくさん友だちを作ることができる ・海外で部屋を借りるよりも安くつく	・友だちや家族と一緒にいたい ・両親に高い費用を払わせたくない ・ホストファミリーとうまくやっていけないかもしれない

以上の内容を英文にすると、たとえば次のようになります。

解答例 ①（Yes の場合）

> **It's a good way to learn a foreign language. Also, people can make a lot of friends.**
> 「それは外国語を学ぶのによい方法です。また、たくさんの友だちを作ることができます」

- to learn ～は形容詞的用法の不定詞で、直前の a good way を後ろから修飾しています。“a good way to 原形”「～するのによい方法」は便利な表現なので覚えておきましょう。
- make friends で「友だちを作る」です。友だちになるには 2 人以上必要なので friends と複数形にすることに注意です。

解答例 ②（Yes の場合）

> **Homestays are cheaper and easier than renting your own apartment abroad. You can also experience celebrating holidays with your host family.**
> 「ホームステイは海外で自分の部屋を借りるよりも安いし、簡単です。ホストファミリーと祝日を祝う経験をすることもできます」

- homestay は「ホームステー」ではなく「ホウムステイ」のように発音します。
- 比較級（cheaper・easier）を使い、自分で部屋を借りるよりもホームステイするほうがよいメリットを述べています。比較級を使った文は対比構造を作るので、2つの違いをはっきりさせたいときに便利です。
- rent は「貸す・借りる」の両方の意味があります（文脈で判断できます）。貸し借りで料金が発生するときに使います。ちなみに「レンタカー」は rent a car からきています。「お金を払って車を借りる・お金をもらって車を貸す」という両方の意味があります。
- host は「ホスト」ではなく「ホウスト」のように発音するので注意してください。

解答例 ③（No の場合）

> **I want to be with my friends and family. Also, I don't want my parents to spend a lot of money.**
> 「私は友だちや家族と一緒にいたいです。また、両親に多額のお金を払ってほしいと思いません」

- want to be with ～で「～と一緒にいたい」という意味です（この be は「存在（いる）」）。
- 2文目は“want 人 to 原形”「人に～してもらいたい」の否定文です。

解答例 ④（No の場合）

> **You might not get along with your host family. It is better to have your own apartment and enjoy spending time with your classmates.**

「ホストファミリーとうまくやっていけないかもしれません。自分自身の部屋を借りて、クラスメートとの時間を楽しむほうがよいです」

- might は may の過去形ですが、「～かもしれない」という may と同じ意味です。
- get along with ～は「人と一緒に（with）寄り添って（along）進む（get）」→「～と仲良くやっていく」です。

▶音読の注意点

CD2 67

Animals in Hospitals

Some children are afraid to stay at hospitals. Because of this, / hospitals are always looking for ways / to make them comfortable. Some hospitals have pets / that children can play with, / and by doing so / they try to help children / to feel more relaxed. Animals are helpful / to people in many different ways.

※「／（スラッシュ）」は区切りの目安です。

hospital は「ハスピトゥル」に近い発音です。

comfortable は「カンフタブル」のように発音します。

パッセージの和訳

病院にいる動物

入院するのを怖いと思う子どもたちがいる。このため、病院は子どもたちが居心地よく感じられるようにする方法をいつも探している。いくつかの病院では子どもたちが一緒に遊べるペットを飼っていて、そうすることで子どもたちがよりリラックスする手助けをしようとしている。動物はさまざまな点で人々のために役立っているのである。

No. 1

CD2 68-69

質問

According to the passage, how do some hospitals try to help children to feel more relaxed?

「パッセージによると、いくつかの病院は、どのようにして子どもたちがよりリラックスできるように手助けをしようとしていますか？」

解答例 ①

By having pets that children can play with.

「子どもたちが一緒に遊ぶことができるペットを飼うことによって」

解答例 ②

They try to help children to feel more relaxed by having pets that children can play with.

「子どもたちが一緒に遊ぶことができるペットを飼うことによって、彼らがよりリラックスできるようにしようとしています」

３文目 Some hospitals have pets that children can play with, and by doing so they try to help children to feel more relaxed.「いくつかの病院では子どもたちが一緒に遊べるペットを飼っていて、そうすることで子どもたちがよりリラックスする手助けをしようとしている」の、by doing so に注目します。doing so は３文目の前半 have pets that children can play with「子どもたちが一緒に遊べるペットを飼っている」を受けているので、have を動名詞にして、By having pets that children can play with. とすれば OK です。

- 解答例②では質問にある some hospitals を They に置き換えています。
- how「どのようにして」と「手段・方法」が問われるのは定番で、by -ing「～することによって」の形で答えるとよいでしょう。

No. 2

CD2 70 - 71

質問

Now, please look at the people in Picture A. They are doing different things. Tell me as much as you can about what they are doing.

「それでは、イラスト A に描かれている人々を見てください。彼らはさまざまなことをしています。彼らが何をしているのか、なるべく多く説明してください」

- **No. 2** の問題は進行形を使って答えます。be 動詞を忘れないようにしましょう。

解答例

A man is pushing a cart.
「男性はカートを押しています」

- push はスイッチなどのボタン以外にも、今回のように「(カートなど) を押して動かす」という意味で使えます。

A man is knocking on a door.
「男性はドアをノックしています」

- knock on ～で「～をノックする」という意味です。前置詞は on を使うので注意してください。

A woman is watering flowers.
「女性は花に水をあげています」

- water は名詞「水」以外に、動詞で「水をやる」という意味があり、今回は動詞として使っています。
- flowers は some flowers としても OK です。

A woman is talking on her phone.
「女性は電話で話をしています」

talk on one's phone「電話で話す」の他に、use one's phone「電話を使う」も使えます。また、phone は cell phone、smartphone でも OK です。

A boy is choosing a drink.
「少年は飲み物を選んでいます」

「買っている」と考えて A boy is buying a drink (from a vending machine).「少年は(自動販売機で)飲み物を買っているところだ」と言っても OK です。また、買ってるものが何かハッキリ言うのが難しい場合は A boy is buying something (from a vending machine).「少年は(自動販売機で)何かを買っているところだ」のように something を使うこともできます。

No. 3

CD2 72-73

質問

Now, look at the woman in Picture B. Please describe the situation.
「それではイラスト B の女性を見てください。状況を説明してください」

解答例 ①

She can't throw away her cup because the trash can is full.
「ゴミ箱がいっぱいなので、彼女はコップを捨てることができません」

throw away ～は「遠くへ(away)投げる(throw)」→「～を捨てる」です。

the trash can「ゴミ箱」は、the garbage can、the dustbin を使うこともできます。

because を使った答え方は定番ですが、後ろに「原因・理由」がくるのがポイントです。

解答例 ②

She wants to throw away her cup, but the trash can is full.
「彼女はコップを捨てたいと思っているが、ゴミ箱がいっぱいです」

but を使って表すこともできます。but は等位接続詞なので "文, but 文." の形で使います。

No. 4

CD2 74-75

質問

Do you think cities and towns should have more parks for children to play in? Yes. → Why?

No. → Why not?
「市や町は子どもたちが遊べる公園をもっと設置するべきだとあなたは思いますか？」
「はい。→なぜ、そう思うのですか？」
「いいえ。→なぜ、そう思わないのですか？」

たとえば以下のような理由が考えられます。

Yes.	No.
・子どもが安全に遊べる場所が必要 ・ずっと屋内にいるのはよくない ・今ある公園はいつも混んでいる	・すでに公園は十分ある ・作るのには費用がかかる ・子どもが少なくなってきている

以上の内容を英文にすると、たとえば次のようになります。

解答例 ①（Yes の場合）

It's important for children to have safe places to play. It's not good for them to stay indoors all the time.
「子どもたちが安全に遊べる場所があることは大切です。常に屋内にいることは子どもたちにとってよくありません」

2文とも仮主語構文を使っています。「～することは…だ」というときに便利な構文です。不定詞の意味上の主語は "for 人" を不定詞の直前に置きます。

indoors の品詞は「副詞」で、「屋内で［に］」という意味なので、前置詞は不要です。

解答例 ②（Yes の場合）

Parks around my house are always crowded. With more parks, children would have more place to play.
「私の家の周りの公園はいつも混んでいます。もっとたくさん公園があれば、子どもたちは遊べる場所が増えるでしょう」

2文目は仮定法の文です。With more parks が if 節の代わりになっていて、「もっとたくさん公園があれば」という意味です。with ～「～があれば」、without ～「～がなければ」は if 節の代わりとして使えることをおさえておきましょう。

解答例 ③（No の場合）

Most cities and towns already have enough parks. Also, it's expensive to build new parks for children.
「多くの市や町にすでに十分な公園があります。また、子どもたちのために新しい公園を作ることは多くの費用がかかります」

most は「モースト」ではなく「モウスト」のように発音します。

also は「理由」を列挙するのに便利な表現でしたね。ここでは「十分に公園がある」、「新しい公園を作るのには多くの費用がかかる」という公園を作らなくてよい理由を２つ述べています。

解答例 ④（No の場合）

> There are fewer (and fewer) children these days. Also, children mostly like to play video games at home.
> 「最近子どもたちの数は少なくなってきています。また、子どもたちはたいてい家でテレビゲームをするのが好きです」

「ますます子どもが少なくなっている」を比較級 fewer を使って表しています。単に fewer children でもいいですし、fewer and fewer children のように“比較級 and 比較級”「ますます～だ」を使っても OK です。

at home は inside「屋内で」に置き換えることができます。

mostly は「モウストリ」、games は「ゲイムズ」、home は「ホウム」のように発音します。

No. 5

CD2 76-77

質問

These days, hundred-yen shops are popular in Japan. Do you often buy things at these shops?

Yes. → Please tell me more.

No. → Why not?

「最近、日本では 100 円ショップが人気です。あなたはこれらのお店でものをよく買いますか？」

「はい。→詳しく教えてください」

「いいえ。→なぜこれらのお店でものをよく買わないのですか？」

たとえば以下のような理由が考えられます。

Yes.	No.
・品揃えが豊富で安い ・実際によく使っている （買うものを具体的に述べる）	・品質がよくない ・安いので買いすぎてしまう ・買っても使わないことがある

以上の内容を英文にすると、たとえば次のようになります。

解答例 ①（Yes の場合）

> There are many kinds of goods at these shops. We can buy products more cheaply there.

「これらのお店には多くの種類の商品があります。私たちはそこでより安く商品を買うことが出きます」

goods は「アニメなどのグッズ」のイメージが強いかもしれませんが、「物全般」を指し、「商品」という意味です。

解答例 ②(Yes の場合)

I often buy stationery there. They have a lot of varieties, and they are really cheap.
「私はそこでよく文房具を買います。100 円ショップは商品の種類が豊富で、価格がかなり安いです」

stationery は、より具体的に述べた pens「ペン」、notebooks「ノート」や、erasers「消しゴム」などに置き換えても OK です。**No. 5** では自分の経験を使うこともできるので「自分なら…」という視点を持っておくとよいでしょう。

解答例 ③(No の場合)

The things at hundred-yen shops are not very good. I've heard these things often break easily.
「100 円ショップのものはあまりよくありません。私はこれらの物は壊れやすいことがよくあると聞いたことがあります」

2 文目は hear を使って人から聞いた話を述べています。今回は "I've heard {that} sv." と現在完了形が使われていますが、**No. 5** ではこのような人から伝え聞いたことを言ってもいいわけです。

解答例 ④(No の場合)

Because items are so cheap, people end up buying too many things. Then they often throw them away or don't use them.
「商品がとても安いので、結局人々は物を買いすぎてしまいます。それから、買ったものを捨てたり、使わないことがよくあります」

item は「物・品物」の意味です。「ファッションアイテム」とは衣服や装飾品などファッションに関する「物・品物」のことですね(29 ページ)。

too は「～すぎる」の意味で、否定的なニュアンスになります。

end up -ing は「結局～する・最終的に～する」です。

自分の経験として "I used to 原形"「私は以前～よくしたものだ」を使って表してもよいでしょう。

MEMO

MEMO

MEMO

MEMO

MEMO

MEMO

〔著者紹介〕
関 正生（せき まさお）
1975年7月3日東京生まれ。埼玉県立浦和高等学校、慶應義塾大学文学部（英米文学専攻）卒業。TOEIC®L&Rテスト990点満点取得（2016年からの新形式テストでも満点取得）。リクルート運営のオンライン予備校「スタディサプリ」（PC・スマホで受講可能）で、全国の小中高生・大学生・社会人を対象に毎年140万人以上に授業をする。受験英語から資格試験、ビジネス英語、日常会話までを指導する。著書は『カラー改訂版 世界一わかりやすい英文法の授業』『大学入試問題集 関正生の英語長文ポラリス』シリーズ（以上、KADOKAWA）など、合計100冊以上（一部は韓国・台湾でも翻訳出版中）。また、NHKラジオ講座『小学生の基礎英語』でのコラム連載や『CNN ENGLISH EXPRESS』（朝日出版社）での記事連載、様々なビジネス雑誌・新聞の取材、TV出演など多数。

竹内 健（たけうち けん）
1981年4月21日大阪生まれ。早稲田大学第二文学部（現・文化構想学部）卒業（文学・言語系専修）。リクルート運営のオンライン予備校「スタディサプリ」で英検対策講座、高校生対象の中学総復習講座、中学生向けの英文法講座、教科書別対策講座、高校受験対策講座など600本以上の講義動画を担当。学生時代から、塾・予備校の教壇に立ち、基礎クラスから最上位クラスまで幅広く担当。大学卒業後１年目から関東有数の大手塾で教室責任者に抜擢され、10年以上活躍後、全国規模の映像授業の世界へ参入、現在は有名進学校の教壇にも立つ。主な著書に『高校入試 世界一わかりやすい中学英単語』『世界一わかりやすい 英検２級の英単語』『CD付 世界一わかりやすい英検２級に合格する授業』（以上、KADOKAWA／共著）、監修書に『ゼッタイわかる 中１英語』（KADOKAWA）など多数。

執筆協力／Karl Rosvold、渡辺萌香
編集協力／渡辺のぞみ
DTP／河源社
校正／エディット

2021-2022年度用　CD２枚付
世界一わかりやすい 英検準２級に合格する過去問題集

2021年10月１日　初版発行

著者／関 正生・竹内 健

発行者／青柳 昌行

発行／株式会社KADOKAWA
〒102-8177　東京都千代田区富士見2-13-3
電話　0570-002-301(ナビダイヤル)

印刷所／株式会社加藤文明社印刷所

●お問い合わせ
https://www.kadokawa.co.jp/（「お問い合わせ」へお進みください）
※内容によっては、お答えできない場合があります。
※サポートは日本国内のみとさせていただきます。
※Japanese text only

定価はカバーに表示してあります。

ISBN 978-4-04-605410-4　C0082

『CD2枚付　世界一わかりやすい英検準２級に合格する過去問題集』

準2級　解答用紙

【注意事項】

①解答にはＨＢの黒鉛筆（シャープペンシルも可）を使用し、解答を訂正する場合には消しゴムで完全に消してください。
②解答用紙は絶対に汚したり折り曲げたり、所定以外のところへの記入はしないでください。
③マーク例

良い例	悪い例
●	⊙ ⊗ ◓

これ以下の濃さのマークは読めません。

解答欄					
問題番号		1	2	3	4
1	(1)	①	②	③	④
	(2)	①	②	③	④
	(3)	①	②	③	④
	(4)	①	②	③	④
	(5)	①	②	③	④
	(6)	①	②	③	④
	(7)	①	②	③	④
	(8)	①	②	③	④
	(9)	①	②	③	④
	(10)	①	②	③	④
	(11)	①	②	③	④
	(12)	①	②	③	④
	(13)	①	②	③	④
	(14)	①	②	③	④
	(15)	①	②	③	④
	(16)	①	②	③	④
	(17)	①	②	③	④
	(18)	①	②	③	④
	(19)	①	②	③	④
	(20)	①	②	③	④

解答欄					
問題番号		1	2	3	4
2	(21)	①	②	③	④
	(22)	①	②	③	④
	(23)	①	②	③	④
	(24)	①	②	③	④
	(25)	①	②	③	④
3	(26)	①	②	③	④
	(27)	①	②	③	④
	(28)	①	②	③	④
	(29)	①	②	③	④
	(30)	①	②	③	④
4	(31)	①	②	③	④
	(32)	①	②	③	④
	(33)	①	②	③	④
	(34)	①	②	③	④
	(35)	①	②	③	④
	(36)	①	②	③	④
	(37)	①	②	③	④

リスニング解答欄					
問題番号		1	2	3	4
第1部	No.1	①	②	③	
	No.2	①	②	③	
	No.3	①	②	③	
	No.4	①	②	③	
	No.5	①	②	③	
	No.6	①	②	③	
	No.7	①	②	③	
	No.8	①	②	③	
	No.9	①	②	③	
	No.10	①	②	③	
第2部	No.11	①	②	③	④
	No.12	①	②	③	④
	No.13	①	②	③	④
	No.14	①	②	③	④
	No.15	①	②	③	④
	No.16	①	②	③	④
	No.17	①	②	③	④
	No.18	①	②	③	④
	No.19	①	②	③	④
	No.20	①	②	③	④
第3部	No.21	①	②	③	④
	No.22	①	②	③	④
	No.23	①	②	③	④
	No.24	①	②	③	④
	No.25	①	②	③	④
	No.26	①	②	③	④
	No.27	①	②	③	④
	No.28	①	②	③	④
	No.29	①	②	③	④
	No.30	①	②	③	④

5 ライティングの解答欄は裏面にあります。

キリトリ線

5 ライティング解答欄

・指示事項を守り、文字は、はっきりとわかりやすく書いてください。
・太枠に囲まれた部分のみが採点の対象です。

『CD2枚付　世界一わかりやすい英検準２級に合格する過去問題集』

準２級　解答用紙

【注意事項】

①解答にはＨＢの黒鉛筆（シャープペンシルも可）を使用し、解答を訂正する場合には消しゴムで完全に消してください。

②解答用紙は絶対に汚したり折り曲げたり、所定以外のところへの記入はしないでください。

③マーク例

良い例	悪い例
●	⊙ ⊗ ◓

これ以下の濃さのマークは読めません。

解答欄		
問題番号		1 2 3 4
1	(1)	① ② ③ ④
	(2)	① ② ③ ④
	(3)	① ② ③ ④
	(4)	① ② ③ ④
	(5)	① ② ③ ④
	(6)	① ② ③ ④
	(7)	① ② ③ ④
	(8)	① ② ③ ④
	(9)	① ② ③ ④
	(10)	① ② ③ ④
	(11)	① ② ③ ④
	(12)	① ② ③ ④
	(13)	① ② ③ ④
	(14)	① ② ③ ④
	(15)	① ② ③ ④
	(16)	① ② ③ ④
	(17)	① ② ③ ④
	(18)	① ② ③ ④
	(19)	① ② ③ ④
	(20)	① ② ③ ④

解答欄		
問題番号		1 2 3 4
2	(21)	① ② ③ ④
	(22)	① ② ③ ④
	(23)	① ② ③ ④
	(24)	① ② ③ ④
	(25)	① ② ③ ④
3	(26)	① ② ③ ④
	(27)	① ② ③ ④
	(28)	① ② ③ ④
	(29)	① ② ③ ④
	(30)	① ② ③ ④
4	(31)	① ② ③ ④
	(32)	① ② ③ ④
	(33)	① ② ③ ④
	(34)	① ② ③ ④
	(35)	① ② ③ ④
	(36)	① ② ③ ④
	(37)	① ② ③ ④

リスニング解答欄		
問題番号		1 2 3 4
第1部	No.1	① ② ③
	No.2	① ② ③
	No.3	① ② ③
	No.4	① ② ③
	No.5	① ② ③
	No.6	① ② ③
	No.7	① ② ③
	No.8	① ② ③
	No.9	① ② ③
	No.10	① ② ③
第2部	No.11	① ② ③ ④
	No.12	① ② ③ ④
	No.13	① ② ③ ④
	No.14	① ② ③ ④
	No.15	① ② ③ ④
	No.16	① ② ③ ④
	No.17	① ② ③ ④
	No.18	① ② ③ ④
	No.19	① ② ③ ④
	No.20	① ② ③ ④
第3部	No.21	① ② ③ ④
	No.22	① ② ③ ④
	No.23	① ② ③ ④
	No.24	① ② ③ ④
	No.25	① ② ③ ④
	No.26	① ② ③ ④
	No.27	① ② ③ ④
	No.28	① ② ③ ④
	No.29	① ② ③ ④
	No.30	① ② ③ ④

5 ライティングの解答欄は裏面にあります。

キリトリ線

5 ライティング解答欄

・指示事項を守り、文字は、はっきりとわかりやすく書いてください。
・太枠に囲まれた部分のみが採点の対象です。

『CD2枚付　世界一わかりやすい英検準２級に合格する過去問題集』

準２級　解答用紙

【注意事項】

①解答にはＨＢの黒鉛筆（シャープペンシルも可）を使用し、解答を訂正する場合には消しゴムで完全に消してください。

②解答用紙は絶対に汚したり折り曲げたり、所定以外のところへの記入はしないでください。

③マーク例

良い例	悪い例
●	⊙ ⊗ ◓

これ以下の濃さのマークは読めません。

解答欄					
問題番号		1	2	3	4
1	(1)	①	②	③	④
	(2)	①	②	③	④
	(3)	①	②	③	④
	(4)	①	②	③	④
	(5)	①	②	③	④
	(6)	①	②	③	④
	(7)	①	②	③	④
	(8)	①	②	③	④
	(9)	①	②	③	④
	(10)	①	②	③	④
	(11)	①	②	③	④
	(12)	①	②	③	④
	(13)	①	②	③	④
	(14)	①	②	③	④
	(15)	①	②	③	④
	(16)	①	②	③	④
	(17)	①	②	③	④
	(18)	①	②	③	④
	(19)	①	②	③	④
	(20)	①	②	③	④

解答欄					
問題番号		1	2	3	4
2	(21)	①	②	③	④
	(22)	①	②	③	④
	(23)	①	②	③	④
	(24)	①	②	③	④
	(25)	①	②	③	④
3	(26)	①	②	③	④
	(27)	①	②	③	④
	(28)	①	②	③	④
	(29)	①	②	③	④
	(30)	①	②	③	④
4	(31)	①	②	③	④
	(32)	①	②	③	④
	(33)	①	②	③	④
	(34)	①	②	③	④
	(35)	①	②	③	④
	(36)	①	②	③	④
	(37)	①	②	③	④

リスニング解答欄					
問題番号		1	2	3	4
第1部	No.1	①	②	③	
	No.2	①	②	③	
	No.3	①	②	③	
	No.4	①	②	③	
	No.5	①	②	③	
	No.6	①	②	③	
	No.7	①	②	③	
	No.8	①	②	③	
	No.9	①	②	③	
	No.10	①	②	③	
第2部	No.11	①	②	③	④
	No.12	①	②	③	④
	No.13	①	②	③	④
	No.14	①	②	③	④
	No.15	①	②	③	④
	No.16	①	②	③	④
	No.17	①	②	③	④
	No.18	①	②	③	④
	No.19	①	②	③	④
	No.20	①	②	③	④
第3部	No.21	①	②	③	④
	No.22	①	②	③	④
	No.23	①	②	③	④
	No.24	①	②	③	④
	No.25	①	②	③	④
	No.26	①	②	③	④
	No.27	①	②	③	④
	No.28	①	②	③	④
	No.29	①	②	③	④
	No.30	①	②	③	④

5 ライティングの解答欄は裏面にあります。

キリトリ線

5 ライティング解答欄

・指示事項を守り、文字は、はっきりとわかりやすく書いてください。
・太枠に囲まれた部分のみが採点の対象です。

CD2枚付

2021-2022年度用

世界一わかりやすい

英検® 準2級

に合格する 過去問題集

別冊 | 問題編

スタディサプリ講師
関 正生・竹内 健

別冊は、ゆっくりていねいに抜き取ってください。
なお、別冊の抜き取りの際に生じた損傷によるお取替えはご遠慮願います。

CD2枚付

2021-2022年度用

世界一わかりやすい

英検®準2級に合格する過去問題集

別冊 問題編

スタディサプリ講師
関 正生・竹内 健

2020-3
Grade Pre-2

準2級
問題編

一次試験

2020年度　第3回検定（2021年1月24日実施）

試験時間

筆記	75分
リスニング	約25分

リスニングテストのCD音声トラック番号

第1部	CD1 1 〜 CD1 11
第2部	CD1 12 〜 CD1 22
第3部	CD1 23 〜 CD1 33

■解答・解説は本冊 p.25 〜 103 にあります。

1

次の (1) ～ (20) までの (　　) に入れるのに最も適切なものを **1**, **2**, **3**, **4** の中から一つ選び、その番号を解答用紙の所定欄にマークしなさい。

(1) Sabrina's father asked her to buy some things at the supermarket, and he gave her $20. The food cost (　　) $15, so Sabrina gave her father a $5 bill as change.

1 lively　**2** exactly　**3** politely　**4** anxiously

(2) Justin lost his bicycle key at school, so he could not (　　) his bicycle. He had to take the bus home.

1 decorate　**2** unlock　**3** reserve　**4** feature

(3) Rachel's ice cream (　　) has been doing well lately. She has found a lot of new customers who want to buy her company's products.

1 journey　**2** notice　**3** item　**4** business

(4) Mr. Kimura told his staff members to put more information into their sales reports. He said they should (　　) graphs and charts in each report.

1 expect　**2** claim　**3** compete　**4** include

(5) Many students thought Julia should become class president because she showed great (　　) skills.

1 pattern　**2** freedom　**3** leadership　**4** jealousy

(6) *A:* Honey, are you (　　) that there is no food left in the house?
B: Yes, I know. I'm going to the supermarket before lunch.

1 rapid　**2** aware　**3** proud　**4** random

(7) *A:* Mr. Dubois, French is really hard. I don't seem to be getting better.
B: Learning a foreign language is a slow (　　). Sometimes, it can feel like you're not improving, but don't give up!

1 process　**2** gesture　**3** mirror　**4** temperature

(8) *A:* How long did it take for these flowers to grow?
B: After planting the ( ), it took about a month.

1 seeds **2** bowls **3** laws **4** walls

(9) Some universities ( ) all of their students with laptop computers so that students can use the Internet in class.

1 solve **2** elect **3** raise **4** provide

(10) *A:* I'm tired, Kevin. Let's do the rest of our math homework tomorrow.
B: No. We can't ( ) now! We're almost done.

1 quit **2** vote **3** shake **4** hide

(11) *A:* George is so different from me. I don't think we can ever become friends.
B: You should try talking to him more. I'm sure you'll find something you both have ( ).

1 by hand **2** for rent **3** on time **4** in common

(12) There is a big rock music festival in Allenville this summer. The main event will ( ) in the city stadium.

1 look up **2** take part **3** look after **4** take place

(13) Daisy ate a lot of fried food during her vacation, so she ( ) some weight. She stopped eating fried food for about a month to lose it.

1 put on **2** made up **3** cleared out **4** showed off

(14) Oliver's mother asked him to go to the store because she had ( ) milk for the dessert she was making.

1 stood up for **2** come up with
3 run out of **4** broken out in

(15) *A:* It's too hot to sit ( ) the sun, isn't it?
B: Yeah. Let's go and sit under that tree where it's cooler.

1 of **2** at **3** in **4** by

(16) *A:* When do we have to finish our science projects, Mr. Dixon?
B: Be sure to ( ) your final report to me by March 10th.

1 turn off **2** dress up **3** burst into **4** hand in

(17) Jim wanted to travel around Asia for a year before he started college, but his parents were ( ) the idea. They said the trip would be too expensive.

1 above **2** against **3** about **4** along

(18) The reason ( ) Paul wants to study biology is because he likes animals. He hopes to open up an animal hospital someday.

1 where **2** what **3** when **4** why

(19) *A:* Sally, would you mind ( ) the window? It's getting cold in here.
B: Sure, Mr. Smith.

1 to close **2** close **3** closing **4** closed

(20) *A:* Wow! You have some amazing photographs in your room, Tim.
B: Thanks. Most of them ( ) by my grandfather.

1 are taking **2** were taken
3 had taken **4** is taking

筆記試験の問題は次ページに続きます。

2

次の四つの会話文を完成させるために、(21) から (25) に入るものとして最も適切なものを **1**, **2**, **3**, **4** の中から一つ選び、その番号を解答用紙の所定欄にマークしなさい。

(21) *A:* Welcome to the Museum of Science. How can I help you?
B: Do you have any one-year passes for families?
A: Yes. We have a basic pass for three people and a premium pass for five.
B: (**21**), so I think we'll need the premium pass.

1 We'll visit the museum on Mondays, Tuesdays, and Saturdays
2 We have never been to the museum before
3 My wife, our three boys, and I love the museum
4 My daughter is very interested in science

---

(22) *A:* Honey, have you seen my glasses anywhere?
B: No, I haven't. When did you wear them last?
A: I wore them when (**22**) last night.
B: Maybe you left them in the car, then.

1 I drove back from the office
2 I was reading in bed
3 we watched that DVD
4 we were making dinner

---

(23) *A:* Thank you for shopping at Top Sports. That will be $40.
B: Can I pay by credit card?
A: Of course, sir. By the way, if you spend another $10 or more, you can get a free gift.
B: Really? In that case, I'll take this (**23**).

1 $8 baseball cap
2 $15 bag of coffee beans
3 free exercise guide
4 $12 pack of tennis balls

A: Dad, I have to write a report for class, but I don't know where to start.
B: What do you have to write about?
A: I have to write about a famous person from history.
B: Well, you love trains. Why don't you write about (**24**)?
A: That's a great idea! Maybe I can find the information I need in one of my books.
B: Yes. You could also (**25**).
A: Could you take me there this weekend?
B: Sure. I need to return some books anyway.

(24) **1** the history of transport
2 the man who invented them
3 the fastest train in the world
4 the first time you rode on one

(25) **1** talk to the staff at the station
2 do some research at the library
3 have a look on the Internet
4 ask your teacher for some ideas

3

次の**A**, **B**を読み，その文意にそって (**26**) から (**30**) までの (　　) に入れるのに最も適切なものを **1**, **2**, **3**, **4** の中から一つ選び、その番号を解答用紙の所定欄にマークしなさい。

A

School Trip

Keiko went on a school trip to Australia last month. One day, her class visited a local high school to learn about Australian culture. They also played games with the students at the school. Keiko had a wonderful time and (**26**). At the end of the day, she exchanged her e-mail address with some of them. She looked forward to writing to them when she got back to Japan.

Some of Keiko's new Australian friends are very interested in Japan, so they often ask her many questions. She is always happy to answer them. One of her friends, Joseph, is going to visit Japan with his family next spring. He said he will (**27**). Keiko cannot wait to see him again and show him her school.

(**26**)
1 tried some new foods
2 learned many English words
3 made many friends
4 told her parents

(**27**)
1 visit Keiko's hometown
2 take a bus tour
3 go to some famous temples
4 travel there by ship

3 B

Trophies

Many parents around the world want their children to join sports teams. Playing sports gives children the chance to exercise, make friends, and gain important life skills. In particular, such parents think that children become more confident when they win games or get awards or trophies. However, many teams give awards to all players, not just the best ones, and some people believe that this (**28**). They point out that teams in North America waste about $3 billion on trophies and awards each year.

This trend started in the 1990s. Parents were worried that their children felt sad when they lost games or did not get awards. Hoping to make all children feel like winners, teams began giving awards to both winners and losers. However, research shows that this was actually bad for children. When children have a goal, they make an effort to reach it. If all children get awards, though, they do not need to set goals. As a result, children (**29**).

Sports teams around the world are trying new ways to help their players get new skills and feel confident. The Australian Football League, for example, has made big changes to its programs. In the 5-to-12-year-old league, teams do not keep scores for the games, and there are no "best player" awards. Instead, the focus is on (**30**). By carefully teaching young players how to play and giving advice on how they can improve, coaches believe players can become more confident.

---

(28)
1 is not breaking the rules
2 has helped children learn
3 is not good enough
4 has become a problem

(29)
1 get angry easily
2 begin playing sports
3 want to study more
4 stop trying hard

(30)
1 winning their games
2 developing skills
3 helping their coaches
4 making friends

4

次の英文A, Bの内容に関して、(31) から (37) までの質問に対して最も適切なもの、または文を完成させるのに最も適切なものを **1**, **2**, **3**, **4** の中から一つ選び、その番号を解答用紙の所定欄にマークしなさい。

A

From: Daniel Price ⟨daniel.price@greenvillehigh.edu⟩
To: Barbara Floyd ⟨barbara.floyd@greenvillehigh.edu⟩
Date: January 24
Subject: Bake sale for Africa

Hi Barbara,

This is Daniel Price, the student president at the school. How do you like being the editor of the school newspaper? I really enjoy reading the articles, and it's full of useful advice and information for students and parents. Actually, that's why I'm writing to you. Our school will be holding a charity event soon, and I want to let people know about it.

The event will be on Saturday, March 20, from 9 a.m. to 2 p.m. The school's cooking club is going to have a bake sale in the school gym. The members are going to bake many kinds of cakes and cookies and sell them to visitors. The money we get will be used to help build schools for students in Africa. The art club is also designing posters and T-shirts for the event.

I have written a short article about the bake sale. Can you put it in the newspaper? That way, we will get a lot of visitors. When you have some free time, I will bring it to the newspaper office. We can look at the article together and make any necessary changes. Please let me know when you are available.

Thanks,
Daniel

(31) What does Daniel want to do?

1 Let people know about a charity event.
2 Write articles for the school newspaper.
3 Give some advice to high school students.
4 Offer Barbara a job as an editor.

(32) The school's art club will

1 give lessons for students in Africa.
2 draw a sign for a new bakery.
3 make some special T-shirts.
4 design cakes for the cooking club.

(33) What does Daniel ask Barbara to do?

1 Write about a recent school event.
2 Put an article in the school newspaper.
3 Check a short story for English class.
4 Bake a cake for him in her free time.

4 B

Newcomer Kitchen

Len Senater is the owner of a restaurant called the Depanneur in Toronto, Canada. In 2015, he noticed many Syrian people moving into the city. These people were all refugees—people who have left their own countries because of war or other problems. Senater wanted to find a way to help these people feel more comfortable in their new city. He had the idea of using his restaurant to help them.

In Canada, Syrian refugees are given places to live as soon as they arrive, but these are often hotel rooms. This means that they often do not have kitchens where they can cook dinner for their families. Many of the refugees begin to miss the food from their home country. Seeing this problem, Senater decided to let them use his restaurant's kitchen. That is how Newcomer Kitchen, a special group for refugees, began.

Most of the group members are women, and they meet at the kitchen on days when the restaurant is closed. They love their time at Newcomer Kitchen because it gives them a chance to cook traditional meals, share stories about their past, and make new friends. The group has helped hundreds of women to become more comfortable in their new community. It also gives families the chance to keep a connection with their home country.

In addition, Newcomer Kitchen gives the women a chance to make some money. Every week, the Depanneur sells 50 meals that the women make through its website. It pays these women $15 an hour for their hard work. It has also become a way for them to share their Syrian culture with Canadians through delicious, traditional food. The group is now helping refugees in other parts of Canada and is even being supported by the prime minister.

(34) Restaurant owner Len Senater

1 opened a new Syrian restaurant called the Depanneur in Toronto.
2 decided to help Syrian refugees feel more comfortable in Toronto.
3 moved to Canada to escape a war in his own country.
4 started to look for a safer place to live in Canada.

(35) What problem did Senater see?

1 Syrian refugees needed a place to cook their meals after they arrived.
2 Syrian refugees were not given anywhere to live in Canada.
3 Some Canadians were afraid of the Syrian refugees that had arrived.
4 Some Canadians did not want to go to restaurants with Syrian refugees.

(36) What is one way Newcomer Kitchen helps Syrian women?

1 It gives them a place to teach their children about cooking Syrian food.
2 It is a place where they can learn English together with their friends.
3 They can learn how to cook traditional Canadian food.
4 They can make a better connection to their new community.

(37) The Depanneur

1 creates online menus for other restaurants to use.
2 has asked Syrian women to open new restaurants in Canada.
3 pays the Syrian women for the food that it sells on its website.
4 helps people who want to meet the prime minister of Canada.

5 ライティング

- あなたは，外国人の知り合いから以下の **QUESTION** をされました。
- **QUESTION** について，あなたの意見とその理由を２つ英文で書きなさい。
- 語数の目安は 50 語～60 語です。
- 解答は，解答用紙の B 面にあるライティング解答欄に書きなさい。なお，解答欄の外に書かれたものは採点されません。
- 解答が **QUESTION** に対応していないと判断された場合は，０点と採点されることがあります。**QUESTION** をよく読んでから答えてください。

QUESTION

Do you think school classrooms in Japan should use air conditioners in the summer?

一次試験 リスニング

準２級リスニングテストについて

❶このリスニングテストには，第１部から第３部まであります。

★英文はすべて一度しか読まれません。

第１部……対話を聞き，その最後の文に対する応答として最も適切なものを，放送される**1**，**2**，**3**の中から一つ選びなさい。

第２部……対話を聞き，その質問に対して最も適切なものを**1**，**2**，**3**，**4**の中から一つ選びなさい。

第３部……英文を聞き，その質問に対して最も適切なものを**1**，**2**，**3**，**4**の中から一つ選びなさい。

❷No. 30のあと、10秒すると試験終了の合図がありますので，筆記用具を置いてください。

第１部

No. 1 ～ No. 10（選択肢はすべて放送されます。）

第２部

No. 11
1 He has a job there.
2 He had nothing to do at home.
3 His grandmother wanted to go.
4 His paintings were there.

No. 12
1 He needs a new bag.
2 He could not find the office.
3 He has no time to wait.
4 He lost his backpack.

No. 13
1 She made her teacher angry.
2 She cannot find her key.
3 She missed the last bus.
4 She is late for school.

No. 14
1 To tell him about her new job.
2 To say that she is sorry for being late.
3 To thank him for his gift.
4 To ask when he will visit her.

No. 15 1 Take the escalator.
2 Have his shoes repaired.
3 Walk up the stairs.
4 Wait for the elevator to be fixed.

No. 16 1 Look for seats first.
2 Go to the restroom quickly.
3 Buy tickets for his family.
4 Watch the circus another time.

No. 17 1 The music was good.
2 The actors were bad.
3 It was too short.
4 It was wonderful.

No. 18 1 Visit Diana in the hospital.
2 Send Diana a card.
3 Go on a trip with Diana.
4 Tell Diana about their homework.

No. 19 1 He gives them tests every day.
2 He plays French songs.
3 He uses fun activities.
4 He makes them read textbooks.

No. 20 1 Get her new dictionary.
2 Work at the library.
3 Order a magazine.
4 Lend Brian a book.

第3部

No. 21 1 It will be his first time giving a presentation.
2 It will be his first trip to a foreign country.
3 His boss will give him Italian lessons.
4 His boss will show him around Italy.

No. 22 1 By using the best equipment.
2 By holding a teacher's hand.
3 By not being caught.
4 By not walking.

No. 23
1 By chatting with teachers on her smartphone.
2 By playing games in Spanish class.
3 By having her friend teach her.
4 By using a smartphone game.

No. 24
1 By spending over $10 in the food court.
2 By buying a snack at the movie theater.
3 By eating at the new Mexican restaurant.
4 By visiting more than two of the mall's stores.

No. 25
1 She buys lunch for her friends.
2 She brings lunch for her co-workers.
3 She studies to become a chef during lunch.
4 She orders food from a restaurant for lunch.

No. 26
1 She will watch some doctors work.
2 She will search for a new doctor.
3 She will teach a course in a hospital.
4 She will start working in another city.

No. 27
1 The school will get a new French teacher.
2 A French test will be given tomorrow.
3 Today's classes have been canceled.
4 Students should be quiet in the afternoon.

No. 28
1 He could not find medicine for his stomach.
2 His car was not working.
3 His stomach was hurting.
4 He forgot to prepare his documents.

No. 29
1 They sold water to tourists there.
2 They helped sick people take a bath there.
3 They made food for sick people there.
4 They painted beautiful pictures there.

No. 30
1 Because he thought he was wasting paper.
2 Because he could get it for free at his job.
3 Because he needed to save money.
4 Because he started reading books.

2020-2
Grade Pre-2

準2級 問題編

一次試験

2020年度　第2回検定（2020年10月11日実施）

試験時間

筆記　75分

リスニング　約25分

リスニングテストのCD音声トラック番号

第1部　CD1 56～CD1 66
第2部　CD1 67～CD1 77
第3部　CD1 78～CD1 88

■解答・解説は本冊 p.105 ～ 183 にあります。

1

次の (1) ～ (20) までの (　　) に入れるのに最も適切なものを **1**, **2**, **3**, **4** の中から一つ選び、その番号を解答用紙の所定欄にマークしなさい。

(1) *A:* I thought the play would be more exciting. I almost fell asleep.
B: I know. It was really (　　　　), wasn't it?

1 dull　**2** dramatic　**3** natural　**4** brave

(2) Keisuke has been reading a novel in Spanish for three months. He is now on the (　　　　) chapter of the book and only has a few pages left.

1 final　**2** common　**3** foreign　**4** national

(3) After Thomas hurt his knee in a skiing accident, his doctor told him to (　　　　) playing sports for at least two months.

1 protect　**2** admit　**3** avoid　**4** master

(4) Susan is having a lot of trouble with her car these days, so her friends are (　　　　) her to sell it and buy a new one.

1 selecting　**2** advising　**3** measuring　**4** threatening

(5) *A:* There'll be a (　　　　) in the afternoon, so take your raincoat to school, Julie.
B: OK, Dad. But if it rains too hard, I may need you to come and pick me up.

1 mirror　**2** drop　**3** border　**4** storm

(6) *A:* Excuse me. Can you tell me the difference between these two stereo systems?
B: They're (　　　　) the same, but this one has slightly bigger speakers.

1 especially　**2** sharply　**3** basically　**4** easily

(7) *A:* Mom, I think my camera is broken. Can you (　　　　) it for me?
B: Hmm. No, I can't. But I'll take it to the camera shop later this afternoon.

1 pour　**2** discover　**3** cause　**4** fix

(8) Mrs. Andrews told John's parents that she was worried about John's ( ) in class. She said that he talked to his friends too much instead of studying.

1 reason **2** design **3** behavior **4** convenience

(9) Helen saw a man trying to ( ) a bike from the parking lot. She called the police right away.

1 solve **2** waste **3** steal **4** wrap

(10) Medical students have to study about many kinds of ( ). They must learn how to take care of sick people.

1 matches **2** diseases **3** engines **4** reasons

(11) *A:* Could you pass me my sweater, Dave? I'm a little cold.
B: Well, it's ( ) that you're cold, Jan. The window is open.

1 some help **2** with luck
3 no wonder **4** one thing

(12) *A:* Mrs. Rowland, what should we bring for our trip to the museum tomorrow?
B: ( ) a pencil and paper to take notes, you should bring some sandwiches for lunch.

1 Along with **2** Because of
3 Near to **4** Less than

(13) Every afternoon, Ken puts on his team uniform and his cap to ( ) for baseball practice.

1 speak up **2** get ready
3 stand out **4** feel sorry

(14) At first, Bill planned to take a taxi to the airport, but then he thought ( ) of it. He realized that he had a lot of time and the bus would be much cheaper.

1 better **2** less **3** greater **4** fewer

(15) The firefighters worked all night to ( ) the forest fire before it could damage the town.

1 put out **2** fall off **3** set up **4** attach to

(16) *A:* I wonder where Joyce is. She said she was going to be here at eight o'clock.

B: She's always late, so don't worry about her. I'm sure she'll ( ) in a few minutes.

1 carry out **2** turn on **3** go down **4** show up

(17) When Reika's grandmother fell down in the train station, Reika called ( ) help. Luckily, the station staff heard her and came right away.

1 for **2** over **3** off **4** in

(18) Gerry does not want anyone to come into his house, so he always keeps his front door ( ).

1 locked **2** locking **3** is locked **4** to lock

(19) *A:* Linda, let's watch the movie we rented.

B: Sorry, but I'm too sleepy ( ) it tonight. How about tomorrow?

1 in watching **2** by watching
3 to have watched **4** to watch

(20) Jimmy prefers salty food ( ) sweet food. When he gets home from school, he often eats potato chips.

1 about **2** to **3** at **4** into

筆記試験の問題は次ページに続きます。

2 次の四つの会話文を完成させるために、**(21)** から **(25)** に入るものとして最も適切なものを **1**, **2**, **3**, **4** の中から一つ選び、その番号を解答用紙の所定欄にマークしなさい。

(21) *A:* Lydia, you look like you've lost weight. Are you on a diet?
B: No. I've been doing kickboxing three times a week.
A: Oh wow. If you're taking so many classes, it must be very expensive.
B: Actually, it isn't. I (21). I always watch free online lessons.

1 pay $100 a week
2 stopped it last week
3 wanted to gain weight
4 practice at home

(22) *A:* I want to go to see a musical sometime soon. (22), Tom?
B: I'm going camping at Greenville Lake.
A: Really? So, you'll be busy on both days.
B: Yeah, but I'll be free on Tuesday after work. Let's go then.

1 Are you free on Monday
2 What will you do this weekend
3 How is work going
4 Where are you going on Tuesday

(23) *A:* Cindy, I'm excited about the picnic with our friends tomorrow. What are you going to bring?
B: I think I'll (23).
A: Oh, that sounds great. You're such a good cook, so I'm sure it'll be delicious.
B: You're too kind. I'll try my best.

1 buy some fried chicken
2 bake a cheesecake
3 take a badminton set
4 get a mat for people to sit on

A: Welcome to Sally's Clothes Shop. Can I help you, ma'am?
B: I want to try on some shoes. I really like the ones in that poster on the wall.
A: Do you mean the black ones on the right?
B: No, I (**24**). I think they'll look good with my new dress.
A: I'm sorry, but we just sold the last pair.
B: Oh, that's too bad. They look really nice.
A: We can ask the salespeople at our other store if they have a pair. If they do, (**25**).
B: Thanks, but I need them for a wedding next week. I'll look online to see if I can get a pair sooner.

(24) **1** didn't see the shoes in the picture
2 don't think they are my size
3 like the red ones
4 want the black dress

(25) **1** it'll take two weeks to arrive
2 it'll cost $5 extra to send
3 the shoes will be size 24
4 we'll deliver them to your home

3

次の**A**, **B**を読み，その文意にそって **(26)** から **(30)** までの（　）に入れるのに最も適切なものを **1**, **2**, **3**, **4** の中から一つ選び、その番号を解答用紙の所定欄にマークしなさい。

A

Local Activities

Every year, Sarah's town holds a big volunteer event. People of all ages living in the town get together to clean up local parks. This year, Sarah (**26**). Early on Saturday morning, Sarah gathered at Memorial Park with the other volunteers. She was on a team with five other people. The team's job was to paint the fence around the park.

While she was talking to one of the volunteers, she found out that her town holds many exciting events. For example, they have summer concerts in the park and a fashion show in the winter. She also learned that her town has a basketball team, and there are games every month at a local gym. Sarah (**27**) these activities. Now, she is planning on participating in more activities in her community.

---

(26)
1 joined the event
2 played with her friends
3 visited the town hall
4 checked the weather

(27)
1 saw news about
2 enjoyed planning
3 became interested in
4 paid money for

3 B

Working Longer

When people get older, it becomes more and more difficult for them to work for long hours. As a result, many people stop working for their company between the ages of 60 and 65 years old. This is called retirement. However, nowadays, the age when people start retirement is changing. For example, a U.S. government survey shows more and more people between 65 and 69 years old are (**28**). In 1984, only about 18 percent of such people were still working. However, by 2014 this was almost 32 percent.

Many older people enjoy working and want to keep earning money. They also want to spend more time with their families, do hobbies, and go to see their doctors. To make their workers happy, some companies have started a new style of working called "phased-in retirement." In such companies, workers can work fewer hours and choose their own schedule. This way, older workers can easily work and (**29**).

Phased-in retirement can be good for companies, too. Erda, a company that produces handbags, has many older workers who participate in the company's phased-in retirement plan. Because these workers stay at the company longer, they can share their knowledge with younger staff. Susan Nordman, one of the owners, says that this has made her company's products better, and now she can sell more handbags. This shows that phased-in retirement can actually help companies (**30**) and also make their workers happier.

---

(28) **1** living near their companies
2 looking for difficult jobs
3 asking about retirement
4 continuing to work

(29) **1** meet new workers quickly
2 stay at the office longer
3 do other things as well
4 share their job with their families

(30) **1** find new workers **2** make more money
3 save some time **4** buy more supplies

4

次の英文**A**, **B**の内容に関して、(31) から (37) までの質問に対して最も適切なもの、または文を完成させるのに最も適切なものを **1**, **2**, **3**, **4** の中から一つ選び、その番号を解答用紙の所定欄にマークしなさい。

From: Ann Shutler 〈a-shutler9@pmail.com〉
To: Pete Shutler 〈pshutler135@umail.edu〉
Date: October 3
Subject: Winter break

Hi Pete,

How are you doing at college? Everyone was happy to see you when you came home last month. Also, your sister said thank you for helping her with her science project while you were home. Her project won first place at the school science fair today! Also, she's very excited that you're going to come home for three weeks for winter break.

Anyway, I wanted to tell you about some family plans for Christmas. This year Grandma and Grandpa will be staying at our house for the holiday. They usually go to Aunt Paula's place, but this year she'll be visiting her son in Hawaii. Grandma and Grandpa will be staying in your room for a few days, so you'll have to share a room with your sister.

For New Year's Eve, we'll be having a big party at our house. Everyone is invited, but Grandma and Grandpa will be going home to Ohio on December 27. That's because Grandma has a doctor's appointment on December 28. Grandpa is a little sad, but he says he can't stay awake until midnight anyway! Good luck on your college exams, and we hope to hear from you soon.

Love,
Mom

(31) What did Pete do last month?

1 He visited his sister at school for a few weeks.
2 He helped his sister with a project for school.
3 He took a three-week break from school.
4 He won a prize for his science project.

(32) For Christmas, Pete's grandparents will

1 stay at Pete's family's house.
2 visit Aunt Paula's son in Hawaii.
3 go to Aunt Paula's place.
4 share a room with Pete's sister.

(33) What will happen on December 27?

1 Pete's grandmother will go to the doctor.
2 Pete's grandparents will go back to Ohio.
3 Pete's family will have a party.
4 Pete's college will have exams.

4 B

Australian Success Story

In the 1900s, the population of Australia started growing quickly. Many people moved there from other countries. They started families and built new homes. Because most families did their laundry by themselves, they needed places to hang wet clothes at their homes. The solution was to make a long line with rope called a clothesline in every garden on which laundry could be hung to dry.

The first clotheslines were straight, and they could not be moved. They took up a lot of space, so people could not see the plants and flowers that they had planted. Many people felt that the clotheslines did not look good in their gardens. In addition, people had to walk up and down the clotheslines carrying heavy, wet clothes, which was hard work. Later, smaller devices for hanging clothes were made that people could spin around. These new types of clotheslines were more convenient and took up less space in the garden.

The most popular spinning clothesline is called the Hills Hoist. It was made by a car mechanic named Lancelot Leonard Hill in 1945. Hill's design was a big success. Every family with a small garden wanted a Hills Hoist because it was easy to use. By 1994, 5 million Hills Hoists had been sold, making it the most popular clothesline in the country.

The Hills Hoist became so famous in Australia that it was printed on a postage stamp in 2009. These days, more Australian families are living in apartments that do not have gardens. As a result, fewer Hills Hoists are used in modern cities. However, for many Australians, seeing such a clothesline still brings back memories of their childhood, and many people still use one in their daily lives.

(34) People use clotheslines to

1 keep more space to build large gardens.
2 show people what country they came from.
3 help to keep their gardens clean.
4 dry the laundry that they have washed.

(35) What problem did people have with the first clotheslines?

1 They did not look good and were not easy to use.
2 They often damaged plants in people's gardens.
3 They were not light enough for people to carry.
4 They would spin quickly and hurt people.

(36) What is true about Hills Hoists?

1 Lancelot Leonard Hill became rich by selling them in his garden.
2 Lancelot Leonard Hill sold 5 million of them in 1994.
3 They were more popular than any other clothesline in Australia.
4 They were first made to help people who repair cars.

(37) What happened to Hills Hoists?

1 It became easier to sell them after people began living in cities.
2 Most Australians have forgotten what they look like.
3 They were sold for the same price as a postage stamp.
4 People stopped using them when they started living in apartments.

5 ライティング

- あなたは，外国人の知り合いから以下の **QUESTION** をされました。
- **QUESTION** について，あなたの意見とその理由を２つ英文で書きなさい。
- 語数の目安は 50 語～ 60 語です。
- 解答は，解答用紙の B 面にあるライティング解答欄に書きなさい。なお，解答欄の外に書かれたものは採点されません。
- 解答が **QUESTION** に対応していないと判断された場合は，０点と採点されることがあります。**QUESTION** をよく読んでから答えてください。

QUESTION

Do you think parents should take their children to museums?

準2級リスニングテストについて

❶このリスニングテストには，第 1 部から第 3 部まであります。

★英文はすべて一度しか読まれません。

第 1 部……対話を聞き，その最後の文に対する応答として最も適切なものを，放送される **1**，**2**，**3** の中から一つ選びなさい。

第 2 部……対話を聞き，その質問に対して最も適切なものを **1**，**2**，**3**，**4** の中から一つ選びなさい。

第 3 部……英文を聞き，その質問に対して最も適切なものを **1**，**2**，**3**，**4** の中から一つ選びなさい。

❷ No. 30 のあと、10 秒すると試験終了の合図がありますので，筆記用具を置いてください。

第 1 部

No. 1 ～ No. 10（選択肢はすべて放送されます。）

第 2 部

No. 11
1 He studied Spanish with a tutor.
2 He studied abroad in Spain.
3 He memorized a dictionary.
4 He watched Spanish TV shows.

No. 12
1 To ask her about a restaurant.
2 To invite her to a dinner party.
3 To borrow a few DVDs.
4 To get a dessert recipe.

No. 13
1 Read stories about monsters.
2 Tell secrets to each other.
3 Meet an actor.
4 Watch a movie.

No. 14
1 The Penguin House is not open.
2 The Penguin House was boring.
3 The zoo will be closed next week.
4 The zoo does not have many animals.

No. 15 **1** Trying on a jacket.
2 Getting ready for a trip.
3 Shopping for a raincoat.
4 Washing her hiking clothes.

No. 16 **1** Have lunch with Billy.
2 Go to a video store.
3 Invite Billy to his house.
4 Play video games with his mother.

No. 17 **1** Her steak tastes bad.
2 Her food has not arrived.
3 The waiter brought the wrong drink.
4 The food is too expensive.

No. 18 **1** Letting her borrow some money.
2 Telling her about a restaurant in Ikebukuro.
3 Helping her to buy a train ticket.
4 Taking her to the station office.

No. 19 **1** She does not want to wait a long time.
2 She does not like to eat noodles.
3 She has been standing in line for too long.
4 She has been planning to eat at the noodle shop.

No. 20 **1** Rent a tennis racket.
2 Teach tennis.
3 Buy some tennis balls.
4 Take a tennis lesson.

第3部

No. 21 **1** Help her father.
2 Study for school.
3 Exercise for two hours.
4 Spend time with her parents.

No. 22 **1** She worked for her uncle.
2 She got a job at a gardening store.
3 Her uncle gave her his old one.
4 Her parents gave her more money.

No. 23 **1** By getting on a bus.
2 By driving on Bayside Street.
3 By using Coast Avenue.
4 By taking a train.

No. 24 **1** Her skin could be damaged by the sun.
2 Her uncle's umbrella could be lost.
3 It might rain over the weekend.
4 It might be too expensive to go to Australia.

No. 25 **1** It is made with long pieces of bread.
2 It is named after a type of fruit.
3 It looks like a crown for a king.
4 It was created by a king.

No. 26 **1** Speak to some Americans.
2 Travel to South America.
3 Stop learning English.
4 Learn Spanish.

No. 27 **1** All food in the park is free with it.
2 People can get on rides quickly with it.
3 It costs 10 percent more than a Silver Ticket.
4 The park can be entered for one year with it.

No. 28 **1** He wants to work outdoors.
2 He could not study computer programming.
3 His friends could not enter his college.
4 His friends' college is in another city.

No. 29 **1** It does not move fast.
2 It is easy to catch.
3 It is not afraid of snakes.
4 It helps people to hunt animals.

No. 30 **1** She ate at a new restaurant.
2 She started a new job.
3 She got some money.
4 She met someone she knew.

2020-1
Grade Pre-2

準2級 問題編

一次試験

2020年度 第1回検定（2020年5月31日実施）

試験時間

筆記	75分
リスニング	約25分

リスニングテストのCD音声トラック番号

第1部 CD2 23 ～ CD2 33
第2部 CD2 34 ～ CD2 44
第3部 CD2 45 ～ CD2 55

■解答・解説は本冊 p.185 ～ 261 にあります。

1

次の (1) ～ (20) までの (　　) に入れるのに最も適切なものを **1**, **2**, **3**, **4** の中から一つ選び、その番号を解答用紙の所定欄にマークしなさい。

(1) Each year, students at Bradley High School (　　　) for a student president. This year, they chose a girl named Sally Burton.

1 vote　**2** pack　**3** save　**4** arrange

(2) Jason paid $700 for his new computer. The same computer was $900 in another store, so Jason thought he had gotten a good (　　　).

1 deal　**2** track　**3** wish　**4** sink

(3) At the soccer game, many fans from Japan (　　　) Japanese flags in the air. There was red and white everywhere in the stadium.

1 traded　**2** stepped　**3** explained　**4** waved

(4) The necklace that was stolen from the jewelry store was very (　　　). It was worth $70,000.

1 valuable　**2** innocent　**3** private　**4** familiar

(5) *A:* How long has Lisa been living in Germany?
B: About 10 years, and she just bought a house there. I think she will stay there (　　　).

1 separately　**2** forever　**3** loudly　**4** outdoors

(6) Timmy is very friendly, and he sometimes talks to people sitting next to him on the train or bus. However, his mother told him to stop talking to (　　　).

1 humans　**2** strangers　**3** rulers　**4** patients

(7) *A:* Kim, what's wrong with your leg?
B: I broke it when I was skiing, so I had an (　　　) at the hospital last week.

1 escalator　**2** entrance　**3** origin　**4** operation

(8) *A:* What's your favorite class this year, Ellie?
B: I really like (   ). We're learning the names of different countries and cities around the world.

1 geography **2** chemistry **3** literature **4** economics

(9) Charlotte volunteered at a marathon. Her job was to (   ) water into cups and hand the cups to the runners.

1 lock **2** steal **3** pour **4** fail

(10) Jennifer (   ) moving to a new apartment in the city. However, in the end, she decided to keep living in the same apartment.

1 released **2** solved **3** considered **4** promoted

(11) Pete asked Jan not to tell anyone in the office that he was getting married, but she could not (   ) the news secret. She told one person, and soon everyone knew.

1 open **2** keep **3** choose **4** send

(12) Brenda's company just hired two new college graduates. Brenda is happy because she is (   ) the youngest employee in the company.

1 at once **2** if possible **3** no longer **4** with ease

(13) Tony asked his sister to lend him $10 because he was (   ) of money.

1 heavy **2** deep **3** cold **4** short

(14) When Diane got home after a long day at work, she tried to watch a movie. She was so tired that she (   ) in the middle of it.

1 fell asleep **2** took turns
3 stood out **4** hung up

(15) When David's dog died suddenly, it took David a long time to get (   ) the shock. Finally, he began to feel better.

1 over **2** in **3** below **4** between

(16) *A:* Derrick is late.
B: I know. He should have been here ( ) . I'll call him on his cell phone.

1 under control **2** at times
3 by now **4** in return

(17) The box was ( ) cookies, so Carol took some. She hoped that her mother would not notice that there were fewer cookies.

1 pleased with **2** full of
3 absent from **4** based on

(18) *A:* Brian, do you want to come to the gym with me tonight?
B: Sorry, but I can't go. I'm busy ( ) my history report.

1 will write **2** wrote
3 written **4** writing

(19) Some students liked to study in a group, while ( ) preferred to study alone.

1 others **2** other
3 the other **4** such others

(20) *A:* Thank you very much, Stuart. It was kind of you ( ) me home.
B: No problem. I'll stop the car in front of your apartment building.

1 drove **2** have driven
3 drive **4** to drive

筆記試験の問題は次ページに続きます。

2

次の四つの会話文を完成させるために、(21) から (25) に入るものとして最も適切なものを **1**, **2**, **3**, **4** の中から一つ選び、その番号を解答用紙の所定欄にマークしなさい。

(21) *A:* Excuse me. I'd like to sell my computer game. I heard that this store buys old ones.

B: Let me check our computer to see the price. All right, we can pay you $5 for it.

A: Really? Is that all? I paid $75 for it when the game was new.

B: I'm sorry, but (**21**). It isn't popular anymore, so people won't pay a lot for it.

1 we don't buy games **2** the game is broken
3 it's an old game **4** I can't send you a coupon

(22) *A:* Welcome to Cowboy's Great Steaks. May I take your order?

B: We'd like to order one Great Steak Set. My wife and I are not very hungry, so we will share it.

A: I'm sorry, but every person at the table must order at least one meal.

B: Oh. In that case, (**22**).

1 we need some sauce **2** we'll order the Chicken Set, too
3 she wants a cup of tea, too **4** she'll eat some of my fries

(23) *A:* I heard you're going to join a new team when you start high school, John. (**23**)?

B: I haven't decided yet. There are many different ones that I want to play.

A: Why don't you try rugby?

B: I'm afraid that I'll get hurt, but it does sound like fun.

1 What sport will you play
2 What games will you play today
3 Which sport are you watching now
4 Which match do you want to go to

A: Are you ready for our trip to New Zealand tomorrow, honey?
B: Not yet. I'm still trying to decide what to take. What's the weather going to be like there?
A: Let me check. My phone says that it'll be quite cold and snowy.
B: I see. (**24**), but it's so big and takes up a lot of space.
A: Is your bag big enough?
B: I don't think so. Can I (**25**)?
A: Sorry, mine is already full. Maybe you should take another bag.
B: OK. I'll bring my backpack.

(24) **1** I must find another T-shirt
2 I need to bring my phone charger
3 I'll have to take a sweater
4 I'll need to turn on the air conditioner

(25) **1** borrow your coat **2** put some things in your bag
3 buy a new suitcase **4** drive your car there

3

次のA，Bを読み，その文意にそって (26) から (30) までの（　）に入れるのに最も適切なものを **1**，**2**，**3**，**4** の中から一つ選び，その番号を解答用紙の所定欄にマークしなさい。

A

Getting a Pet

Michelle has lived in a small house by herself for two years. She sometimes felt a little lonely, so she had been thinking about getting a pet. Last year, her neighbor's dog had five puppies, and he was looking for people to give them homes. Michelle went to her neighbor's house to see the puppies. She really liked a small, brown one, and she decided to name him Albert. A few weeks later, when Albert was old enough, she (**26**). After that, she really enjoyed taking him for walks and playing with him at parks on the weekends.

However, Michelle later realized how hard it was to look after a pet. She often did not know what to do or how to help him. She soon started (**27**). She thinks they are very helpful because they have a lot of information she needs. Michelle hopes that doing this will help her become a good dog owner.

---

(26) **1** brought him home　**2** met her neighbor
3 wrote about him　**4** went shopping

(27) **1** giving him many toys　**2** building a doghouse
3 reading pet magazines　**4** washing him every day

3 B

Underwater National Park

In the United States, there is a special park called Dry Tortugas National Park. Although it has a few small islands, 99 percent of the 262-square-kilometer park is under the ocean. It has one of the largest coral reefs* in the world, and many rare types of sharks, turtles, and other animals live and have their babies there. As a national park, Dry Tortugas (**28**). First, it gives people the chance to see a unique environment. Second, it protects the animals and plants in the area, and third, it gives scientists a place to study these animals and plants.

Every year, about 63,000 people visit the park. However, the park is (**29**). There are no roads, so people must access it by plane, ferry, or boat. Ferries and boats can damage the coral and underwater environment when they drop their heavy anchors* to the ocean floor. Therefore, the park has special wood platforms where people can tie their boats instead. Once they are at the park, visitors can enjoy activities like swimming, snorkeling, and scuba diving.

The only people living in the park are rangers, who protect and study the environment there. They stop people from fishing in the wrong areas or killing animals. They also help scientists to study the environment. Rangers put tags on birds and fish to see how they live, and they record lots of information about the coral reef. By learning (**30**), rangers and scientists hope to protect this unique environment for the future.

*coral reefs: サンゴ礁(しょう)

*anchors: 錨(いかり)

---

(28) **1** supports three types of people
2 has three goals
3 helps many local animals
4 needs a lot of money

(29) **1** far from water **2** near a large city
3 hard to get to **4** easy to see

(30) **1** where to find tourists **2** how to fish
3 more about these things **4** less about their visitors

4

次の英文A, Bの内容に関して、(31) から (37) までの質問に対して最も適切なもの、または文を完成させるのに最も適切なものを **1**, **2**, **3**, **4** の中から一つ選び、その番号を解答用紙の所定欄にマークしなさい。

A

From: Kelly Nelson 〈k-nelson@housemail.com〉
To: Fumiko Kobayashi 〈f-kobayashi@readmail.co.jp〉
Date: May 31
Subject: Thank you!

Hi Mrs. Kobayashi,

Thank you for being my host mother last summer. I really enjoyed my trip to Japan. I had so much fun visiting Kyoto with your daughter, Aya. It's such a beautiful city. Also, thank you for taking me to your Japanese flower arrangement show. I hope Aya can come and stay with me in New York this summer and study English!

I really miss Japan a lot, and I've been writing on my website about the great time that I had. In fact, my Japanese teacher at my high school has asked me to tell the class about my stay in Japan. She wants me to give a presentation next Friday and show the class my photos. I'm going to share some photos of me wearing a kimono.

I was wondering if I could introduce you to my class. Could you do a five-minute video chat with my class at the beginning of my presentation? My class is at 9 a.m. here in New York, so it would be early evening in Japan. Please let me know if you can do it. If not, it's OK. Hope to talk to you soon!

All the best,
Kelly

(31) What did Kelly do last summer?

1 She went to Kyoto with Mrs. Kobayashi.
2 She stayed with a host family in Japan.
3 She took a flower-arrangement class.
4 She helped Aya study English.

(32) What did Kelly's teacher ask her to do?

1 Give her class some presents.
2 Give a presentation about her trip.
3 Put some photos on the class website.
4 Put on a kimono for her Japanese class.

(33) Kelly asks Mrs. Kobayashi

1 to talk to her Japanese class.
2 to help her practice her speech.
3 how she should start her presentation.
4 when she can come to New York.

4
B

Female Airline Pilots

Flying a plane is a challenging job. Because of the long hours and stress, not many people want to become pilots. In particular, it is hard to find female pilots. Even though the number of women working in most fields is increasing these days, the number of female pilots is low. In fact, in 2016, only about 5 percent of the world's airline pilots were female. Many airlines are now trying to increase the number of female pilots.

According to research, every year more and more people are traveling by plane. It is believed that in the near future, about 7 billion people will travel by plane each year. Therefore, airlines are trying to hire more pilots. However, it is not easy to find new pilots. Training costs a lot of money, and pilots usually work long hours and are often away from home. Because of this, few people are interested in becoming a pilot.

One way to get more pilots is to hire more women. Hoping more women will apply for the job, one major airline in the United Kingdom is showing more pictures of women on its website to hire pilots. Also, an airline in Vietnam is trying to create flexible work schedules and offering childcare for female pilots who have children. They hope to be able to support women who want to work and have families.

Female pilots have another challenge, though. Some passengers do not trust female pilots. That means that female pilots have another important role—changing people's views. For example, Sophia Kuo, a pilot in Taiwan, says that passengers often seem surprised that a woman is their pilot, but slowly people are getting used to seeing her. Kim Noakes, an American pilot, says that when young girls ride on her planes, they realize that they, too, can become pilots. She hopes that one day more girls will dream of being pilots.

(34) What is true about flying planes as a job?

1 More and more men are interested in doing it.
2 Only about 5 percent of people have the skills to do it.
3 There are not many people who are interested in doing it.
4 The number of women who want to do it increased in 2016.

(35) What is one problem airlines have?

1 They need more pilots because more people travel by plane.
2 They do not have an easy way to find new customers.
3 It takes a lot of time to build more planes for their pilots to fly.
4 It costs too much money to hire pilots with a lot of experience.

(36) One airline in Vietnam

1 is trying to make it easier for women with children to work as pilots.
2 uses pictures of female pilots on its website to hire female pilots.
3 has made it easier for families with children to fly on planes.
4 pays less money to women who want to become pilots.

(37) What is one role that female pilots have?

1 They share new information with passengers.
2 They teach young girls how to fly planes.
3 They show passengers views from the plane.
4 They help passengers to see that women can be pilots.

5 ライティング

- あなたは，外国人の知り合いから以下の **QUESTION** をされました。
- **QUESTION** について，あなたの意見とその理由を２つ英文で書きなさい。
- 語数の目安は 50 語～60 語です。
- 解答は，解答用紙の B 面にあるライティング解答欄に書きなさい。なお，解答欄の外に書かれたものは採点されません。
- 解答が **QUESTION** に対応していないと判断された場合は，０点と採点されることがあります。**QUESTION** をよく読んでから答えてください。

QUESTION

Do you think it is important for people to eat breakfast every day?

一次試験 リスニング

準2級リスニングテストについて

❶このリスニングテストには，第**1**部から第**3**部まであります。

★英文はすべて一度しか読まれません。

第**1**部……対話を聞き，その最後の文に対する応答として最も適切なものを，放送される**1**，**2**，**3**の中から一つ選びなさい。

第**2**部……対話を聞き，その質問に対して最も適切なものを**1**，**2**，**3**，**4**の中から一つ選びなさい。

第**3**部……英文を聞き，その質問に対して最も適切なものを**1**，**2**，**3**，**4**の中から一つ選びなさい。

❷No. **30**のあと、10秒すると試験終了の合図がありますので，筆記用具を置いてください。

第1部

No. 1 ～ No. 10（選択肢はすべて放送されます。）

第2部

No. 11
1 Celebrate his birthday.
2 Look for a present.
3 Meet their friend at the mall.
4 Plan a surprise party.

No. 12
1 Lisa is going shopping.
2 Lisa has a dance class.
3 Jack will be studying French.
4 Jack will be working.

No. 13
1 It was canceled because of rain.
2 It is being repaired.
3 It has already ended.
4 It is at a different museum.

No. 14
1 In his wife's car.
2 In the closet.
3 At his office.
4 At the dry cleaner's.

No. 15 **1** It will get a new coach.
2 It needs taller members.
3 It has too many players.
4 It is looking for new players.

No. 16 **1** Making reservations for a trip.
2 Flying to Singapore.
3 Exchanging money.
4 Checking into a hotel.

No. 17 **1** He found her wallet.
2 He lent her his backpack.
3 He bought her a present.
4 He picked up her scarf.

No. 18 **1** Meeting the people there.
2 Trying the local food.
3 Seeing the old buildings.
4 Enjoying the good weather.

No. 19 **1** Go to her ice-skating lesson.
2 Start cooking dinner.
3 Clean the living room.
4 Talk to her parents.

No. 20 **1** Talking with his wife.
2 Using the phone.
3 Having lunch.
4 Repairing shoes.

第3部

No. 21 **1** She forgot about her speech contest.
2 She does not write well in Japanese.
3 She had trouble understanding her teacher.
4 She has no topic for her speech.

No. 22 **1** A famous chef from Italy.
2 A good way to cook pasta.
3 A newly opened restaurant.
4 A popular Italian radio program.

No. 23 **1** His mother did not let him.
2 His friend has already seen it.
3 He wanted to see another movie.
4 He does not like violent movies.

No. 24 **1** He does not wait for her by the door.
2 He does not want to go for walks.
3 He follows her to school.
4 He barks loudly at night.

No. 25 **1** They cannot live in the desert.
2 They take a long time to grow.
3 They grow all around the world.
4 They do not need much sunlight.

No. 26 **1** She bought some clothes.
2 She designed some clothes.
3 She went to a job interview.
4 She quit her old job at a store.

No. 27 **1** By checking on the Internet.
2 By going to a local music school.
3 By searching at guitar stores in her area.
4 By asking her brother to introduce her to one.

No. 28 **1** It will not arrive on time.
2 It will not stop at Hayton Station.
3 It will only stop at two stations.
4 It will have more passengers than usual.

No. 29 **1** It is a traditional pie.
2 It is only served hot.
3 It is only made in Peru.
4 It is a drink made from corn.

No. 30 **1** The job was easy to do.
2 The job was in his hometown.
3 He could get a lot of money.
4 He could travel while he worked.

2020-3
Grade Pre-2

準2級

問題編

二次試験
(面接)

2020年度　第3回検定

■解答・解説は本冊 p.264 ～ 277 にあります。

問題カード（A 日程）

Learning about Country Life

Many people in cities would like a quiet lifestyle. Because of this, living in the countryside is attracting attention. However, it is important to think carefully before doing this. Some people stay in small villages and towns for a short time, and in this way they learn about living in the countryside.

A

B

Questions

No. 1 According to the passage, how do some people learn about living in the countryside?

No. 2 Now, please look at the people in Picture A. They are doing different things. Tell me as much as you can about what they are doing.

No. 3 Now, look at the woman in Picture B. Please describe the situation.

Now, Mr. / Ms. ______, please turn over the card and put it down.

No. 4 Do you think people should spend more time outdoors?
Yes. → Why?
No. → Why not?

No. 5 Today, people use computers to do many different things. Do you often use a computer?
Yes. → Please tell me more.
No. → Why not?

問題カード（B 日程）

Online News

For years, people got the news through newspapers, radio, and TV. Today, however, many people check the news by using the Internet. Online news websites offer the latest news at any time, and in this way they help people to learn about world events quickly. The Internet has made people's lives more convenient.

A

B

Questions

No. 1 According to the passage, how do online news websites help people to learn about world events quickly?

No. 2 Now, please look at the people in Picture A. They are doing different things. Tell me as much as you can about what they are doing.

No. 3 Now, look at the boy and his mother in Picture B. Please describe the situation.

Now, Mr. / Ms. ______, please turn over the card and put it down.

No. 4 Do you think online games will become more popular in the future?
Yes. → Why?
No. → Why not?

No. 5 Many people in Japan use trains in their everyday lives. Do you like to go to places by train?
Yes. → Please tell me more.
No. → Why not?

2020-2
Grade Pre-2

準2級
問題編

二次試験
(面接)

2020年度　第2回検定

■解答・解説は本冊 p.278 ～ 291 にあります。

問題カード（A 日程）

Helping People with Shopping

Today, some companies have started selling fresh foods in new ways. These companies use trucks that are called "mobile supermarkets." Mobile supermarkets stop in different areas around towns, and in this way they help people do their daily shopping more easily. In the future, mobile supermarkets will probably become more common.

A

B

Questions

No. 1 According to the passage, how do mobile supermarkets help people do their daily shopping more easily?

No. 2 Now, please look at the people in Picture A. They are doing different things. Tell me as much as you can about what they are doing.

No. 3 Now, look at the woman wearing glasses in Picture B. Please describe the situation.

Now, Mr. / Ms. ______, please turn over the card and put it down.

No. 4 Do you think young people today should eat more vegetables?
Yes. → Why?
No. → Why not?

No. 5 Today, many Japanese people work in foreign countries. Would you like to work abroad?
Yes. → Please tell me more.
No. → Why not?

問題カード（B 日程）

Helping Foreign Children

These days, there are many foreign families living in Japan. The children of these families usually go to local schools. However, they sometimes have language problems when they begin to go to school. Some cities offer Japanese language classes, and in this way they help foreign children do better in Japanese schools.

A

B

Questions

No. 1 According to the passage, how do some cities help foreign children do better in Japanese schools?

No. 2 Now, please look at the people in Picture A. They are doing different things. Tell me as much as you can about what they are doing.

No. 3 Now, look at the boy in Picture B. Please describe the situation.

Now, Mr. / Ms. ______, please turn over the card and put it down.

No. 4 Do you think it is a good idea for schools to take their students to foreign countries on school trips?
Yes. → Why?
No. → Why not?

No. 5 Today, some people like to travel with their pets. Would you like to travel with a pet?
Yes. → Please tell me more.
No. → Why not?

2020-1
Grade Pre-2

準2級

問題編

二次試験
（面接）

■解答・解説は本冊 p.292 ～ 304 にあります。

問題カード（A 日程）

Enjoying New Foods

Today, many people enjoy cooking food from other countries. As a result, there are now many websites about foreign dishes. Some websites offer videos about preparing foreign foods, and by doing so they help people learn to make new meals. Foreign dishes can teach people about important parts of other cultures.

A

B

Questions

No. 1 According to the passage, how do some websites help people learn to make new meals?

No. 2 Now, please look at the people in Picture A. They are doing different things. Tell me as much as you can about what they are doing.

No. 3 Now, look at the woman in Picture B. Please describe the situation.

Now, Mr. / Ms. ______, please turn over the card and put it down.

No. 4 Do you think it is a good idea to live near a large shopping mall?
Yes. → Why?
No. → Why not?

No. 5 Today, a lot of students go to foreign countries on homestays. Would you like to go on a homestay in a foreign country?
Yes. → Please tell me more.
No. → Why not?

問題カード（B 日程）

Animals in Hospitals

Some children are afraid to stay at hospitals. Because of this, hospitals are always looking for ways to make them comfortable. Some hospitals have pets that children can play with, and by doing so they try to help children to feel more relaxed. Animals are helpful to people in many different ways.

A

B

Questions

No. 1 According to the passage, how do some hospitals try to help children to feel more relaxed?

No. 2 Now, please look at the people in Picture A. They are doing different things. Tell me as much as you can about what they are doing.

No. 3 Now, look at the woman in Picture B. Please describe the situation.

Now, Mr. / Ms. ______, please turn over the card and put it down.

No. 4 Do you think cities and towns should have more parks for children to play in?
Yes. → Why?
No. → Why not?

No. 5 These days, hundred-yen shops are popular in Japan. Do you often buy things at these shops?
Yes. → Please tell me more.
No. → Why not?

MEMO

MEMO

MEMO

MEMO

MEMO

MEMO

MEMO

KADOKAWA